공간을 변화시키는
평면의 힘

평면의 재발견

독이어북스 dogear books 는 2022년 시작한
출판사입니다. 책장 모서리의 접힌 부분을 의미하는
dogear에 영감받아 이름을 정했지만, '도와', '더불어'의
옛말이자 '읽다'는 뜻의 '독'과 '계속하다'는 뜻의 부사
'이어'를 합해 누군가에게 도움이 될 수 있는 다양한 분야의
읽을거리를 계속해서 만들고 싶다는 의도도 담았습니다.

<평면의 정석>, <평면의 재발견>으로 이어지는
독이어북스를 대표할 '건축 평면 시리즈'는 다양한
건축물을 설계하는 건축가들과 함께 계속 출간됩니다.

ⓘ dogear.books

평면의 재발견

초판 1쇄 발행 2024년 6월 28일

지은이 이성범, 고영성
펴낸이 김연정
디자인 최리빈
편집 천용준

펴낸곳 독이어북스
등록 제2022-000033호
문의 dogearbooks@naver.com
ISBN 979-11-978392-1-4 13590

책값은 뒤표지에 있습니다.
파본은 구매하신 서점에서 교환해드립니다.
이 책은 저작권법에 따라 보호받는 저작물이므로 무단 전재와 복제를 금합니다.

**공간을 변화시키는
평면의 힘**

이성범
고영성

평면의 재발견

일러두기

· 책에 실린 건물은 스테이, 주택, 카페 순으로 나열하였다.

· 도면에서 파란색 화살표(⟶)는 시선, 보라색 화살표(⟶)는 동선을 의미한다.

· 계획안은 현재 시공 중이거나 편집 당시 미준공된 건물이다.

CONTENTS

프롤로그   08

STAY 스테이   10
01 공간의 경계를 허문 큰 박공지붕의 스테이   12
02 어머니와 아들이 기거하며 운영하는 농어촌민박   18
03 제주 시골길의 고요함에 활력을 더해 주는 스테이   24
04 유유자적한 삶을 살기 원하는 어행자들을 위한 공간   30
05 아이 중심의 즐거움을 곳곳에 반영한 스테이   36
06 오목한 대지 위 부유하는 조율의 공간   42
07 간결한 벽 너머 담백한 즐거움을 담은 독채 스테이   48
08 일상을 벗어날 스테이로 다시 재구성된 돌집 리모델링   54
09 올레길목, 남다른 모습을 한 세 개의 삼각형 집   60
10 하늘로 열린 지붕으로 연결된 주거와 스테이   66
11 자연 속 완벽히 독립된 원형의 스테이   72
12 마을과 조화되고 함께 어우러지는 스테이   84

TIP 1 스테이 건축, 기본적인 체크 사항   90

13 한라산과 산방산이 한눈에 보이는 높은 대지 위 스테이	96
14 중간산의 여유로움과 자연의 색채가 그대로 묻어나는 곳	102
15 돌집을 고쳐 만든, 전망대가 있는 스테이	108
16 바다의 정취를 고스란히 담은 한 지붕 아래 두 숙소	114
17 제주돌집을 리모델링한 두 동의 스테이	120
18 소소한 일상을 나눌 수 있는 작고 편안한 스테이	126
19 넓은 대지 위에 평온하게 자리 잡은 새하얀 스테이	132
20 계획안 각기 다른 세 부분으로 나뉜 특별한 스테이	138
21 계획안 제주 바다의 풍광을 만끽할 수 있는 두 개의 스테이	144
22 계획안 차별화된 경험을 선사하는 3채의 새로운 숙박 공간	150
23 계획안 바다를 관망할 수 있는 아담한 전망대를 가진 스테이	158
24 계획안 멋진 뷰와 인피니티풀을 갖춘 삼각 형태의 스테이	164
TIP 2 스테이 건축을 위한 디자인 노하우	170
HOME 주택	**182**
01 안과 밖 모든 공간이 열려 있는 밝고 따스한 집	184
02 땅을 감싸 안은 듯 지형의 레벨을 이용한 주택	190
03 대지의 경사를 적극 활용한 스킵플로어 하우스	196
04 퇴임한 노부부와 주말에 방문하는 아들 가족을 위한 전원주택	202
05 화재로 전소된 집에서 새롭게 바뀐 경사지붕 주택	208
06 자연을 배경으로 프라이빗한 중정을 품은 집	214
07 우리네 보통 가족들을 위한 집	220
08 부부와 유기견 9마리가 함께 사는 집	226
09 아웃도어 라이프를 즐기는 부부를 위한 필로티 주택	232
10 농가주택에 대한 선입견을 탈피한 집	238

11 프라이버시와 마당을 함께 즐기는 도심 속 주택	244
12 중정을 두고 서로 마주 보는 두 집	250
13 노부부를 위한 마당 있는 소박한 단층집	256
14 계획안 부부를 닮아 단단하고 세련된 깊은 처마의 단층집	262
15 계획안 반려견을 배려한 요소를 곳곳에 둔 이층집	268
16 계획안 별채와 중정으로 새로운 일상을 만든 집	274
17 계획안 고양이 다섯 마리와 함께 하는 중정형 주택	280
18 계획안 확고한 취향으로 쌓아 올린 라이프스타일을 담은 맞춤 주택	286
19 계획안 도심에 자리한 바람과 빛이 통하는 중정집	292

TIP 3 주택 건축의 공간 요소   298

CAFE 카페   308

01 어디에도 없을 법한 16.5m의 무주 공간	310
02 쓰임과 효율을 더한 지붕선이 돋보이는 카페	316
03 투명의 공간으로 스며드는 카페	322
04 아치형 곡면이 만든 극적인 개방감이 있는 카페	328
05 마을과 건축의 연속성을 생각한 카페	334
06 수익성과 디자인을 모두 잡은 카페 하우스	340
07 계획안 지형의 흐름에 따라 완성한 원형의 카페 공간	346
08 계획안 숲을 거닐 듯, 자연이 주는 온전한 휴식을 누리는 카페	352

스테이 & 카페 리스트   358

PROLOGUE

변화하는 공간, 변화하는 삶

평면은 건축 설계라는 일련의 과정을 포괄적으로 압축해 놓은, 수많은 고민의 누적이다. 그만큼 건축에 있어서 평면은 가장 기본적인 요소 중 하나로, 건축가의 아이디어를 구체화하고 설계 의도를 전달하며 공간을 구성하는 데 사용하는 가장 중요한 언어이다. 또한, 건축물의 물리적 구조뿐만 아니라 건축가의 철학, 미적 감각, 문화적인 배경 등 다양한 의미를 전달하는 중요한 매개체이기도 하다.

최근 내가 머물거나 사용하는 공간의 가치에 관한 관심이 증가하면서 사람들은 좀 더 개성 있는 공간을 원한다. 실제 우리를 찾아오는 대부분 건축주는 '집 같지 않은 집'처럼 기존의 공간과 다른 독특한 디자인을 바랐다. 단순히 기능적인 면만 충족하는 것이 아니라, 그 공간 자체에 이야기를 담을 수 있고 감성을 자극하며 특별한 경험을 할 수 있는 공간을 중요시한다. 이러한 것은 단순한 미적 취향의 변화가 아닌 사회 전반적인 분위기와 밀접하게 연결되어 있다. 획일적인 삶과 공간에 대한 지루함이 오히려 자신들의 정주 환경에 대한 깊은 고민과 관심을 불러일으키는 것이다. 특히 현대 사회는 개인의 가치와 자유를 강조하는 시대로, 타인의 기준에 맞추기보다 나만의 가치관을 가지고 살아가야 함을 공간에도 반영하게 된다.

<평면의 재발견>은 단독주택 분야에 있어 독보적인 공간적 깊이의 사고를 보여주는 건축가 김창균의 <평면의 정석>에 이은 두 번째 평면 시리즈다. 기존과 다른 새로운 개념의 평면을 소개하고, 다양한 건축물의 사례를 제시했다. 스테이, 주택, 카페 등 여러 유형의 평면을, 건축에 대한 전문 지식이 없는 일반 대중들도 쉽게 이해할 수

있도록 3D로 구현한 것은 물론, 각 공간을 설계하며 반드시 고려해야 할 사항들과 노하우를 팁으로 정리하였다. 또한, 실제 설계 과정에서 발생했던 문제와 해결 방안들을 자세히 설명하여 독자들이 스스로 평면을 이해하고 활용할 수 있도록 배려했다. 남다른 형태와 공간감을 가진 평면 대한 경험, 건축물의 평면이 만들어지게 된 독특한 사연과 그 안에 담겨 있는 의미들을 공유하고 풀어냄으로써 건축가의 시선으로 바라본 공간의 언어를 파악할 수 있게 도왔다. 우리는 이 책을 통해 건축 관련자를 포함한 많은 이들이 건축에 대한 새로운 시각을 경험하고 자신만의 개성 있는 건축물을 설계하는 데 도움이 되기를 바란다.

마지막으로 책을 출판하는 데 2년여의 인고의 시간을 보낸 독이어북스 김연정 대표님과 방대한 자료 정리에 많은 도움을 준 천용준 사원 그리고 장재원, 김재운 인턴에게 심심한 감사의 인사를 전한다.

2024년 여름빛이 묻어나는
혜화동에서

TIP 1 스테이 건축, 기본적인 체크 사항
TIP 2 스테이 건축을 위한 디자인 노하우

STAY

(STAY 01)

공간의 경계를 허문
큰 박공지붕의 스테이

위치 : 제주 서귀포시 대정읍	**지역지구** : 계획관리지역
대지면적 : 501㎡	**연면적** : 99.69㎡	**규모** : 지상 2층

서귀포 바다가 굽어 보이는 드넓은 완경사 평지 위에 회색빛 견고한 박공지붕이 안착해 있다. 육중한 외피는 내부를 전혀 인지하지 못하게 함으로써 이 건축물에 대한 궁금증을 자아낸다. 캔틸레버 구조(한쪽 끝은 고정되고 다른 끝은 받쳐지지 않은 상태로 있는 보)로 모든 공간은 떠 있는 듯 보이고, 중앙에 기능 공간인 주방, 화장실, 계단실을 몰아넣어 기둥 역할을 하게 했다. 1층에는 간이 침실, 폴딩 도어로 숨겨진 주방과 함께 샤워가 가능한 화장실이 있다. 이곳에서는 앉은 사람의 눈높이로 모든 방향 개방되는 띠창이 펼쳐지는데, 창문의 하단 높이까지 조경이 개입된 성토를 하여 외부의 자연적인 요소가 실내 공간으로 끌입되는 착각을 불러일으킨다. 중심에 있는 좁은 나선형 계단을 따라 2층 침실에 오르면 바다를 향한 극적인 개방감을 느낄 수 있다. 처마 아래 너른 발코니에는 온수풀이 매립돼 있어 원경을 바라보며 편안하게 휴식을 취할 수 있다. 이처럼 비일상의 요소들을 공간에 담아내는 과정에서 자연과 소재 등의 지역적인 특성이 반영되면 그 효과는 극대화가 된다. ●

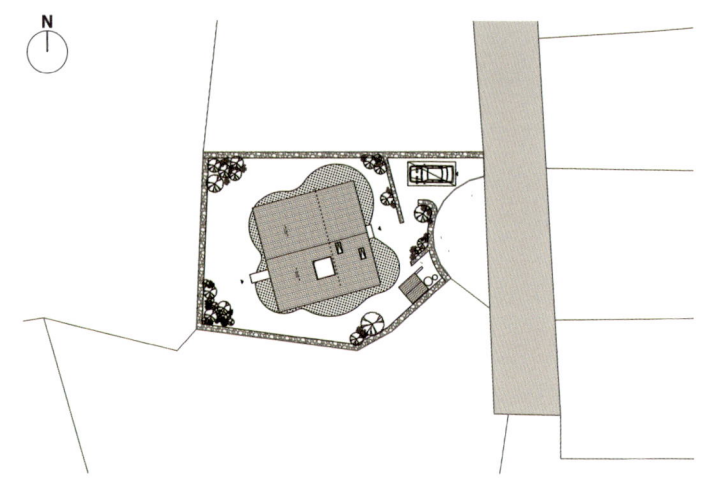

PLAN

1F 51.84m²   **2F** 43.85m²

❶ 실내 조경
바깥 조경과 연속되어 실내로 관입하는 느낌이 들게 했다. 프레임이 없는 높이 600mm의 가로 띠창은 외부의 시선 확장을 돕는다.

❷ 코어
중앙에 기둥의 역할을 할 수 있는 코어를 두고 모든 실을 콤팩트하게 몰아넣어 벽을 최소화하고, 캔틸레버 구조로 지붕을 매달아 띄웠다. 주출입구 진입 시 문에 의해 코어가 가려져 건물 전체가 부유하는 듯한 기분이 든다.

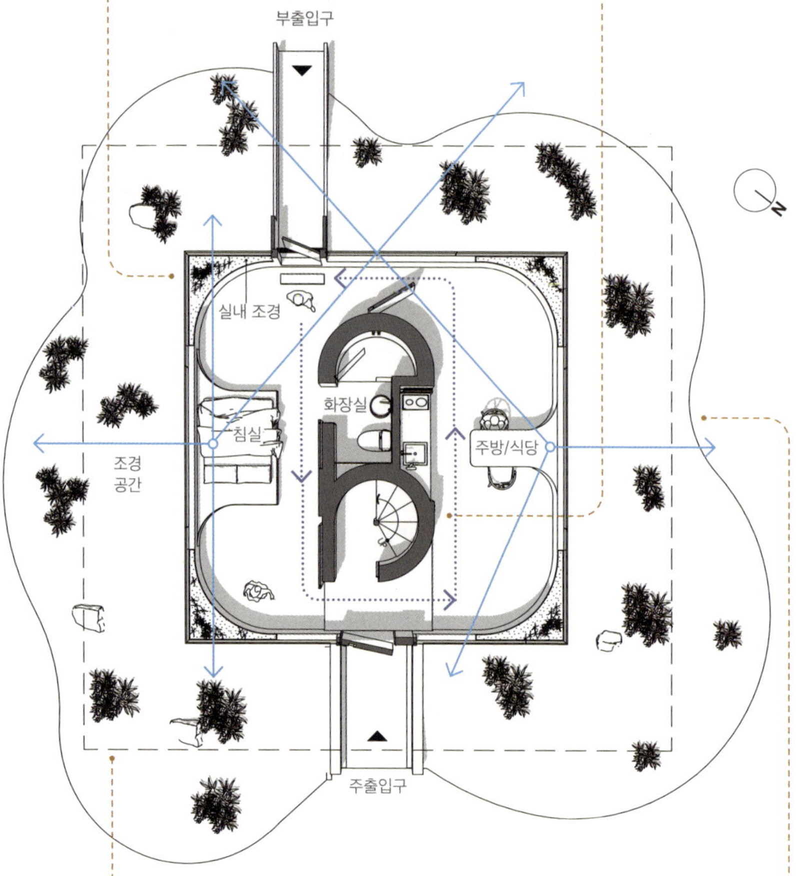

❸ 돌담
대지 전체를 감싸 안은 듯한 제주돌담은 진입을 유도하는 역할을 하면서도 지붕 처마 라인과 동일 선상에 돌담 상단을 일치시켜 돌담 위에 지붕이 살짝 안착한 것 같은 시각적 재미를 준다.

❹ 산책길
건물 주변으로 산책길을 마련해 제주의 자연 경관을 즐길 수 있다.

KEY POINT

- 안과 밖의 경계를 없애고 자연의 흐름 안에 스며드는 건축을 실험하는 공간
- 조형적인 외관과 밖에서는 짐작할 수 없는 내부
- 풍압 설계를 통한 콘크리트 구조와 철골 구조의 하이브리드 공법

제주 트름

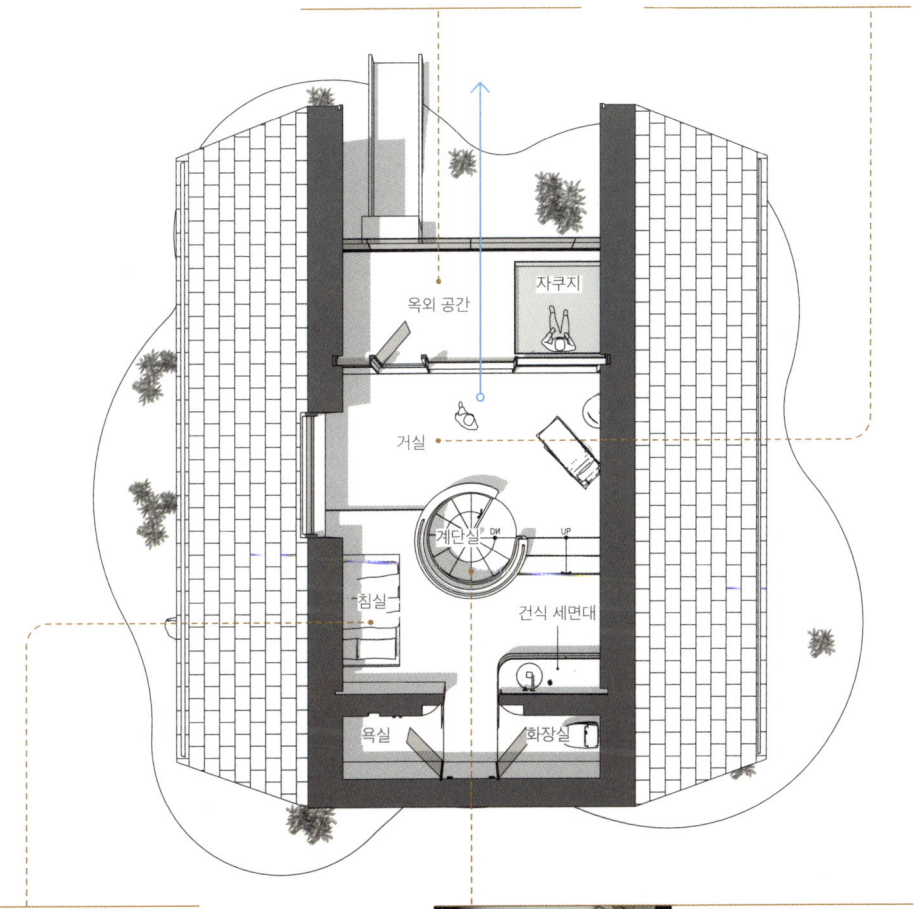

❺ 옥외 공간
삼각형의 박공지붕 아래 자쿠지 안에서 노을 지는 아름다운 풍경을 바라볼 수 있다.

❻ 거실
침실에서 거실을 거쳐 외부까지 하나의 공간으로 연결된다.

❼ 침실
오픈스튜디오 타입의 공간으로, 건식 세면대를 배치해 동선의 편리함을 더했다.

❽ 계단실
좁고 가파른 스파이럴 계단을 통해 2층에 오르면 극적인 개방감이 느껴진다.

1 특징적인 형태로 궁금증을 자아내는 건물 외관
2 프레임이 없는 띠창을 통해 실내를 거쳐 반대편 원경이 보인다.
3 건축물 주변의 둔덕이 창의 높이와 맞아 연속된 느낌을 준다.
4 배면은 전면과 대조적으로 완벽히 개방된 구조를 갖는다.

5 계단을 통해 2층에 오르면 극적인 원경 뷰가 펼쳐진다.
6 중앙의 코어는 기둥이자 주방과 화장실의 기능을 한다.
7 가로 띠창은 끊김없이 안과 밖의 시선 교차를 만들어낸다.
8 나선형 계단을 중심으로 배면에는 화장실과 샤워실을 두었다.

> STAY
> +HOME
> 02

어머니와 아들이 기거하며 운영하는 농어촌민박

| **위치** : 제주 서귀포시 성산읍 | **지역지구** : 계획관리지역, 자연취락지구 |
| **대지 면적** : 931.00㎡ | **연면적** : 169.99㎡ | **규모** : 지상 2층 |

건축주는 '어머니의 집'과 '스테이'라는 두 가지 프로그램을 충족시킬 수 있는 건물을 의뢰하였다. 대지는 제주 동남쪽 한적한 바닷가 마을 어귀에 위치한다. 바다 근처에 있지만, 나무로 사방이 둘러싸인 채 길쭉하고 평평한 모습이었다. 주거와 스테이가 혼합된 만큼 서로의 독립성을 보장하면서 각 요구사항도 만족시켜야 했다. 각각 프라이버시를 확보할 수 있는 공간을 만들고자 제주의 자연적인 특성이 담겨있는 오름의 공간적 형태를 건축 공간에 담아내려 했다. 두 공간은 중정을 감싸 안은 형태로, 아늑하면서도 내외부로 개방감을 주는 모습으로 디자인되었다. 특히 실내외를 연결하는 옥외 데크는 길게 드리워진 처마 아래에서 안락한 공간감을 준다. 각 건물은 홑집 형태의 공간 구성을 가지며, 바람의 영향을 최소화하기 위해 중정 쪽으로 개구부를 다수 만들었다. 복잡하게 휘어진 박공형 지붕은 콘크리트 벽체와 중목구조의 상호 보완을 통해 지지할 수 있어 내부에서 서까래 아래까지 크게 열린 창들을 가지게 되었다. 한편, 목재로 만들 수 없는 휘어진 보 부재들은 원형 강관의 철골로 해결하였는데, 이것은 비정형적인 지붕의 시공성 확보 그리고 실내에서 구조미를 충분히 느낄 수 있게 고려한 것이다.

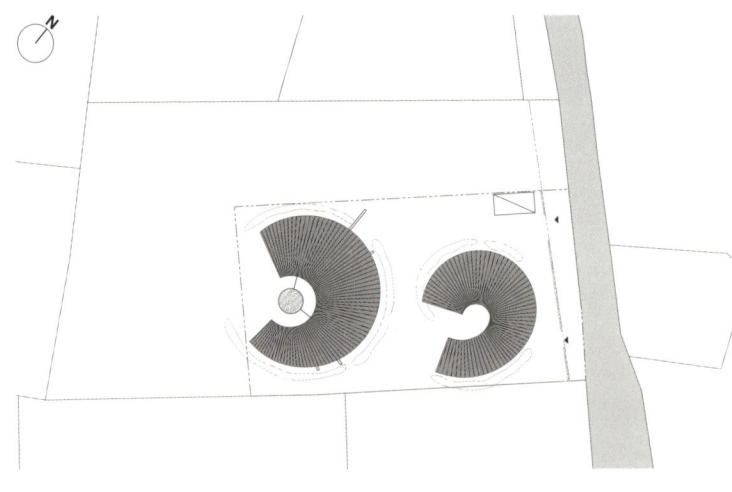

PLAN

숙박동　1F 87.39㎡　2F 9.4㎡　　관리동　1F 73.2㎡

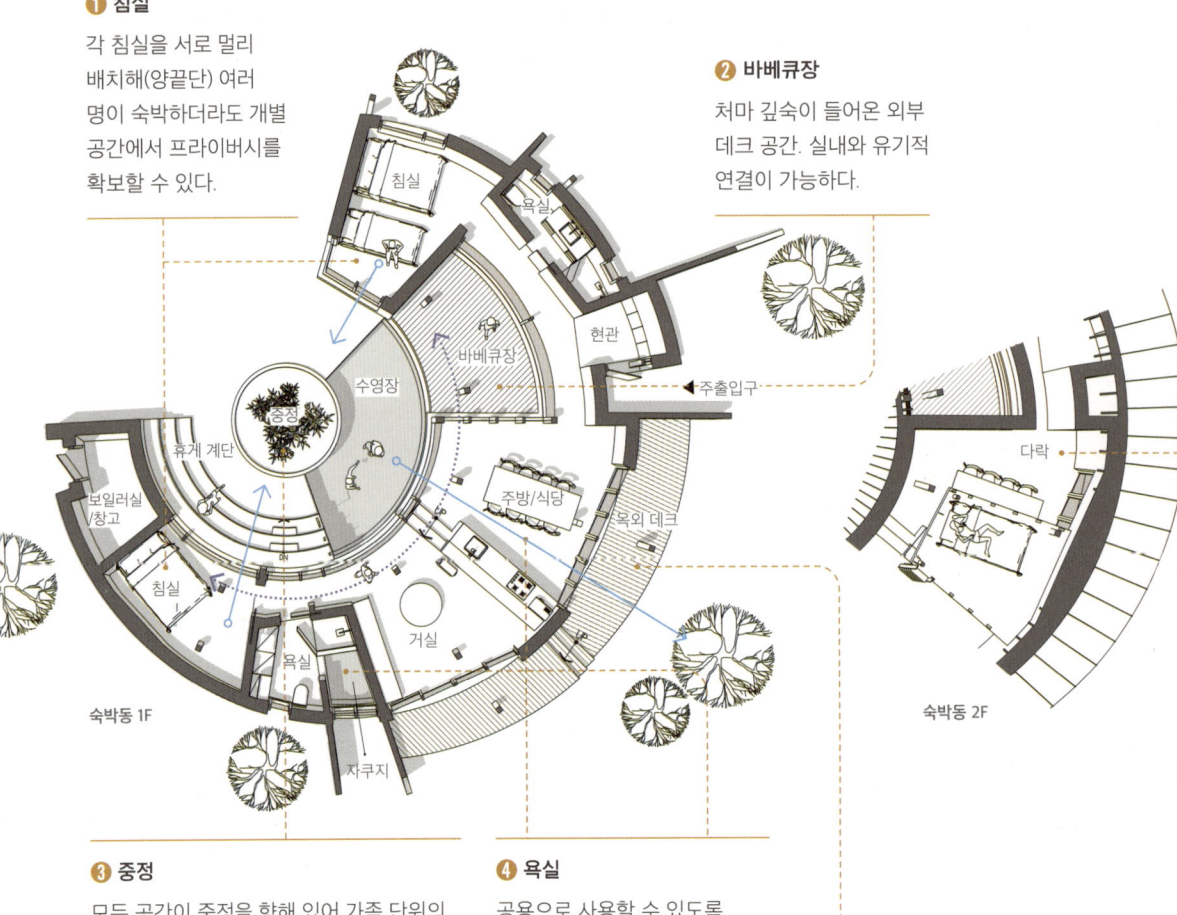

❶ 침실
각 침실을 서로 멀리 배치해(양끝단) 여러 명이 숙박하더라도 개별 공간에서 프라이버시를 확보할 수 있다.

❷ 바베큐장
처마 깊숙이 들어온 외부 데크 공간. 실내와 유기적 연결이 가능하다.

❸ 중정
모든 공간이 중정을 향해 있어 가족 단위의 여행객이 함께 지내기 좋고, 어느 곳에서도 아이들이 노는 모습을 볼 수 있다. 남쪽을 향해 배치를 열어 실내 곳곳에 빛을 들인다.

❹ 욕실
공용으로 사용할 수 있도록 거실에 면해 배치했다. 옆에는 풍경을 바라보며 온욕할 수 있는 자쿠지가 마련되었다.

❺ 주방, 식당
거실과 단차를 두어 공간의 성격을 구분해 주었다. 앞뒤로 데크가 있고 넓은 창을 설치해 탁 트인 시야를 확보했다. 위쪽으로 다락이 위치한다.

❻ 옥외 데크
깊이 드리워진 서까래가 노출된 처마로, 비를 맞지 않고 외부 공간을 즐길 수 있다.

KEY POINT

- **구성원** : 어머니, 아들
- 22평의 관리동(주거)과 32평의 숙박동(스테이)이 혼합된 프로그램
- 서로의 독립성을 보장할 수 있는 배치와 평면 구성
- 외부 공간 활용에 용이한 홑집 형태로 중정과 마당 구현

❼ 다락
아이들이 좋아하는 다락을 거실과 주방 상부에 두었다. 높은 박공지붕의 천장이라 놀이를 하거나 추가 침실로 쓸 수 있다.

❽ 중정
모두 남쪽으로 뚫려 있어 숙박동과 서로 시선이 교차되지 않는다.

❾ 툇마루
내외부의 접점을 만들어내는 툇마루는 반외부 공간적 성격을 갖는다. 깊은 처마 아래 설치되어 편하게 앉아 휴식을 취할 수 있는 여유를 제공한다.

❿ 침실
거실과 슬라이딩 도어로 공간을 구획해 가변적으로 사용할 수 있다. 침실은 거실과 주방까지 스튜디오 타입으로 구성해 개방감을 높였다.

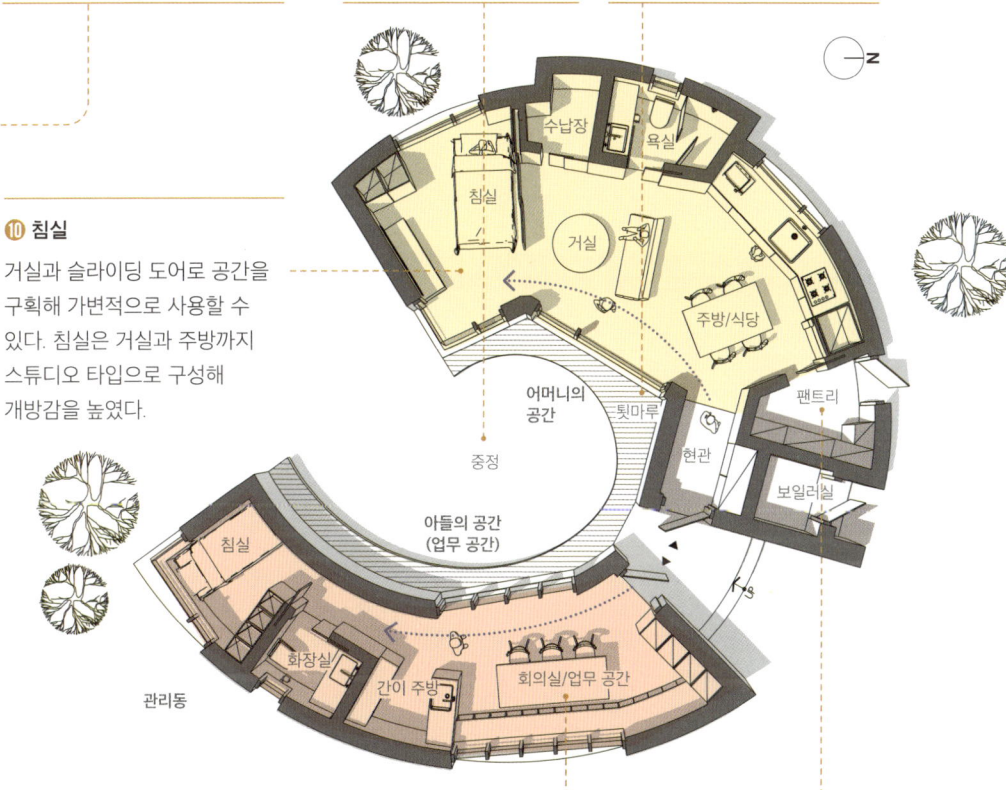

⓫ 회의실
벤치 겸 수납공간을 두어 업무에 필요한 집기나 서류를 보관할 수 있다. 탕비실 용도의 간이 주방을 같은 동선상에 배치하였다.

⓬ 팬트리
외부와 직출입이 가능해 물건 및 식료품 보관이 용이하다.

1 실내와 중정 공간에 대한 궁금증을 자아내는 출입구 **2** 중정을 감싸 안은 형태의 평면 배치는 아늑함을 준다.

3 건축물 간의 사이 공간은 중정과 더불어 휴게 장소가 된다.
4 옥외 데크는 실내의 확장 공간으로 역할한다.
5 실내에 노출된 목구조와 철골 구조가 조화롭다.
6 슬라이딩 도어는 가변적으로 공간을 구획해 준다.

(STAY 03)

제주 시골길의 고요함에
활력을 더해 주는 스테이

위치 : 제주 서귀포시 남원읍   **지역지구** : 계획관리지역

대지면적 : 578㎡   **연면적** : 99.55㎡   **규모** : 지상 2층

의귀소담은 '사람들이 머물다 가는 스테이'라는 프로그램 특성상 주거의 연장선에 있다고 보고 접근하였다. 대지는 제주 동남쪽 중산간, 작은 마을 속 귤밭에 위치한다. 외부 재료나 공간 배치, 지붕 구조의 노출, 돌담 등을 통해 제주의 옛집에 대한 향수를 느낄 수 있도록 현무암 자연석으로 쌓은 겹담을 이용했고, 돌담은 집 내부까지 확장되어 공간의 경계를 모호하게 한다. 이곳은 'ㅁ'자형의 평면 구성을 하고 있는데, 자연스러운 내부 진입을 위해 중정을 거쳐 들어가게 된다. 또한, 실의 배치가 없는 2면은 열렸다 닫히는 방식으로 작동한다. 이는 외부의 영역을 확장해서 쓰고자 하는 의도였으며, 귤나무와 대지 경계에 서 있는 삼나무가 대지 영역의 구분을 확실하게 해 주고 있어 가능한 것이었다. 마당 중심에는 '온두막'이라는 타워 형태의 건물이 상징처럼 자리한다. 온두막 아래는 불을 피울 수 있는 반외부 공간이고, 사다리를 타고 올라가면 귤밭을 내려다볼 수 있는 휴식 공간이 있다. 내부는 침실과 거실, 주방이 있는 본채와 독립된 침실인 별채로 나뉜다. 거실을 중심으로 양쪽에 침실이 자리하고, 별채는 외부 복도를 통해 출입하게 되며 목재로 이루어진 루버와 귤밭이 보이는 스파 공간 사이를 지나서 들어가게 된다. ●

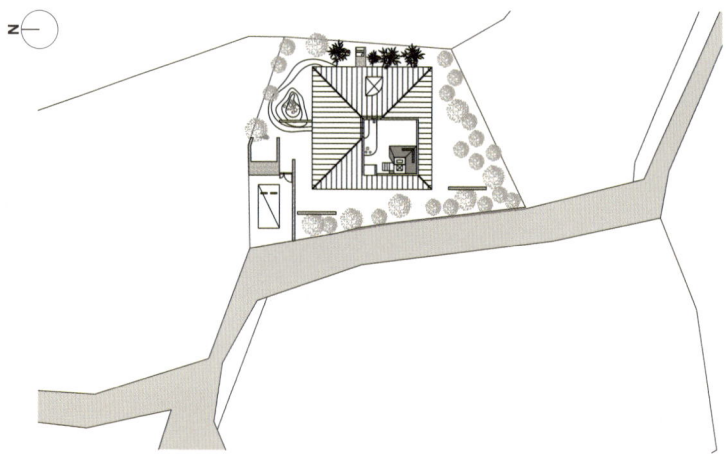

PLAN

1F 92.79m²   **2F** 6.76m²

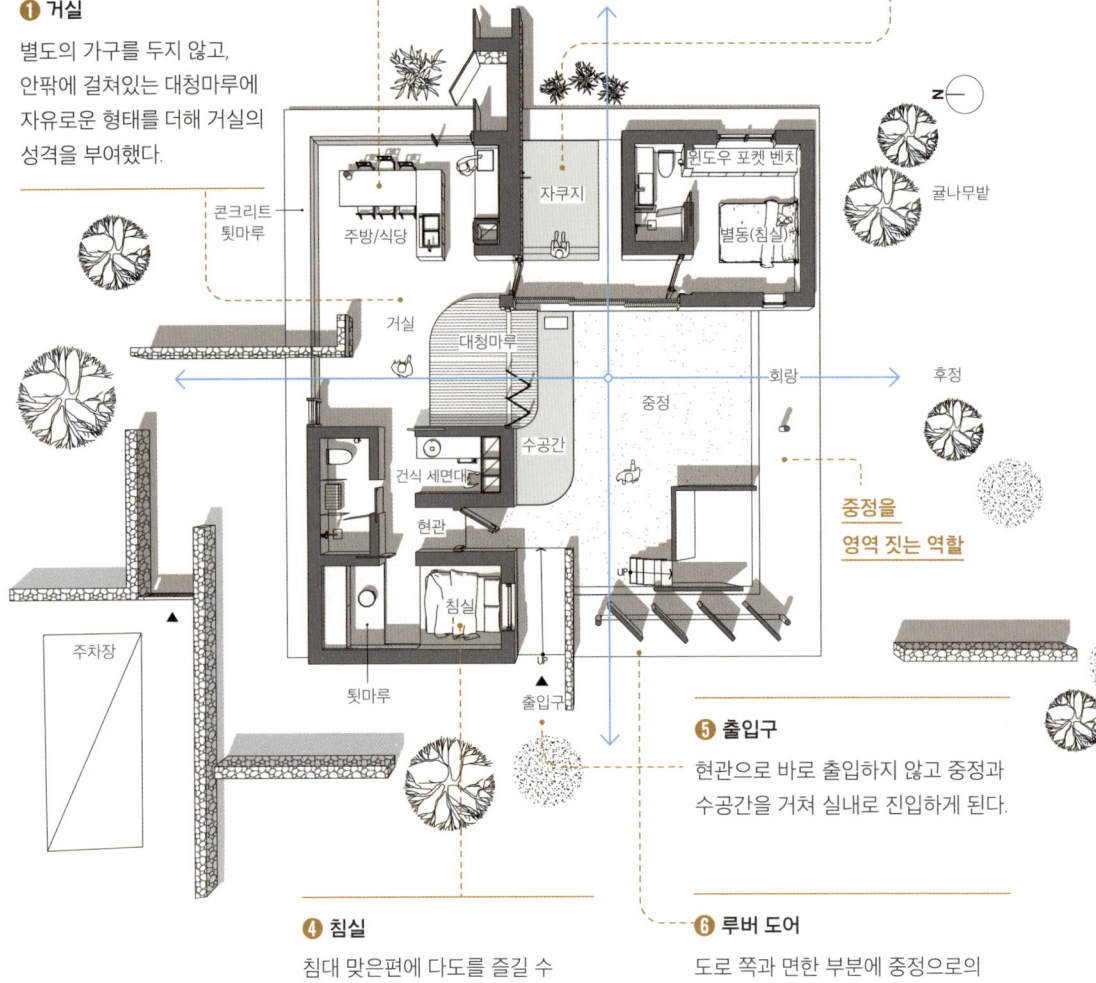

❶ 거실
별도의 가구를 두지 않고, 안팎에 걸쳐있는 대청마루에 자유로운 형태를 더해 거실의 성격을 부여했다.

❷ 주방, 식당
코너창을 크게 설치해 바깥 풍경을 바라보며 개방감을 느낄 수 있다.

❸ 자쿠지
귤밭을 배경으로 수공간을 즐길 수 있다. 자쿠지와 중정 사이에는 목재 루버 도어를 두어 필요에 의해 여닫을 수 있다.

❹ 침실
침대 맞은편에 다도를 즐길 수 있는 작은 툇마루를 놓았다.

❺ 출입구
현관으로 바로 출입하지 않고 중정과 수공간을 거쳐 실내로 진입하게 된다.

❻ 루버 도어
도로 쪽과 면한 부분에 중정으로의 시선을 차단할 수 있는 회전 루버 도어를 두었다. 이 요소를 통해 이국적인 공간을 연출할 수 있다.

KEY POINT
- 30평 초반의 작은 규모의 독채 스테이
- 너와, 세장한 목재, 종석 미장 등의 외장재로 제주스러움 강조
- 실내외 경계를 허물어 자연과 건축이 어우러질 수 있게 구성

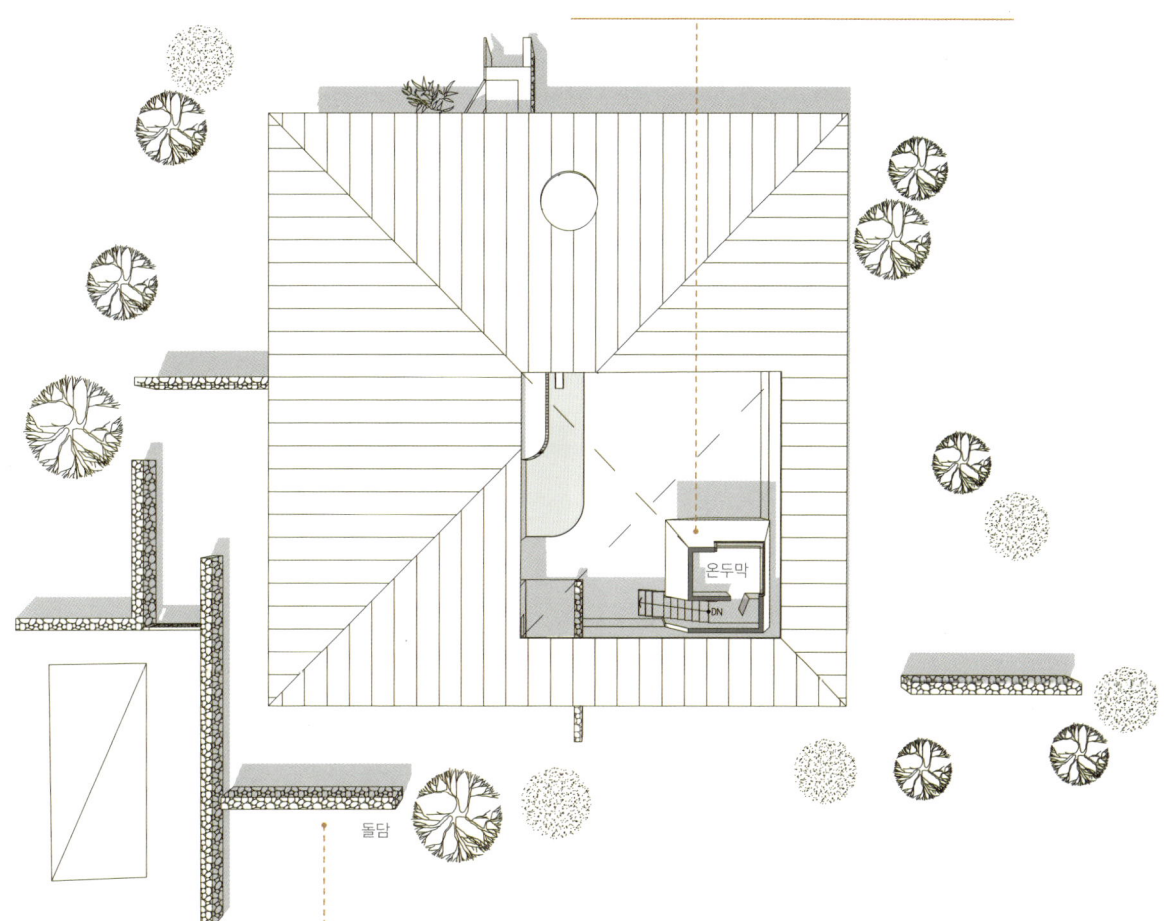

❼ **온두막**
원두막과 오두막을 합친 이름으로, 휴식을 취할 수도 원경을 바라볼 수도 있는 전망대의 역할을 한다. 비일상을 경험할 수 있는 독특한 요소를 삽입하였다.

❽ **돌담**
올레길처럼 돌담이 연장되어 주출입구로 진입할 수 있게 동선의 시퀀스를 부여했다.

1 낮은 단층 구조의 형태는 안정감을 준다.
2 중정의 전망대는 비일상적 공간 요소가 된다.
3 외피를 덮고 있는 적삼 너와는 자연과 어우러진다.
4 선택적으로 열고 닫을 수 있는 목재 루버 도어

5 건축 재료들이 안과 밖의 경계를 허물며 관입된다.
6 중정을 에워싸는 회랑은 영역을 만들어준다.
7 코너창 프레임은 더욱 극적인 개방감이 느껴진다.
8 귤밭으로 온전한 뷰를 만드는 노천탕
9 침실 내 노출된 목구조가 아늑하고 편안한 분위기를 더한다.

(STAY 04)

유유자적한 삶을 살기 원하는
여행자들을 위한 공간

위치 : 제주 서귀포시 안덕면　　**지역지구** : 계획관리지역

대지면적 : 721㎡　　**연면적** : 150.06㎡　　**규모** : 지상 1층 + 다락

농장이나 들에 한적하게 지은 집을 뜻하는 '별서'. 서광별서는 제주 남서쪽 서광리라는 작은 마을, 고요한 귤밭 한가운데 위치하는 스테이이다. 건축주는 제주시에 살고 있었고, 부모님이 가지고 있던 땅 위에 여행객들이 잠깐이라도 편안한 삶을 살아볼 별서의 공간을 마련하길 원했다. 이 대지가 가진 가장 큰 힘은 귤밭에 있었고, 바라보는 시선을 조금 달리하면 땅의 성격도 달라질 것이라 생각했다. 그래서 땅에서 귤나무 높이만큼 건물이 들어 올려졌고, 땅과 건물의 접점을 만들어 나가는 것으로 그 특별함을 채우고자 했다. 배치는 기본적으로 채광이 잘 될 수 있도록 남향을 따라 길게 계획되었다. 계단을 통해 내부로 들어가면 진입과 동시에 중정의 조경과 오버랩 된 귤나무 군집을 내려다보며 문밖의 공간과 다른 장소에 들어왔음을 느끼게 한다. 중앙에는 거실과 주방이 사리하고, 양쪽으로 외부를 통해 들어갈 수 있는 별채와 복도를 통해 바로 진입할 수 있는 복층의 방을 구성했다. 주방에서 방으로 가는 복도에는 뒷마당과 연결되는 외부 공간이 끼어들어 오며 곡선의 담장 너머 또 다른 풍경의 귤밭을 마주하게 된다. 심플한 듯 보이는 평면 구성에는 외부 요소들이 여기저기 맞닿아 공간의 재미를 보여준다. ●

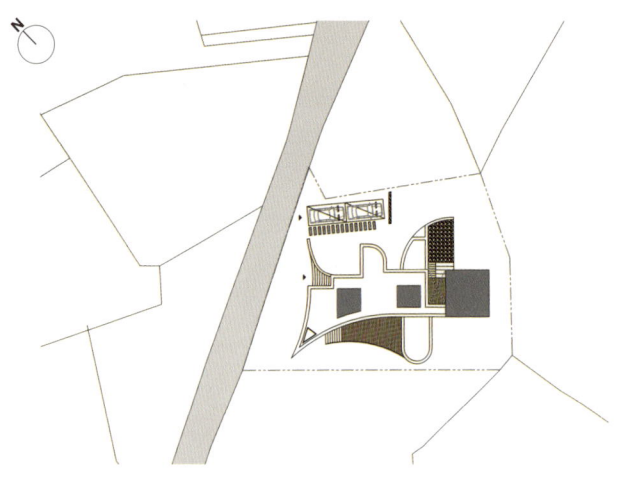

PLAN

1F 137.87m²   **ATTIC** 12.19m²

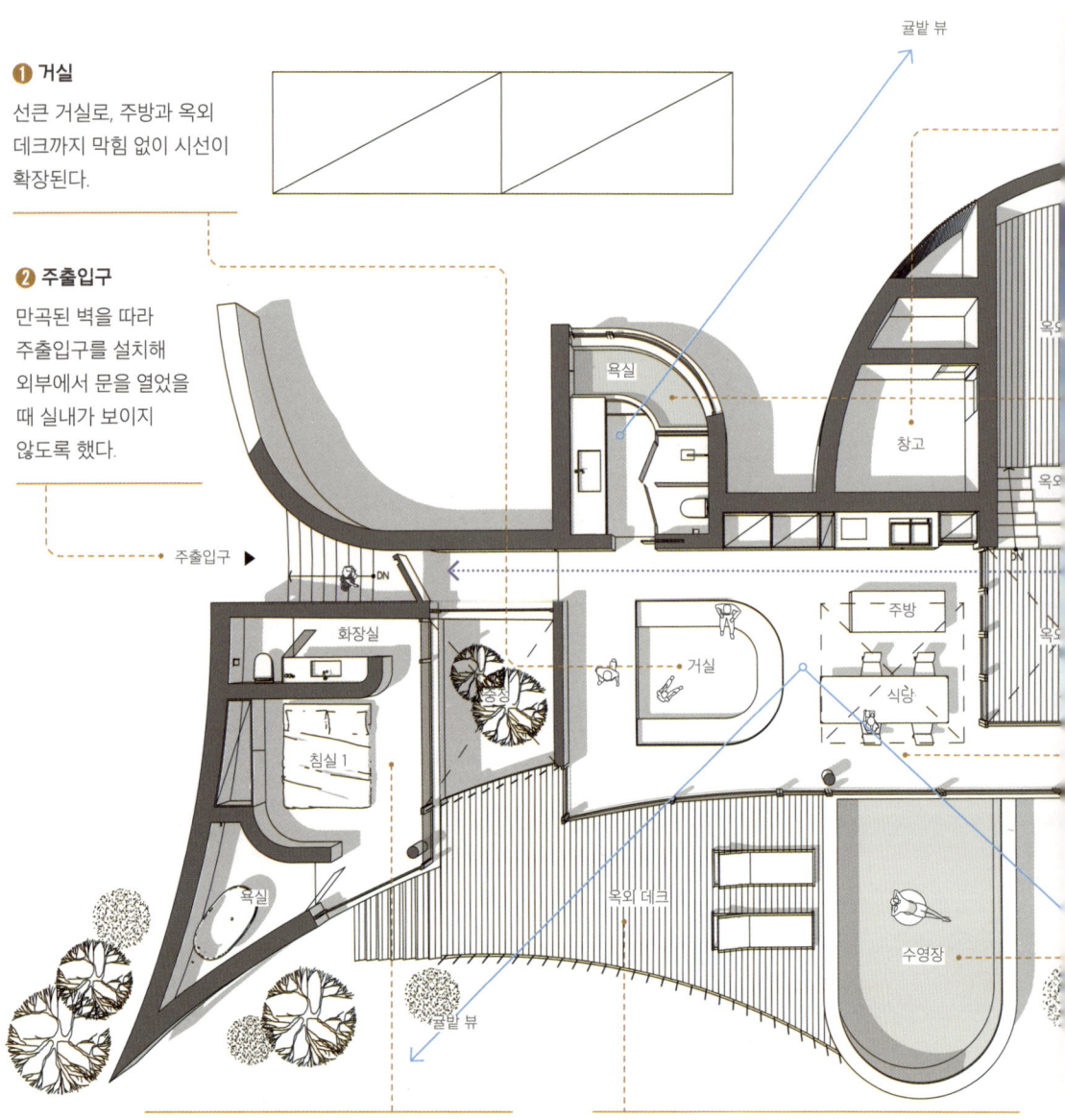

❶ 거실
선큰 거실로, 주방과 옥외 데크까지 막힘 없이 시선이 확장된다.

❷ 주출입구
만곡된 벽을 따라 주출입구를 설치해 외부에서 문을 열었을 때 실내가 보이지 않도록 했다.

❸ 침실 1
별동 개념으로 중정을 가운데 두고 좀 더 프라이빗하게 꾸몄다. 욕실은 화장실과 분리하여 천창에서 쏟아지는 햇살을 받으며 보다 특별한 목욕을 즐길 수 있다.

❹ 옥외 데크
선베드 등을 두어 일광욕을 즐길 수 있는 곳으로, 전경으로 펼쳐진 귤나무밭은 데크에서의 프라이버시를 확보할 수 있는 조경 요소가 된다. 데크 하부에는 수영장 정화 시스템 설비를 감췄다.

KEY POINT
- 여행자들의 머무름이 특별해지는 스테이
- 귤밭 위로 1.5m 들어 올려진 건물
- 주위 풍경과 자연 채광을 내부에서 그대로 느낄 수 있는 건축적 요소

제주 서광별서

후정

침실 2

DN

전정

귤밭 밭

❺ 창고
스테이에서 필수인 넓은 창고. 어메니티 및 침구류 등을 수납할 수 있다.

❻ 욕실
독특한 형태로 디자인해 외부 조경을 보며 온욕을 즐길 수 있는 특별함을 더했다.

❼ 침실 2
전정과 후정으로 창을 두어 다른 방보다 개방감을 갖는다.

❽ 주방, 식당
천장이 오픈되어 있어 넓게 느껴진다. 특히 주방 옆 데크는 창을 폴딩 도어로 제작해 주방의 확장 공간 역할을 부여했다.

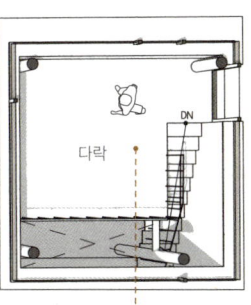

다락

DN

ATTIC

❿ 다락
모든 방향에 가로로 긴 창을 설치해 답답함이 없다. 철골 기둥을 이용하여 지붕을 받친 구조로 구현했다.

❾ 수영장
사계절 온수풀인 수영장은 거실, 주방과 가까이 배치해 가족 단위의 손님이 휴식을 취하며 식사와 놀이를 함께 할 수 있게 배려했다.

33

1 전면 외부 데크와 별도의 계단이 귤밭과 연계된다.
2 후정의 일부는 계단을 이용하여 접근이 쉽도록 조성하였다.
3 두 개의 곡면의 벽이 주출입구를 강조한다.
4 후정으로는 앉아서 쉴 수 있는 계단 벤치를 두었다.

5 선큰 거실은 간소한 쿠션으로도 가구의 역할을 대신할 수 있다.
6 식당에서 수영장으로 곧바로 연결되는 편리한 동선
7 주방에 천창을 두어 실내 천장의 수평성에 변화를 주었다.
8 침실의 계단은 경량화를 위해 철제 계단을 적용하였다.
9 거실과 별동 사이에 포켓 정원을 배치했다.

(STAY 05)

아이 중심의 즐거움을
곳곳에 반영한 스테이

위치 : 제주 제주시 애월읍   **지역지구** : 계획관리지역

대지면적 : 435㎡   **연면적** : 175.92㎡   **규모** : 지상 2층 + 다락

제주공항으로부터 20여 분 거리. 대지 주변에는 감귤나무가 빼곡히 자리해 아늑한 느낌이 감돈다. 동쪽으로는 높은 축대가 있어 2층 높이에서는 먼바다를 조망하며 개방감까지 가진다. 어린 두 아이를 키우고 있는 건축주는 개방감이 있지만, 외부와 확실히 차단되어 언제든지 아이들이 뛰어놀 수 있는 안전한 놀이 마당을 갖길 원했다. 특히 대지가 도로와 가깝게 접해 있어 사람과 차량의 시각적 간섭과 소음을 반드시 최소화해야 했다. 외부로부터의 프라이버시를 확보하기 위해 건물을 대지 경계에 최대한 밀착시키고 나머지 비워진 공간들의 경계를 2.4m의 콘크리트담을 쌓아 명확하게 나눴다. 1층은 거실과 주방, 수영장을 비롯한 외부 놀이 마당이 상호 유기적으로 연결되어 무척 활동적이고 자유분방하다. 반면 2층은 정적인 공간으로 채워진다. 높은 층고의 거실을 가운데 두고 부모와 아이의 영역이 나뉘는데, 이는 서로의 사생활을 고려한 측면도 있지만, 오가며 대화를 나누고 가족 간의 상호작용이 시시때때로 이루어질 수 있게 하기 위함이다. 1, 2층은 계단 혹은 스파이럴 미끄럼틀을 통해 이어지는데 아이의 육체적인 발달 과정을 이 두 매개체를 통해 다채롭게 실험해 보자는 의도가 깔려있다. ●

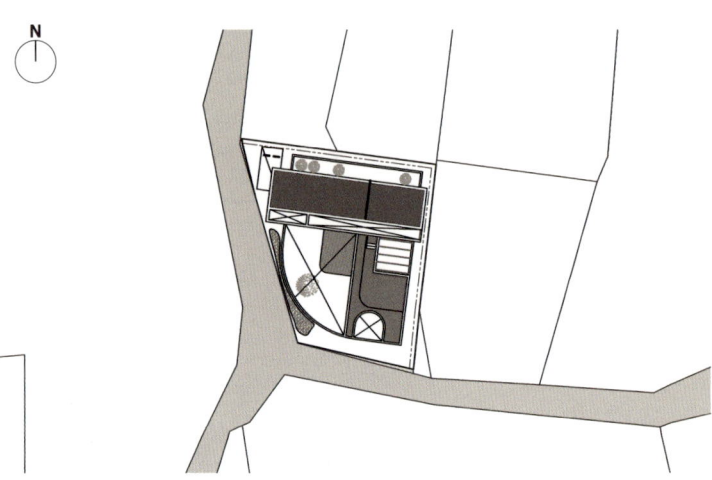

PLAN

1F 119.19m²   2F 56.73m²   ATTIC 13.84m²

❶ 점핑 그라운드 & 미끄럼틀
점프를 하며 놀 수 있는 이색적인 장소와 1층과 2층을 연결하는 스테인리스 소재의 미끄럼틀이 아이들의 눈길을 사로잡는다.

❷ 수영장
천창을 크게 둔 온수풀에서 아이들은 사계절 내내 편안히 수영을 즐길 수 있다. 수영장과 욕실을 연결하여 물놀이 후 몸을 씻고 실내로 진입할 수 있도록 했다. 통로를 통해 옥외 데크로도 출입 가능하다.

❸ 주방
주방 가구 정면으로 창을 두어 음식을 만들면서 주변 자연 경관을 감상할 수 있다. 수영장과 모래 놀이터도 한눈에 들어와 밖에서 노는 아이들의 안전사고를 예방할 수 있다.

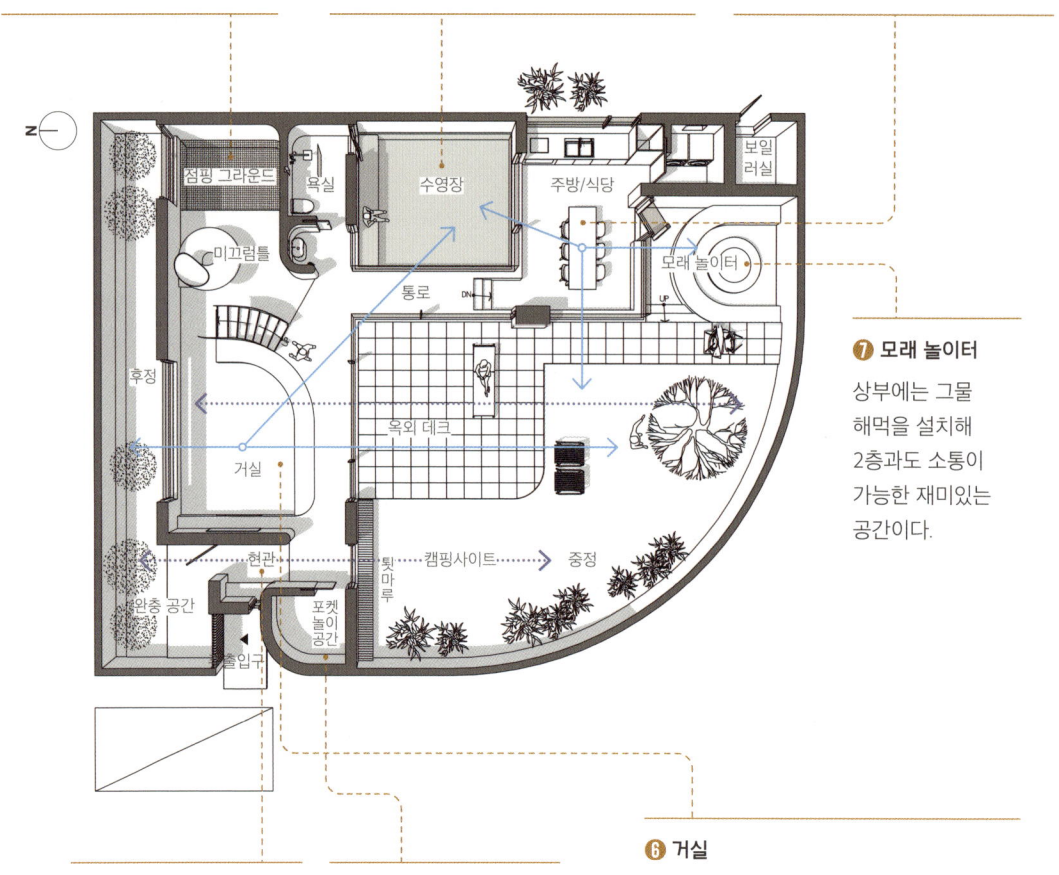

❼ 모래 놀이터
상부에는 그물 해먹을 설치해 2층과도 소통이 가능한 재미있는 공간이다.

❹ 현관
현관에 들어서면 통창을 통해 툇마루와 중정을 마주하게 된다.

❺ 포켓 놀이 공간
게임기와 장난감 등을 비치해 아이들의 아담한 소꿉놀이 공간을 마련했다.

❻ 거실
1층 바닥 레벨보다 약 600mm 정도 낮은 선큰 형태의 거실로, 별도의 가구를 두지 않고 단 차이를 이용하여 디자인된 패브릭 제작 가구를 통해 공간의 제약을 최소화하고 다양한 용도로의 변용이 가능하도록 하였다.

KEY POINT
- 개방감과 프라이버시를 동시에 고려한 공간 배치
- 아이들이 노는 모습을 부모가 어디서든 볼 수 있는, 모든 공간에서의 시선 연결
- 공간 사이 자연적인 요소 개입

❽ 계단실
곡면 형태의 계단은 내부에 독특한 공간감을 부여한다. 북쪽 통창으로 바다가 보인다.

❾ 외부 통로
정면으로 창을 마주할 때 프라이버시 확보를 위한 공간적 켜로 사용된다. 슬라이딩 루버 도어을 통해 개방 정도를 조절할 수 있다.

❿ 그물 놀이터
모래 놀이터 상부에 안전망을 설치해 아이들이 눕거나 뛰며 놀 수 있는 놀이터를 두었다.

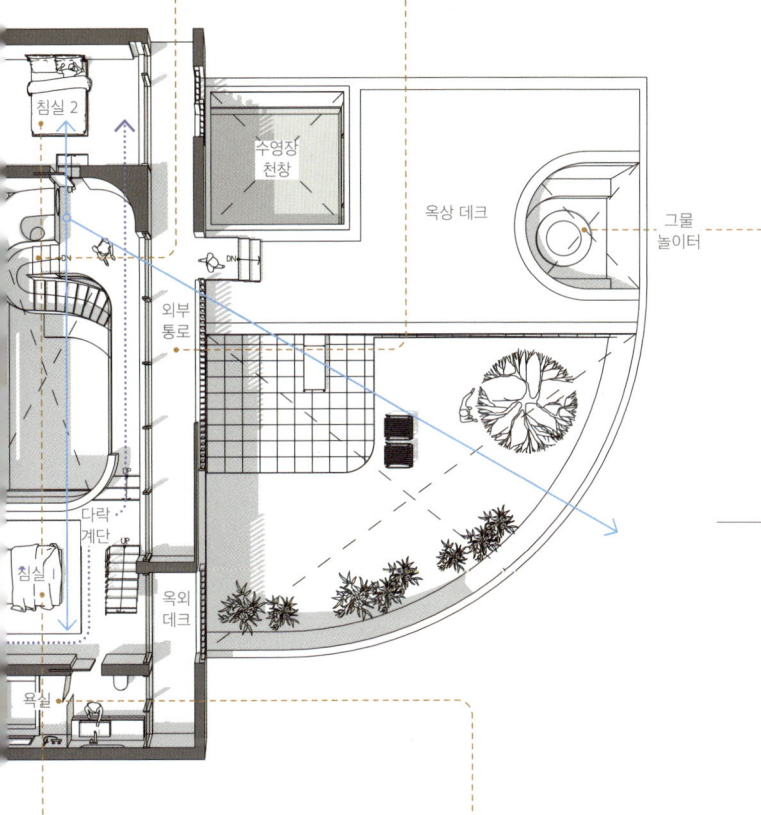

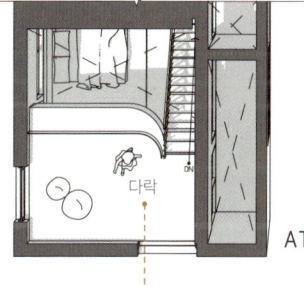

ATTIC

⓫ 침실
중앙 거실을 중심으로 두 개의 방이 대칭으로 양쪽에 위치해 가족이 방문하더라도 개별적인 공간으로 사용할 수 있다.

⓬ 욕실
별도의 옥외 데크를 두어 시원한 바람을 맞으면서 쉴 수 있다. 창을 통해 펼쳐진 귤밭을 바라보며 온욕도 즐길 수 있는 곳이다.

⓭ 다락
천장의 곡면 벽이 다락에서 한눈에 펼쳐지며 재미있는 공간감을 제공한다. 게임기나 놀이 기구를 두어 아이들이 좋아할 장소로 만들었다.

1 돌출된 2층 매스 하부를 통해 주출입구가 형성되어 있다.
2 외진 곳에서의 프라이버시와 안전성을 고려하여 담을 이용한 디자인을 적용하였다.

3 1층의 모든 공간은 시선이 서로 교차되는 개방 구조이다.
4 거실에는 매트를 설치해 아이들의 안전사고를 예방했다.
5 높이차를 이용한 놀이 공간은 매력적인 요소가 된다.
6 바깥 날씨의 영향을 받지 않는 실내 수영장

(STAY 06)

오목한 대지 위 부유하는 조율의 공간

위치 : 경북 포항시 흥해읍	**지역지구** : 도시지역, 자연녹지지역
대지면적 : 438㎡ **연면적** : 99.22㎡	**규모** : 지상 2층

대지는 한적한 포항의 한 시골 마을, 주변에는 정리되지 않은 노후한 민가들이 있어 스테이가 들어설 것 같지 않은 땅이었다. 하지만, 대지 뒤로 펼쳐지는 드넓은 논과 아름다운 석양, 야트막한 야산은 자연을 건축 공간에 끌어들이기 충분했다. 너무 낮은 대지의 레벨을 어느 정도 성토해 2층에서의 개방감을 확보하고, 필로티 구조의 건물 사이사이로 조경 요소가 스며들 수 있도록 계획했다. 주변 환경에 대응하기 위해 6㎝ 직경의 구운 대나무를 일정 간격으로 촘촘히 세우고, 그 사이엔 2층에서도 볼 수 있는 나무를 심었다. 폴딩 도어 형태의 대나무 벽체는 프라이버시를 확보함과 동시에 건축 재료로 사용되어 자연 소재로부터 느껴지는 따스하고 편안한 느낌의 주된 입면을 만들었다. 현관에 들어서면 전면창을 통해 낮게 깔린 정원이 한눈에 펼쳐진다. 1층은 프라이빗한 침실, 2층은 작은 자쿠지가 있는 외부 데크와 주방, 식당, 거실로 연결되는 일체화된 실이 스튜디오 타입으로 이뤄진다. 건축물 주변을 전체적으로 휘감아 도는 산책로를 따라 다양한 수종으로 채워진 조경 공간을 만날 수 있으며, 족욕탕은 이벤트의 장소로 활용할 수 있다. 대지 안의 어느 곳을 가더라도 건축물은 자연스러운 배경이 되어 아늑한 분위기를 이끈다.

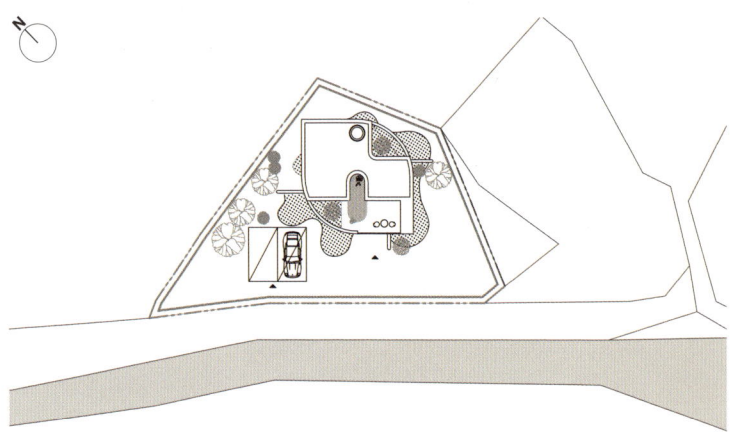

PLAN

1F 60.32m²   **2F** 38.9m²

❶ 포켓 정원
현관에 들어서면 음지식물이 심긴 아늑한 정원을 정면에서 마주하게 된다.

❷ 침실
가족 단위의 손님을 위해 1층에는 독립적인 침실을, 2층에는 거실과 어우러진 작은 침실을 두었다.

❸ 계단실
후정으로 뚫린 통창과 천창을 통해 실내 깊숙이 빛을 들이며 환한 분위기를 유지한다.

❹ 물탱크실, 기계실
2층 수영장의 자연 정화와 온수 제공을 위해 별도의 공간을 만들었다.

❺ 족욕탕
물 흐르듯 이어지는 산책로를 따라 들어가 마주하는 야외 족욕탕. 초록 향기를 맡으며 온전한 휴식을 취할 수 있는 장소다.

KEY POINT
- 천변 둑방 너머 움푹 파인 대지에 들어선 스테이
- 진갈색의 구운 대나무를 입힌 입면
- 도로 측으로부터 발생할 수 있는 소음과 프라이버시 확보

❻ 침실
의자 높이 정도의 단 위에 제작되어 걸터앉아 이야기를 나누기 좋다.

❼ 대나무담
프라이버시를 지켜주면서도 담 사이로 빛이 들어와 쾌적하고, 1층으로 오픈되어 있어 답답하지 않다.

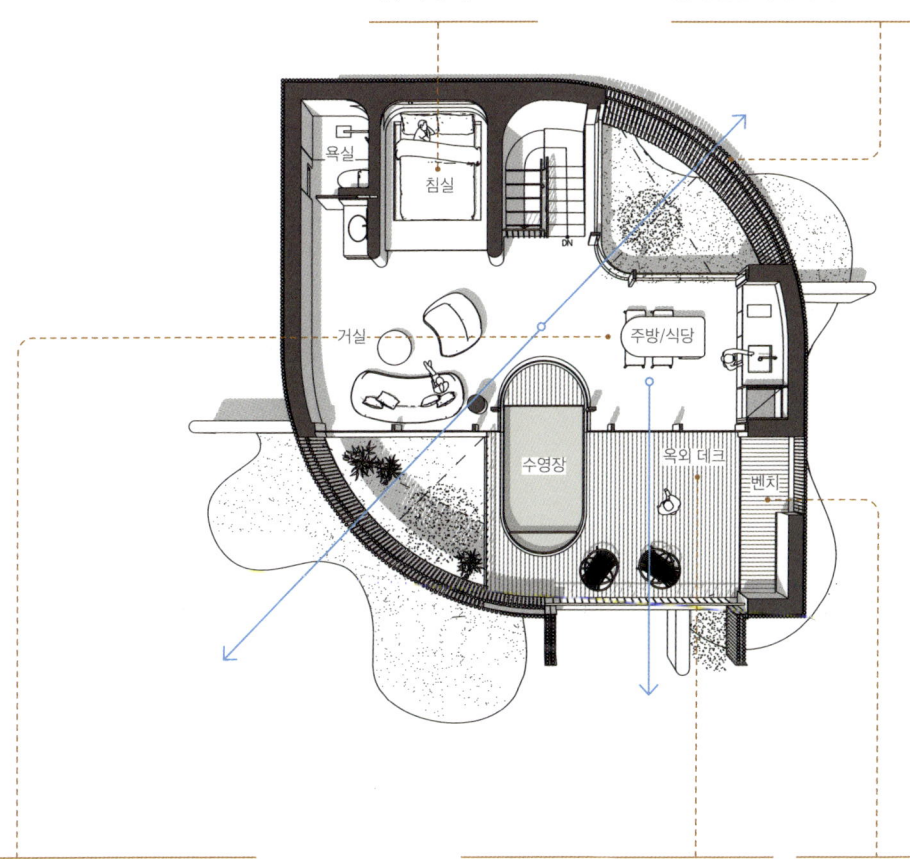

❽ LDK
스튜디오 타입으로 펼쳐진 거실과 주방, 식당. 옥외 데크까지 시선이 확장되어 넓은 개방감을 가진다.

❾ 옥외 데크
외부로부터 시선이 차단되는 데크 한쪽에 두어 편안하게 물놀이를 즐길 수 있다. 정면 폴딩 도어를 열면 주변 풍경과 석양을 감상하기 좋다.

❿ 벤치
물놀이 후 마루처럼 편안하게 앉거나 누워 쉴 수 있는 공간이다.

1 대나무 입면 마감은 시간이 지날수록 자연스러움을 더한다.
2 2층 문은 프라이버시 확보를 위해 개폐가 가능하다.
3 현관에 들어서면 후정과 침실, 계단실로 시선이 열린다.
4 바닥과 연장된 외부 수영장과 구운 대나무담 넘어 보이는 원경

5 곡면 유리 창호는 공간을 더욱 넓어 보이게 한다.
6 건식 세면대는 거실의 확장 공간이기도 하다.
7 대나무담으로 둘러싸인 2층 외부 데크
8 단 차이를 이용하여 침실 공간을 구획하였다.

(STAY 07)

간결한 벽 너머 담백한
즐거움을 담은 독채 스테이

위치 : 제주 서귀포시 안덕면	지역지구 : 자연녹지지역, 자연취락지구
대지면적 : 321㎡	연면적 : 88.91㎡	규모 : 지상 2층

도로와 면해 있는 길고 좁은 대지 특성상 도로에서 발생할 수 있는 소음과 프라이버시 확보가 관건이었다. 단순하게 벽이라는 일차원적인 방식이 아닌 크기를 선별하여 설치한 6cm 직경의 구운 대나무를 일정 간격으로 촘촘히 세워 사적 공간을 지키며 바람길을 열어주었다. 주택을 계획하면서 가장 중요한 부분 중 하나는 건축물과 대지의 관계 설정이다. 계획상 설정한 공간을 각 성격에 따라 도로와 대응해 대지를 직각 방향으로 크게 5등분으로 나누고, 이 공간들을 벽에 의한 구획이 아닌 공간과 유리로 구분하여 배치하였다. 작은 면적의 공간을 효율적으로 활용하면서도 개방감을 줄 방법을 투영성의 재료인 유리와 사이 공간 그리고 외부 공간과의 유기적인 연계를 통해 확보함으로써 공간의 가능성을 한 차원 높은 의미로 끌어올렸다. 중성의 역할을 하는 수영장을 감싼 실들에는 그 틈으로 햇살이 깊이 들이쳐 아늑한 공간을 만든다. 작은 공간임에도 불구하고 주출입구-주방 및 식당-수영장-거실에 이르는 연속된 공간 덕분에 개방감이 무척 크다. 귤밭을 향해 열린 큰 창은 내부 공간에서 자연을 즐길 수 있게 한다. ●

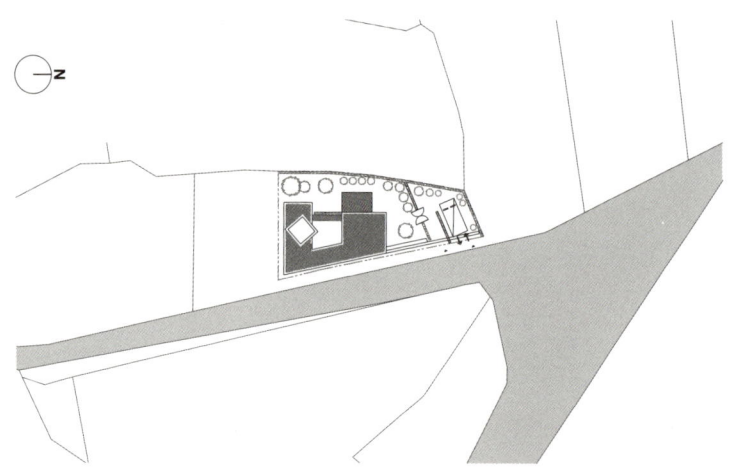

PLAN

1F 79.91m²   2F 9m²

① 침실
프라이버시를 고려해 가장 안쪽에 침실을 놓았다. 편의를 배려해 욕실도 함께 두었다.

② 옥외 데크
전경으로 귤밭이 펼쳐지는 풍광 좋은 장소로, 폴딩 도어를 통해 주방, 식당과 직출입이 가능하다.

③ 전정
낮은 돌담을 따라 대문에 들어서면 위요된 앞마당이 펼쳐진다. 포근하게 구성된 조경수들과 대나무를 배경으로 한 벤치는 이 공간의 중요한 요소이다.

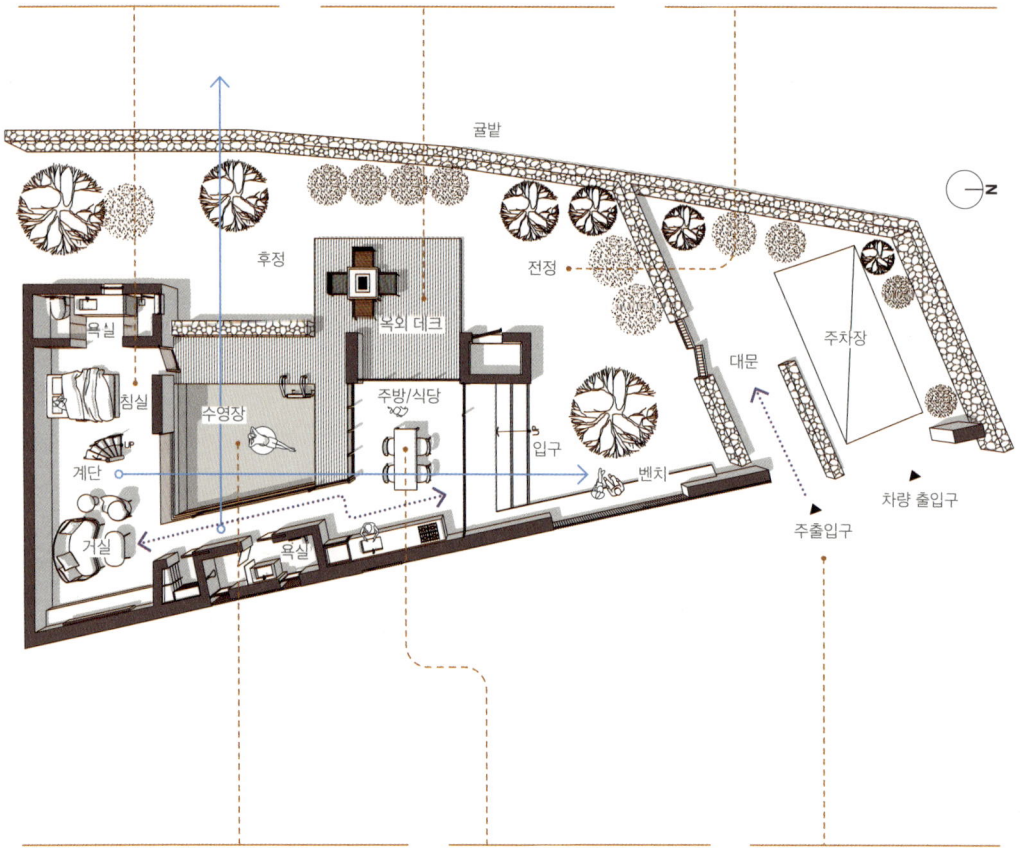

④ 수영장
수영장은 이곳에서 가장 중심적인 역할을 한다. 거실과 식당이 주변에 있어 쉽게 오가며 수영장을 즐길 수 있다. 자동 정화가 되는 온수풀이라 가족 단위 숙박객에게 인기다.

⑤ 주방, 식당
앞마당, 후정, 수영장에 면한 활동적인 공간으로, 내외부가 긴밀하게 연계될 수 있게 배치하였다.

⑥ 주출입구
제주 자연석으로 쌓은 돌담이 대문으로 동선을 유도한다.

KEY POINT

- 도로와 길게 면하는 대지에 지어진 20평 초반의 스테이
- 백색의 스터코와 대비되는 구운 대나무로 입면 구성
- 수영장을 중심에 둔 공간 구조

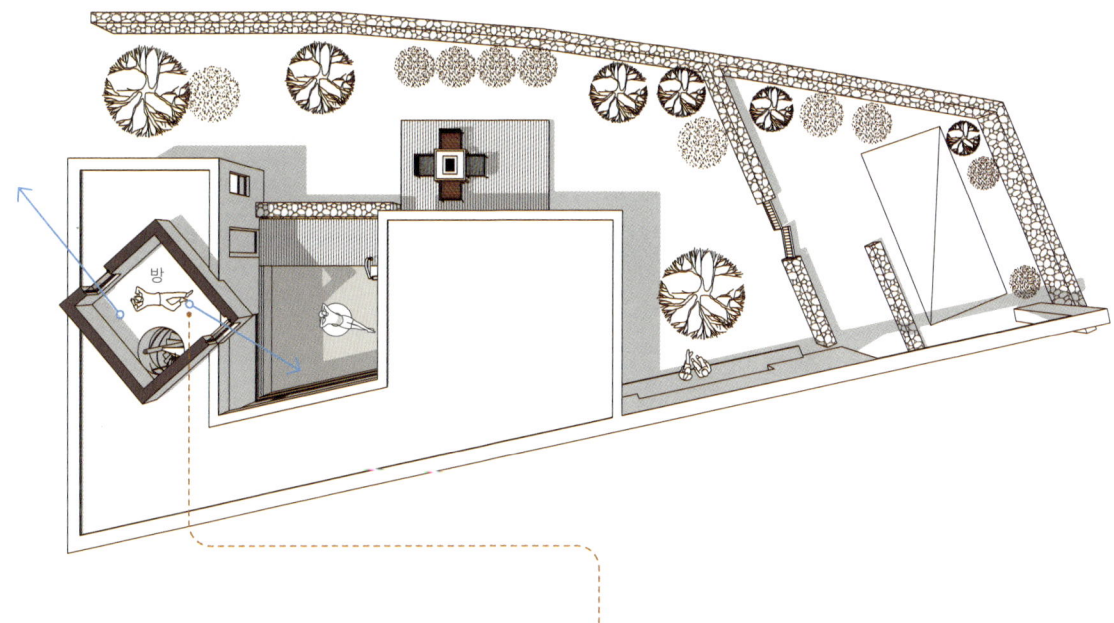

❼ 방

1층 침실 옆의 나선형 계단을 따라 2층으로 오르면 3평 남짓한 작은 공간이 나온다. 두 가족이 왔을 경우 추가 침실로 활용되는 곳으로, 건축물에서도 매우 특징적인 입면을 구성한다. 후면에 큰 통창을 설치해 아름다운 석양을 감상할 수 있고, 바닥 일부엔 삼각형 창이 있어 수영장과 시각적으로 연결된다.

1 도로로부터의 시선과 소음을 대나무담으로 차단했다.
2 주진입구에는 계단을 연장하여 휴식을 위한 벤치를 두었다.
3 출입구를 통해 내부 깊숙이 시선이 연장된다.
4 폴딩 도어를 두어 외부 데크와 주방을 연계하였다.
5 귤밭을 배경으로 한 다이닝룸

6 중앙에는 3×4m의 프라이버시가 확보된 수영장을 두었다.
7 수영장 위로는 침실로 활용되는 공간이 있다.
8 거실에서 바라본 수영장의 모습
9 침실 안쪽 욕실은 수영장 이용에 편리함을 더한다.

STAY 08

일상을 벗어날 스테이로 다시 재구성된 돌집 리모델링

위치 : 제주 제주시 월정리	**지역지구** : 생산관리지역, 특화경관지구	
대지면적 : 367㎡	**연면적** : 137.47㎡	**규모** : 지상 1층 + 다락

제주의 전통 주거 형태는 육지와는 조금 다른 구성으로 나타난다. 중목구조를 기본 골격으로 하고 외부 벽은 제주돌과 진흙, 볏짚을 이용해 만들어졌다. 내부 구획은 작고 아담한데, 이는 제주에서 쉽게 구할 수 있는 삼나무나 벚나무가 주된 자재라 부재 사이즈가 커지지 못했음을 추측해 본다. 리모델링할 돌집은 안거리, 밖거리라 불리는 두 동의 돌집과 창고가 돌담을 경계로 한 공간 안에서 집 한 채로 구성되어 있었다. 제주 동쪽 월정리 해변과 멀리 떨어지지 않은 곳에 자리하고 있었는데, 쪽빛 바다를 지척에 두었지만 무리하게 뷰를 탐하지 않고, 마을에 어울리는 돌집으로 스며들기를 바랐다. 용도의 변화는 좁은 공간을 목구조의 구성만 남기고 벽체를 다 털어 내어 재구성하기로 했다. 이 집에서 돌담은 외부 경계를 이루는 담에서 시작하여 건물의 벽체이기도 하고 정원 일부가 되었다가 집의 가구, 때로는 수공간, 창고, 화장실 벽의 일부가 되기도 한다. 집의 입구와 건물의 배치는 동일하게 유지되었지만, 달라진 쓰임새에 맞게 개구부와 외부 공간은 바꿔야 했다. 외부로 향하는 개구부는 더 적극적이고 많은 부분이 개방되었고, 그 개방된 부분으로 보이는 내부는 돌담으로 이어진 대지의 연속적인 모습이 비친다. ●

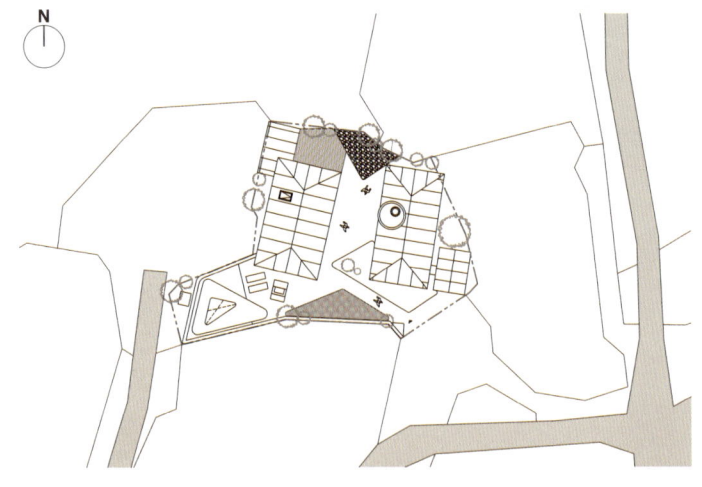

PLAN

A동 1F 63.48m²   ATTIC 11.6m²
B동 1F 62.39m²

❶ 거실
좁은 공간이라 별도의 가구를 배치하기보다 다용도로 사용할 수 있게 비워두고, 대신 단차로 벤치를 만들어 활용도를 높였다.

❷ 아웃도어 데크
주방과 식당의 폴딩 도어를 열면 데크에서 쉽게 바비큐를 즐길 수 있다.

❸ 침실
천장이 열려 있는 휴식 공간. 전형적인 박공지붕 형태의 민가에 독특한 원통 공간을 삽입하여 곡면 벽을 통해 안과 밖 시선 변화를 더욱 다채롭게 하였다.

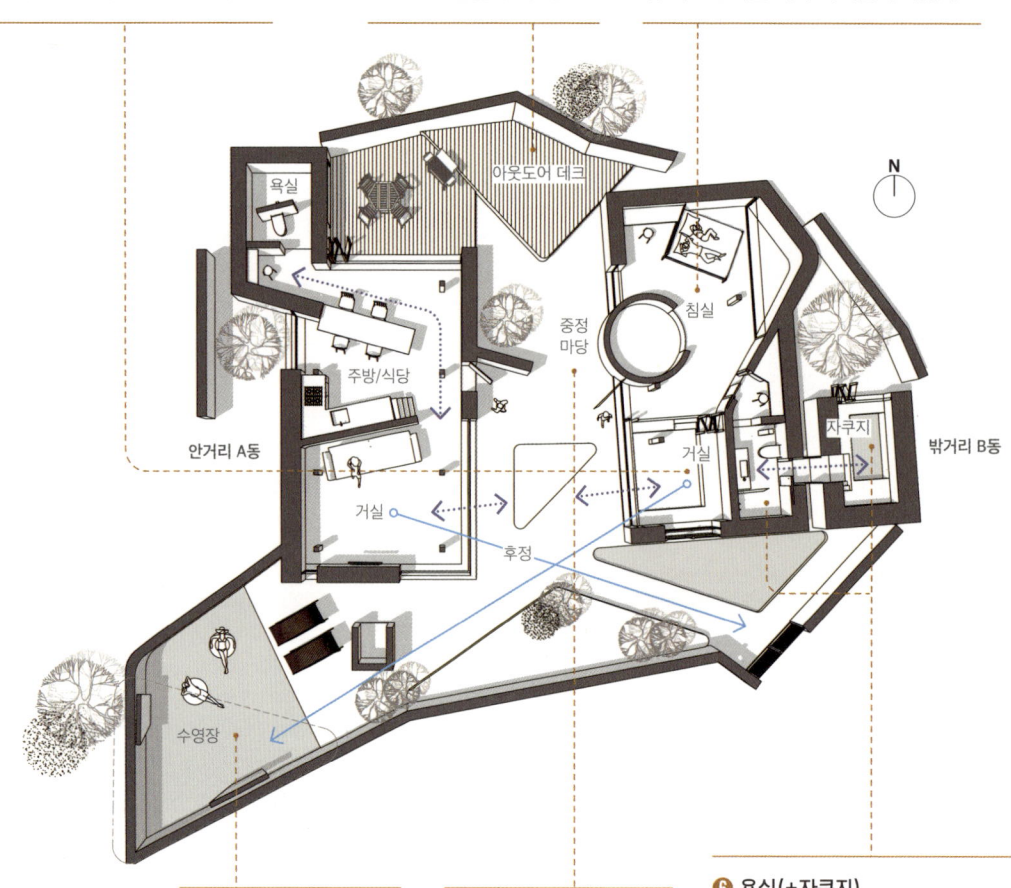

❹ 수영장
주변으로 일정 높이의 돌담을 쌓아 프라이버시를 확보하고 제주의 전통적인 민가의 느낌도 살렸다.

❺ 중정
두 개의 동으로 구성되어 있지만, 중정으로 두 공간이 연결되기도, 개별의 장소가 되기도 한다.

❻ 욕실(+자쿠지)
통로를 통해 욕실에서 곧바로 자쿠지가 이어져 자쿠지 사용 후 샤워를 하기 편리한 동선을 가진다. 자쿠지는 기존 농기구 등을 보관하던 창고를 개조해 만들었다.

KEY POINT
- 버려진 옛 제주돌집을 스테이(독채 민박)로 재생시키는 프로젝트
- 제주 특색을 가지면서 숙박객에게 불편함이 없는 구조 변경
- 안과 밖을 자유롭게 오갈 수 있도록 창과 출입구를 크게 확장

❼ 창고
특징적인 형태로 스테이 간판의 역할을 함과 동시에 독특한 분위기를 자아낸다.

❽ 다락
단층이지만, 박공지붕을 이용하여 실내 가장 높은 곳에 다락을 두었다. 추가 인원이 휴식을 취할 공간으로 쓰거나 아이들이 게임 등을 할 수 있는 장소로 활용 가능하다.

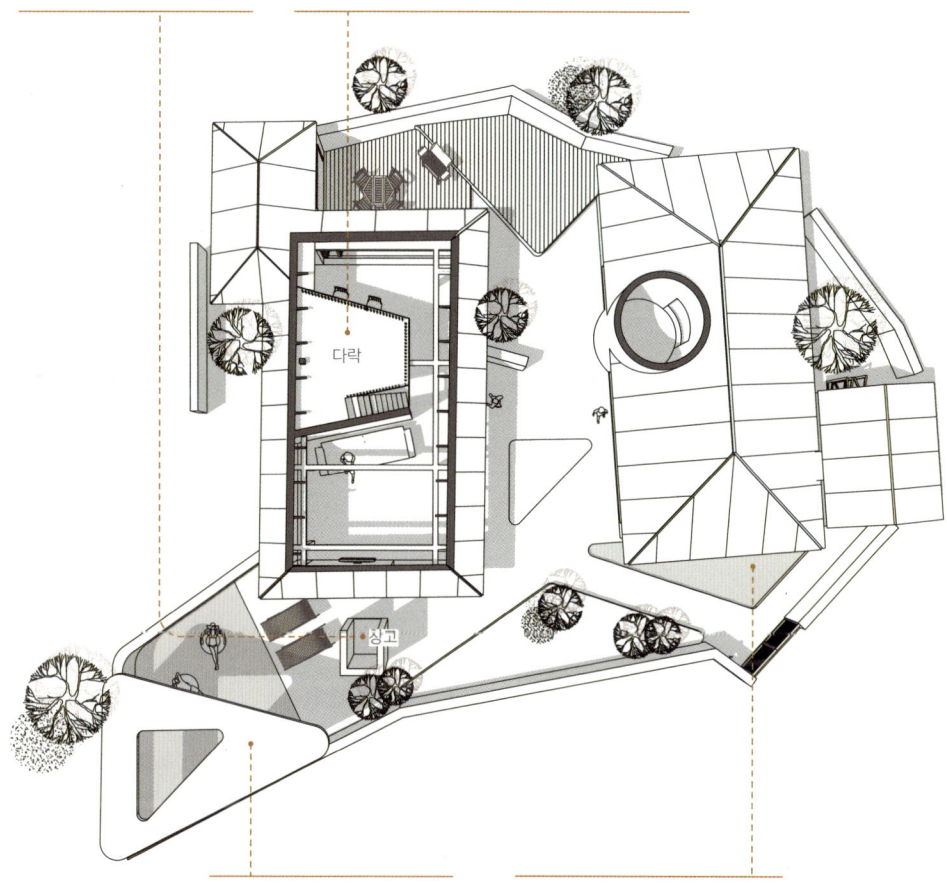

❾ 캐노피
낮 동안 수영장 위로 떨어지는 강한 햇빛을 막으면서 외부로부터 시선을 부분적으로 차단한다.

❿ 수공간
주출입구에서 중정으로 이르는 동선상에 만든 수공간은 남쪽에서 비추는 빛을 통해 실내에 윤슬을 만든다.

1 폐쇄적인 돌집 구조를 보강하여 개방감을 부여했다.
2 옛 모습의 원형을 최대한 보존한 주진입부
3 수공간은 거실과 연계해 반사 효과를 주었다.
4 목구조를 활용하여 층고를 높인 공간에는 다락을 두었다.

5 주방의 창을 통해 제주돌담의 모습이 보인다.
6 실내로 관입된 돌담은 공간을 구획하는 요소이다.
7 거실은 의자 높이의 단차를 두어 걸터앉을 수 있다.
8 천창이 있는 원통형의 공간은 작은 침실이 된다.

STAY +HOME 09

올레길목, 남다른 모습을 한 세 개의 삼각형 집

위치 : 제주 제주시 구좌읍 **지역지구** : 제1종일반주거지역, 최고고도지구

대지면적 : 397㎡ **연면적** : 241.04㎡ **규모** : 지상 2층 + 다락

대지는 아름다운 비자림 아래 해안까지 이어지는 드넓고 평평한 땅이다. 서울 도심에 오랫동안 살다 아이들 교육과 생활 환경을 위해 제주에 정착한 건축주는 수익을 창출할 수 있는 농어촌민박을 하며 살기 위한 주택을 짓길 원했다. 같은 필지 안에서 독채 민박을 운영하며 직접 음식을 제공하고 관리할 수 있어야 했고, 각각의 공간은 투숙객의 프라이버시를 위해 명확히 분절하면서도 유기적으로 연결되어야 했다. 완성된 실내는 삼각형의 형태에 맞게 다양한 레벨값을 가진 공간들로 구성된다. 스테이로 사용하는, 적벽돌로 마감된 두 개의 동은 15평의 면적으로 2개 층으로 이뤄져 있다. 작은 면적 안에서도 정면 쪽으로 바다를 관망할 수 있는 침실과 욕실을 두어 1층의 거실과 각기 다른 두 개의 연결 동선을 통해 유기적으로 이어질 수 있도록 하였다. 주거동의 경우 1층은 외부 마당과 적극적으로 연결되어 있는 가족실을 비롯해 주방과 팬트리로 구성되고 2층은 가족이 함께 취미생활을 하거나 작업을 할 수 있는 공간, 3층은 두 딸아이를 위한 방으로 구성된다. 이 모든 공간이 시각적·공간적으로 긴밀하게 연결되어 층으로서의 구분이 아닌 하나의 공간 안에서 층위에 따른 영역 구분이 가능하게 되었다. ●

PLAN

숙박동 1, 2 1F 35.5m²   2F 14.71m²
주거동   1F 79.27m² 2F 39.35m²   ATTIC 22m²

❶ 후정
건물과 건물 사이 틈에 작은 후정을 배치해 다용도로 사용할 수 있게 했다.

❷ 옥외 데크
처마 아래 데크는 비 오는 날에도 야외 공간을 즐길 수 있게 한다.

❸ 선큰 거실
옥외 데크에 면한 거실로, 폴딩 도어를 통해 실내외를 하나의 공간으로 쓸 수 있다. 바닥이 낮아 더 많은 일사가 실내로 유입된다.

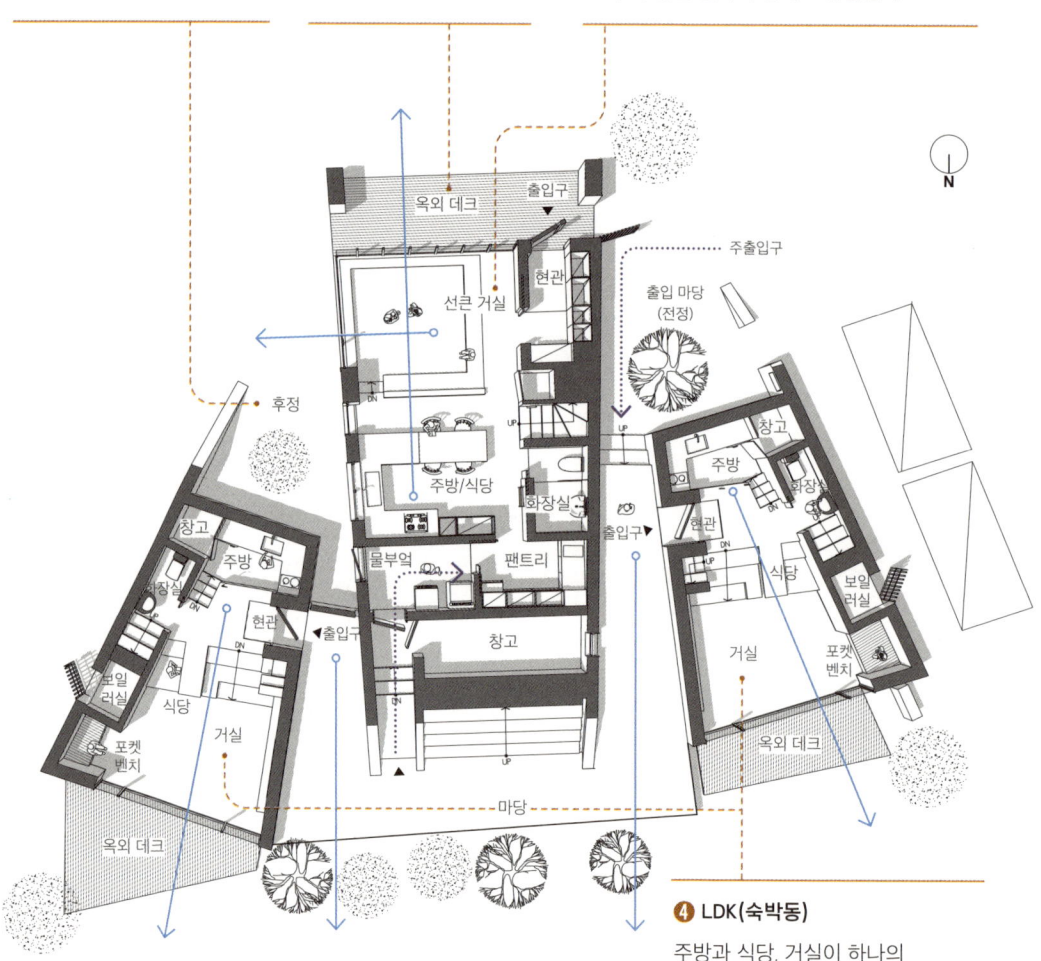

❹ LDK(숙박동)
주방과 식당, 거실이 하나의 스튜디오 형식이라서 공간감과 개방감을 높여준다. 거실에 둔 포켓 벤치는 휴게 공간으로 활용된다.

KEY POINT

- **구성원** : 부부, 초등학생 딸 2
- 농어촌민박을 운영하면서 살 수 있는 주택
- 삼각형 공간 안에서 이루어지는 긴밀한 공간 구조
- 주출입구에서 주거동과 간섭 없이 숙박동으로 진입할 수 있는 동선

❺ 작업실
재택근무를 하는 부부의 공간이지만, 아이들과 함께 책을 읽고 담소를 나눌 수 있는 장소가 되기도 한다. 창문을 이용하여 원경이 펼쳐지는 윈도우 포켓 벤치를 만들었다.

❻ 안방
작업실과 긴밀하게 연결시켜 동선의 편의를 배려했다.

아래층의 주방(식당)과 공간적으로 연결하여 소통이 가능한 보이드

❿ 다락
다락층에는 아이를 위한 방이 두 개 있는데, 한쪽은 두 딸이 함께 취침할 수 있는 침실, 한쪽은 공부도 하고 놀이도 할 수 있는 작은 거실 개념의 공간을 놓았다.

❾ 포켓 다락
사다리를 타고 오르내리는 다락 공간은 아이들이 가장 좋아하는 곳 중 하나.

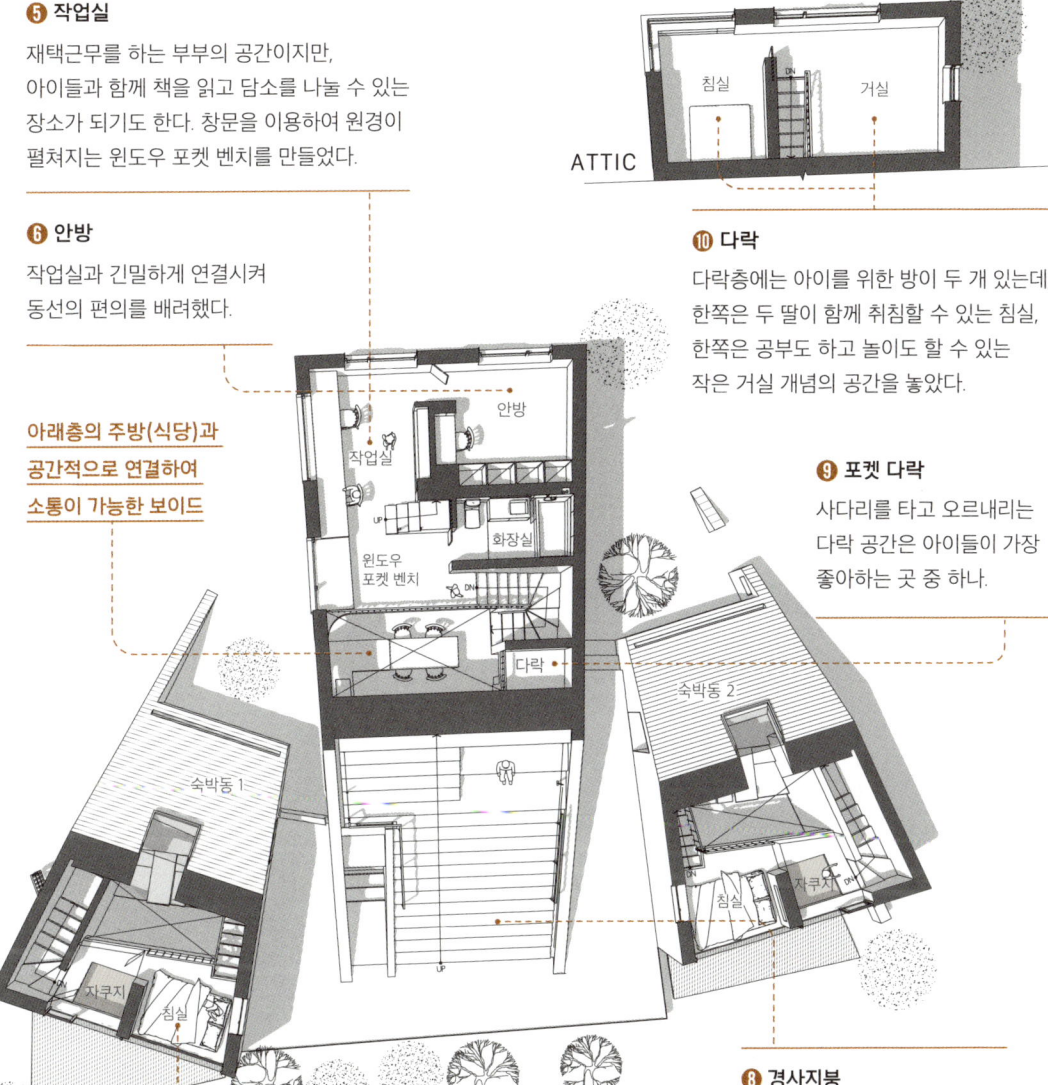

❽ 경사지붕
계단 형태의 주거동 지붕은 원경을 바라볼 수 있는 전망대의 역할을 하여 숙박을 위해 오는 사람들을 위한 포토스팟이 된다.

❼ 침실(숙박동)
침실이 마련된 2층. 북향의 공간이기 때문에 남쪽에 큰 천창을 두어 빛이 유입될 수 있게 하였다. 1층 화장실의 좁고 긴 계단을 통해 극적 개방감이 느껴지는 자쿠지에 다다른다.

1 가운데 주거동 지붕의 계단은 원경을 보기 위한 전망대가 된다.   **2** 각기 다른 경사를 갖는 매스가 서로 중첩되어 입면을 만든다

3 숙박동 실내는 경사를 이용하여 단차를 두었다.
4 천창으로 밝은 빛이 실내로 유입된다.
5 주거동의 전면 마당과 거실은 하나로 연결된다.
6 숙박동 2층에는 전경이 펼쳐지는 침실이 있다.

STAY +HOME 10

하늘로 열린 지붕으로
연결된 주거와 스테이

위치 : 경북 영덕군 병곡면   **지역지구** : 자연환경보전지역, 지구단위계획구역
대지면적 : 993㎡   **연면적** : 304㎡   **규모** : 지상 2층

경상북도 영덕군 백석 해변에 자리해 파도에 휩쓸려 굴러다니는 자갈 소리와 함께 바다에서 불어오는 훈풍으로 도시 생활에 지친 마음을 온전히 내려놓고 휴식을 취할 수 있는 곳. 정면에 동해의 에메랄드빛 바다가 수평선으로 펼쳐진 이곳은 건축주가 기거하는 주거동 그리고 3개의 객실로 이루어진 숙소동으로 구성된 스테이다. 배면의 도로와 건축물 사이에 주차장을 두어 도로로부터 건축물을 최대한 이격시키고, 각 객실로의 시선 및 소음 차단을 위해 주차장과 객실 사이에는 도로와 평행한 옹벽을 쌓았다. 옹벽 중간에는 환기를 위한 루버를 넣어 단조로울 수 있는 콘크리트 입면에 따뜻한 색감의 변화를 줬다. 주출입구에는 입구를 강조하는 상징적인 공간을 두었는데, 이 요소를 통해 저층형 건축물에서 부족한 인지성을 확보하고, 주거동과 숙소동을 기능적으로 명확히 분리했다. 특히 바다를 배경으로 곧게 뻗은 두 콘크리트 옹벽의 소실점이 더욱 극적인 공간감으로 주출입구를 강조한다. 주변의 일반적인 숙박시설의 형태와는 사뭇 다른 저밀도의 객실을 두어 모든 실이 대지에 면해 편안한 느낌을 주면서도 각 영역이 서로 시선의 간섭을 최소화하기 위해 간벽들을 적절히 사용됐다. 하늘로 열린 지붕은 하부 공간에 빛과 공기를 드나들게 해 내부 곳곳을 더욱 쾌적하게 만든다. ●

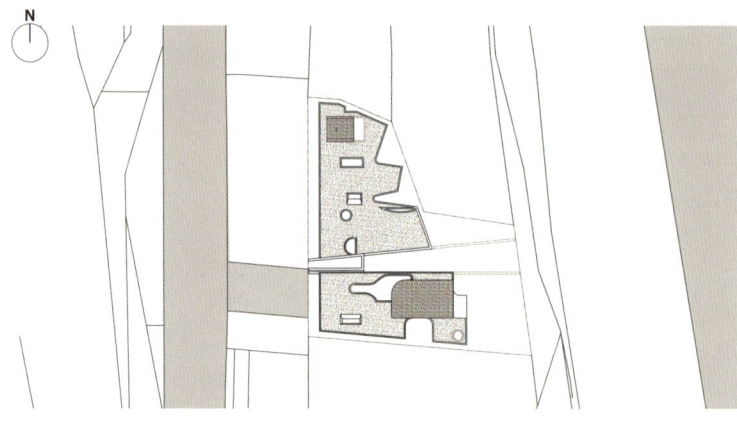

PLAN

숙소 A 1F 44.75m² 2F 14.65m²   숙소 B 1F 49.72m²
숙소 C 1F 49.36m²   주거동 1F 141.89m² 2F 45.28m²

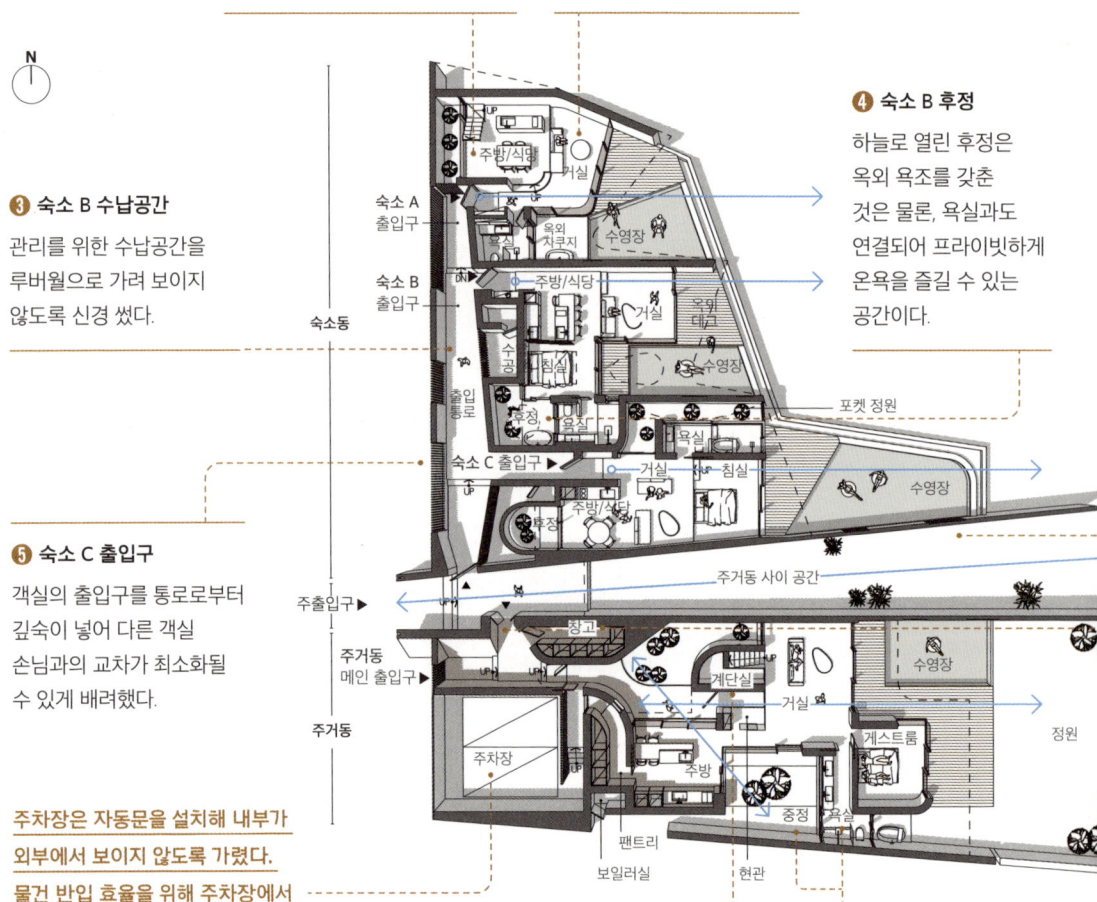

① 숙소 A 주방, 식당
후정 쪽으로 통창이 있어 공간이 더욱 확장되어 보인다. 또한, 주방의 환기에도 효과적이다.

② 숙소 A 거실
코너 부분의 창은 프레임을 두지 않고 곡면 처리해 개방감을 높였다.

③ 숙소 B 수납공간
관리를 위한 수납공간을 루버월로 가려 보이지 않도록 신경 썼다.

④ 숙소 B 후정
하늘로 열린 후정은 옥외 욕조를 갖춘 것은 물론, 욕실과도 연결되어 프라이빗하게 온욕을 즐길 수 있는 공간이다.

⑤ 숙소 C 출입구
객실의 출입구를 통로로부터 깊숙이 넣어 다른 객실 손님과의 교차가 최소화될 수 있게 배려했다.

주차장은 자동문을 설치해 내부가 외부에서 보이지 않도록 가렸다. 물건 반입 효율을 위해 주차장에서 팬트리로 직출입 동선을 두었다.

⑥ 주거동 계단실
개방적인 현관 내 부족한 수납을 계단 하부를 이용하여 확보하였다.

⑦ 주거동 중정, 욕실
주방과 거실 그리고 욕실이 공유하는 중정은 하늘로 열려 있어 실내 가득 빛을 끌어들인다. 욕실은 빛이 잘 드는 중정과 면해 항상 쾌적한 공간이 된다.

KEY POINT
- 농어촌민박으로 허가를 받아 운영 중인 스테이
- 주거동과 3개의 객실로 이뤄진 숙소동의 조합
- 각기 다른 콘셉트의 공간으로 구성된 개방감을 갖춘 객실

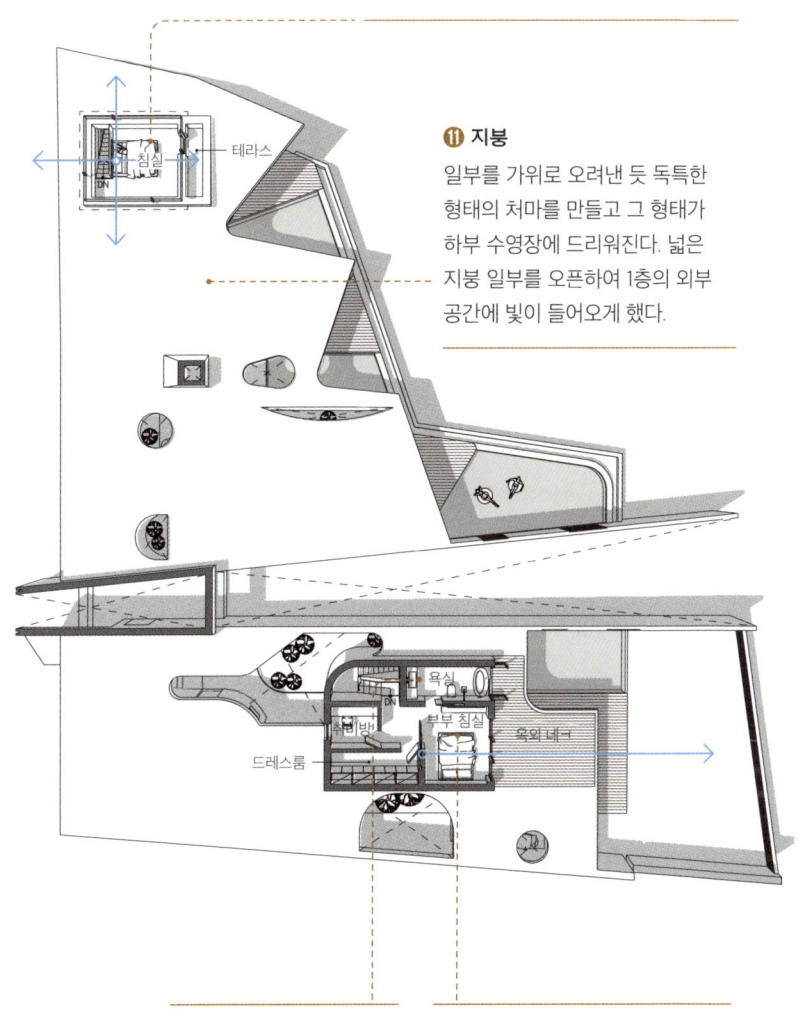

⑩ 숙소 A 침실
4면이 가로로 긴 띠창 형태의 유리로 되어 있어 모든 방향으로 뷰가 펼쳐진다. 침실 앞 작은 테라스에서는 바닷바람을 즐길 수 있다.

⑪ 지붕
일부를 가로로 오려낸 듯 독특한 형태의 처마를 만들고 그 형태가 하부 수영장에 드리워진다. 넓은 지붕 일부를 오픈하여 1층의 외부 공간에 빛이 들어오게 했다.

⑧ 주거동 사이 공간
주출입구에서 바다로 시선이 연장되어 극적인 공간감을 준다. 좌측과 우측으로 숙소동과 주거동이 명확히 나뉘게 되고, 이 길을 따라 바다로 접근도 가능하다.

⑨ 주거동 서비스 출입구, 창고
효율적인 스테이의 유지 관리와 청소를 위해 건축주 별도 동선을 만들었다. 서비스 동선과 바로 맞닿는 위치에는 숙소에 필요한 집기와 물건들을 수납할 수 있는 창고도 배치했다.

⑫ 주거동 욕실
시선으로부터 자유로운 바다를 향해 욕실 통창을 개방할 수 있다.

⑬ 주거동 부부 침실
2층 침실은 지붕에 의해 주변으로부터 방해받지 않고 온전하게 프라이빗한 공간을 누린다.

69

1 주차장 및 도로 측에 벽과 통로를 두어 소음, 시선에 대한 완충을 하였다.

2 프라이버시가 확보된 객실은 바다를 향해 개방감을 갖는다.

3 하늘로 열린 후정을 가진 C타입 객실의 옥외 공간
4 객실 전면은 프라이빗한 온수풀이 위치한다.
5 3개의 객실 모두 각기 다른 콘셉트의 공간으로 구성했다.
6 실내에 단차를 두어 공간을 나눈 A타입 객실

(STAY 11)

자연 속 완벽히 독립된 원형의 스테이

위치 : 강원 홍천군 서면 **지역지구** : 계획관리지역, 소하천구역
대지면적 : 3,500㎡ **연면적** : 400.58㎡ **규모** : 지상 1층, 지상 2층

서울과 경기권에서 교통이 편리한 강원도 홍천은 비발디파크 등의 집객요소와 수려한 자연 경관 덕분에 남녀노소 방문객이 많은 지역이다. 스테이 올라운드원은 좁고 긴 산길을 거쳐 산 중턱까지 올라가야 접근할 수 있는 외진 곳에 있다. 특히 개발 초기 산사태를 방지하고자 거대한 옹벽을 여러 단 쌓아 놓은 주변 환경 때문에 '과연 이곳에 스테이가 가능할까'란 의구심이 들 정도였다. 다행히 정면 쪽 산은 숲 뷰가 확보되어 내부화된 공간을 주된 콘셉트로 하되, 설정한 곳으로만 시선이 확장될 수 있도록 하였다. 배면의 옹벽과 대지 사이에는 긴 조경 띠를 두어 소음과 시선 차폐를 위한 켜를 만들었다. 스테이의 모든 동은 각기 다른 공간 개념을 가진다. 한 번 방문한 사람이 좋은 경험을 한 후 다른 공간에 대한 궁금증을 가지고 재방문을 유도하기 위함이다. 내부 공간 사이에는 중정을 두어 남측의 반대편 실에서도 취약한 일사가 실내로 충분히 들어올 수 있도록 하였다. 카페 1동과 함께 총 7채로 구성된 스테이는 완벽히 독립된 공간으로, 가장 아래에 있는 카페에서부터 각 공간으로 연결된 산책길을 따라 걸으면 독특한 형태의 건축물을 배경으로 주변 자연을 즐길 수 있다. ●

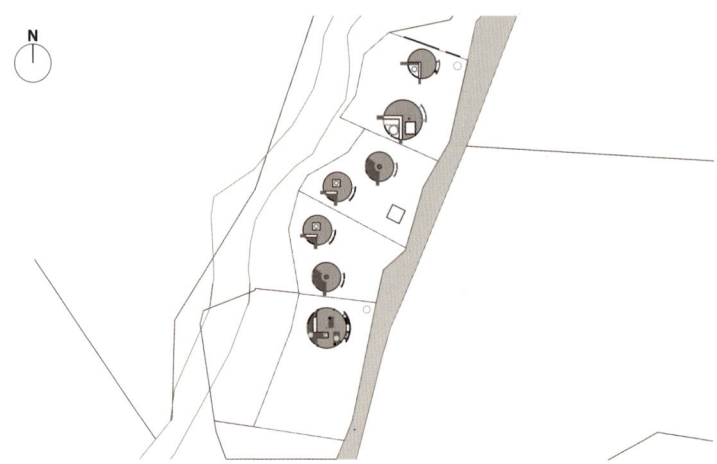

※ 사진상 가장 아래 건축물은 시공 중인 카페 공간임.

PLAN

A동 1F 68.28m²   **B, C동** 1F 44.48m²   2F 7.07m²
D동 1F 49.36m²   **E동** 1F 76.5m²   2F 9.5m²   **F동** 1F 44.48m²

❶ 중정
중정을 통해 햇빛이 내부 깊숙이 들어온다. 비가 오는 날이면 실내에서 빗소리와 비 내리는 모습을 즐길 수 있다. 중정은 각각의 공간을 구획하는 역할을 하면서 실내를 더욱 확장되게 한다.

❷ 현관
만곡된 벽체를 따라 숨겨진 출입구를 통해 현관으로 들어서면 3개의 중정이 한눈에 펼쳐지며 정면의 산 뷰를 배경으로 개방감을 느낄 수 있다.

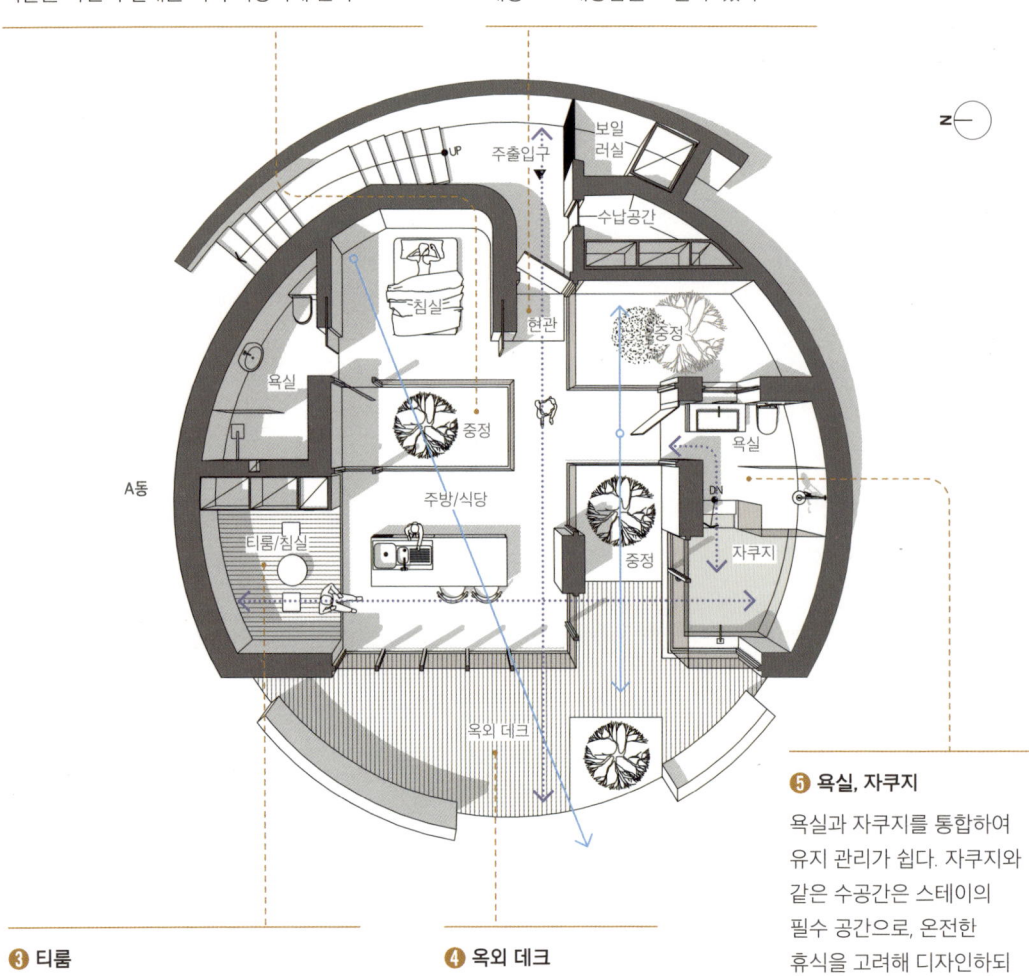

❸ 티룸
평상시에는 주방과 연계한 식사 및 다도를 즐길 수 있는 공간으로, 가족 단위나 두 커플이 왔을 때는 설치된 슬라이딩 도어로 침실처럼 사용할 수 있다.

❹ 옥외 데크
주방과 바로 연결되어, 폴딩 도어를 열면 하나의 공간으로 이용 가능하다.

❺ 욕실, 자쿠지
욕실과 자쿠지를 통합하여 유지 관리가 쉽다. 자쿠지와 같은 수공간은 스테이의 필수 공간으로, 온전한 휴식을 고려해 디자인하되 조경 요소와 어울려야 한다. 자쿠지 정면으로는 원의 형태를 연속시켜 만든 낮은 담으로 시선을 차단했다.

1 3개의 중정이 시선을 교차하며 공간의 깊이를 만든다.
2 침실에서도 중정을 통해 반대편까지 시선이 확장된다.
3 티룸은 추가적인 침실 공간으로 활용된다.
4 벽을 두지 않기 위해 아일랜드형 주방을 적용했다.
5 전면 폴딩 도어는 안과 밖을 더욱 긴밀하게 연결한다.

KEY POINT

- 카페를 포함해 총 7채로 구성된 원형의 스테이
- 대지의 단점을 극복한 평면 배치
- 각기 다른 공간 개념으로 다양한 실내 구성

❶ 욕실
스테이에서는 욕실을 전면 배치해 밝고 쾌적한 공간이 되도록 해야 한다. 수공간의 위계가 모든 공간 중 가장 높은 위치에 있다고 해도 과언이 아니다.

❷ 주출입구
내부가 외부에서 들여다보이지 않도록 곡면의 형태를 적용한 낮은 담을 두었다.

❸ 침실
평면의 중심에는 천창이 있는 침실을 놓았다. 두 번의 낮은 단을 오르는 최상부에 위치시켜 프라이빗한 공간으로 만들었다.

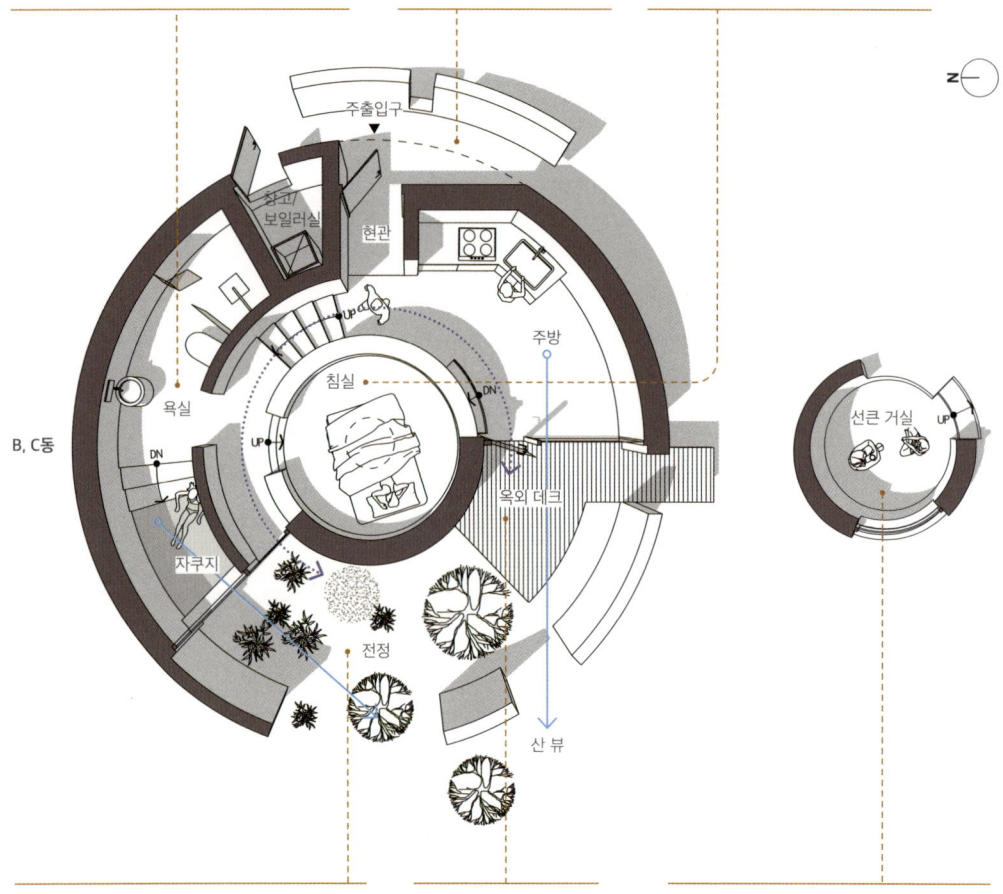

❹ 전정
전정을 사이에 두고 자쿠지와 옥외 데크가 자리한다. 덕분에 두 공간의 시선이 서로 교차하지 않아 편안하게 즐길 수 있다.

❺ 옥외 데크
바비큐 시설이 있는 옥외 데크는 주방과 직출입이 가능하다.

❻ 선큰 거실
침실 하부에 위치한 아늑한 장소로, TV를 보거나 식사, 놀이 등을 할 수 있는 다목적 공간이다. 남측으로 열린 긴 띠창을 통해 빛이 들어오게 했다.

6 천창이 있는 침실은 이곳의 중심이 된다.
7 원형의 벽체를 따라 구성된 복층 구조의 공간
8 침실 하부는 단차를 이용한 선큰 거실을 두었다.
9 거실은 식사를 하거나 대화를 나누는 장소가 된다.
10 곡면 벽을 따라 만들어진 주방

❶ 중정
낙엽수를 심어 계절마다 각기 다른 분위기를 실내 모든 공간에서 즐길 수 있다. 하늘로 열린 중정을 통해 자쿠지와 침실에 채광을 한껏 끌어들였다.

❷ 주출입구
낮은 콘크리트담을 두어 동선을 유도하는 역할뿐만 아니라 현관문을 열었을 때 밖에서 내부가 보이지 않게 했다.

❸ 현관
좁은 공간이지만, 중정과 옥외 데크를 향하고 있어 개방감이 느껴진다.

❹ 자쿠지
욕실과 연계해 물 처리 등 유지 관리가 수월하도록 배려했다. 중정 쪽 폴딩 도어를 열면 야외에서 즐기는 기분이 든다.

❺ 보일러실, 창고
주출입구와 반대편에 보일러실 및 창고를 두어 실외기나 보일러 배기통 등이 보이지 않도록 했다.

❻ 식당
주방과 분리하여 자연과 소통할 수 있는 중정, 옥외 데크 사이에 식당을 배치하였다.

❼ 침실
커플을 위한 객실이라 모든 공간이 오픈된 스튜디오 타입으로 계획했다.

11 식당은 중정과 면해있어 밝은 분위기가 더해진다.
12 모든 공간이 창에 의해 확장되어 답답하지 않다.
13 폴딩 도어를 이용해 중정으로 개방되는 자쿠지
14 침실을 방으로 구획하지 않고 열린 공간으로 두었다.
15 좁은 통로는 통창으로 극적인 개방감을 갖는다.

❶ 침실
별도의 욕실을 두어 사용의 편의를 고려했다.

❷ 욕실
여러 사람이 사용할 수 있도록 면적을 크게 만들고, 천창을 내어 더욱 쾌적한 공간이 될 수 있게 하였다.

❸ 계단실
2층으로 연결되는 계단 하부 공간을 활용하여 주방 가구 및 수납공간을 배치했다.

❹ 주방, 식당
가족 단위 이상의 인원을 수용할 수 있는 약 20평의 공간이라 음식을 함께 만들어 먹고 즐길 수 있게끔 식탁을 크게 두었다.

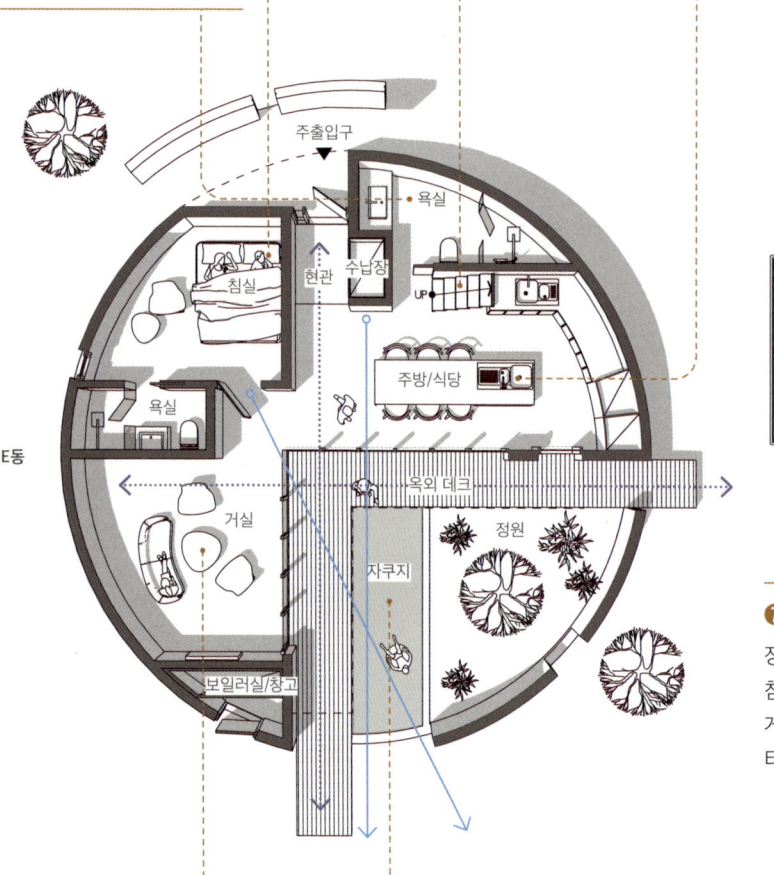

❼ 침실
정면 산 뷰로만 열려 있는 2층 침실. 아래층과 다른 분위기로 꾸며 게임 공간 혹은 차를 즐길 수 있는 티룸 등으로 쓸 수 있게 했다.

❺ 거실
옥외 데크를 향한 코너창의 모서리에는 프레임을 두지 않아 더욱 개방감이 느껴진다.

❻ 자쿠지
정원에서 자쿠지로 낙엽이 들어갈 것을 우려하여 정화 시스템을 적용하였다. 산 방향으로 시선이 확장될 수 있도록 담의 일부는 오픈해 주었다.

16 주진입 쪽으로는 폐쇄적인 입면의 모습이다.
17 산을 향해 개방감을 주고 옥외 온수풀을 두었다.
18 프레임이 없는 코너창은 공간이 연속적으로 보이게 한다.
19 주방과 외부 마당을 같은 동선상에 배치했다.
20 다락 계단은 답답하지 않은 느낌의 철제를 적용하였다.

❶ 주방
라운드 벽체의 형태에 맞게 주방 가구도 제작하여 설치하였다.

❷ 수납장
유지 관리 시 필요한 집기 및 소모품을 보관할 수 있도록 현관 옆에 수납공간을 두었다.

❸ 거실
거실뿐 아니라 주방, 침실 측에 면한 'ㄱ'자 통창으로 실제 면적보다 훨씬 큰 개방감을 갖는다. 거실의 폴딩 도어를 열면 옥외 데크로 실내 공간이 확장된다.

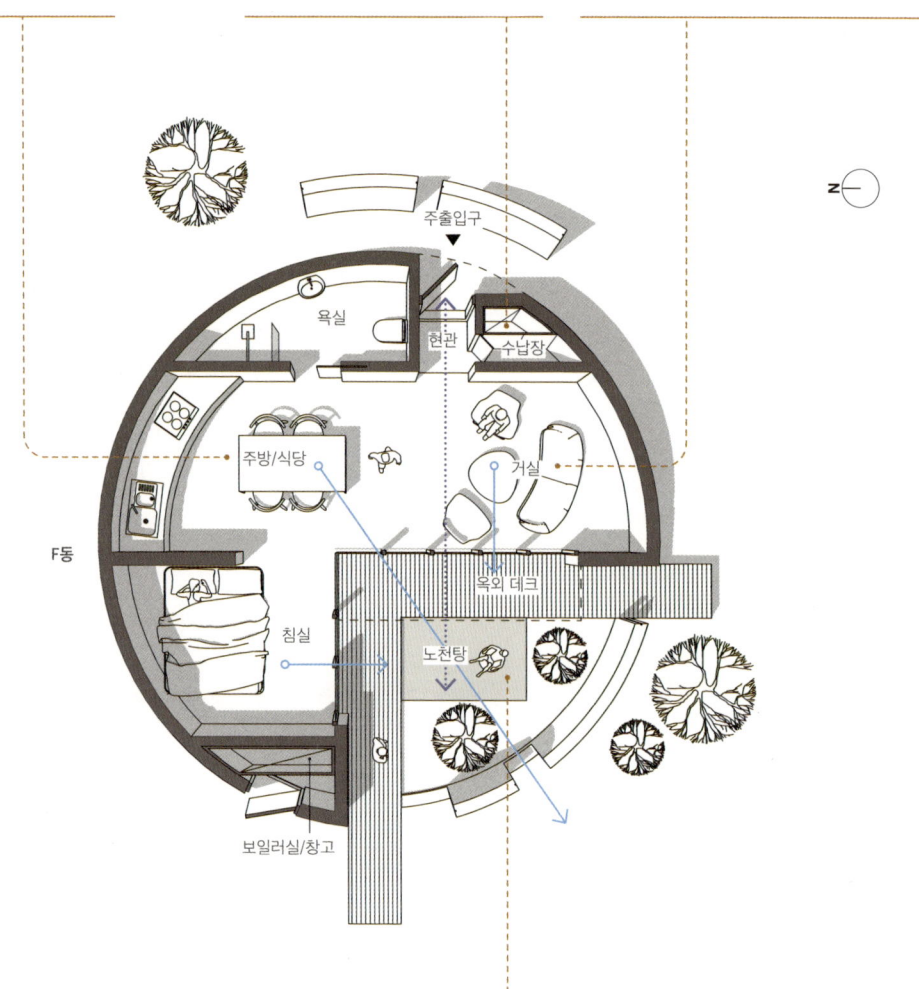

❹ 노천탕
연속된 담 사이사이를 열어 공기 순환은 물론, 주변 자연과 소통할 수 있게 하였다. 단, 옆 건축물과 시선의 교차가 이루어지지 않도록 오픈된 방향을 설정해 프라이빗한 공간을 제공한다.

21 목재 마감은 온화한 느낌의 내부 공간을 만든다.
22 거실에서 옥외 데크를 통해 노천탕으로 직출입이 가능하다.

(STAY 12)

마을과 조화되고
함께 어우러지는 스테이

위치 : 제주 제주시 조천읍	지역지구 : 제1종일반주거지역
대지면적 : 196㎡	연면적 : 92.34㎡	규모 : 지상 2층 + 다락

조천은 예로부터 육지로 드나들던 포구가 있었던 곳이다. 지금은 작은 어촌 마을이지만, 그 당시 조천포구는 꽤 번화한 마을이었고, 마을의 조천진성 위에 '연북정'이라는 정자가 있었다. 연북정연가는 연북정의 정남쪽 호수 같은 바다 건너에 위치한다. 대지는 바다와 붙어있으며 도로 쪽에 접한 면이 길지 않고 포구를 둘러싼 여러 집 사이에 껴있다. 건축주는 마을과 어우러진 건물이 되었으면 했고, 좁고 긴 대지 형상을 최대한 활용하길 바랐다. 현관문을 열면 겹겹이 겹쳐진 창으로 연북정이 보인다. 중정은 진입할 때 처음 마주하게 되지만, 좁은 통로로 인해 현관으로 먼저 시선이 머물게 되어 잘 보이지 않는다. 내부로 들어와 주방 테이블에 앉았을 때 비로소 사이 공간들이 보이기 시작하고, 연북정 또한 또렷하게 눈에 들어온다. 거실과 주방 사이는 양쪽 폴딩 도어가 1층의 공용 공간들을 연결해 주어 확장된 느낌이 든다. 이곳은 1층이 대부분 면적을 차지하고 2층과 다락은 타워 형태를 띠며 아주 작은 실로 이루어져 있다. 2층의 일부는 테라스로 설계해 조천포구와 연북정을 바라볼 수 있으며, 다락방 역시 연북정과 마주하고 있는 작은 테라스를 가진다. ●

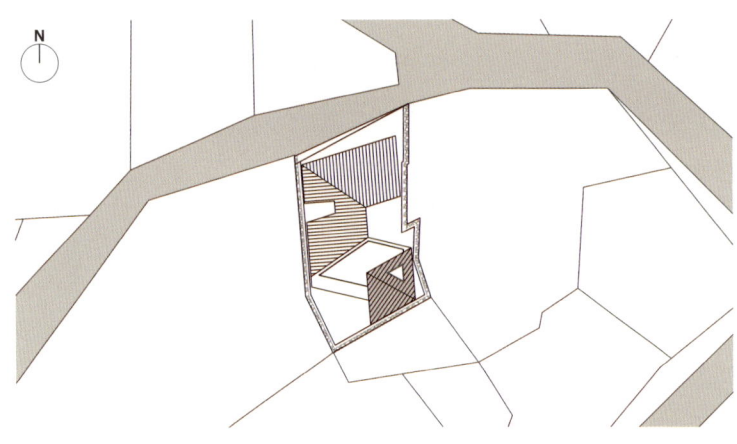

PLAN

1F 75.25m²   **2F** 17.09m²   **ATTIC** 14.35m²

❶ 주출입구
좁은 마을길과의 완충 공간이자 특징적인 입면을 구성하기 위한 건축적 장치가 되어준다.

❷ 창고, 보일러실
스테이를 운영하는 데 필요한 다양한 집기나 용품들을 수납할 수 있는 여유 있는 수납공간을 마련했다.

❸ 중정
프라이버시에 문제가 없는 곳에는 낮은 돌담을 두어 시원하게 보이게 하였다.

❹ 거실, 건식 세면대
바다 측에 면한 거실의 일부는 벽체를 두어 개방적인 다른 공간과 달리 아늑함을 준다. 단, 폴딩 도어를 열면 안과 밖의 관계가 더욱 유연해진다. 거실 옆에는 건식 세면대를 놓아 옥외 활동 후 언제든 쉽게 손을 씻을 수 있도록 했다.

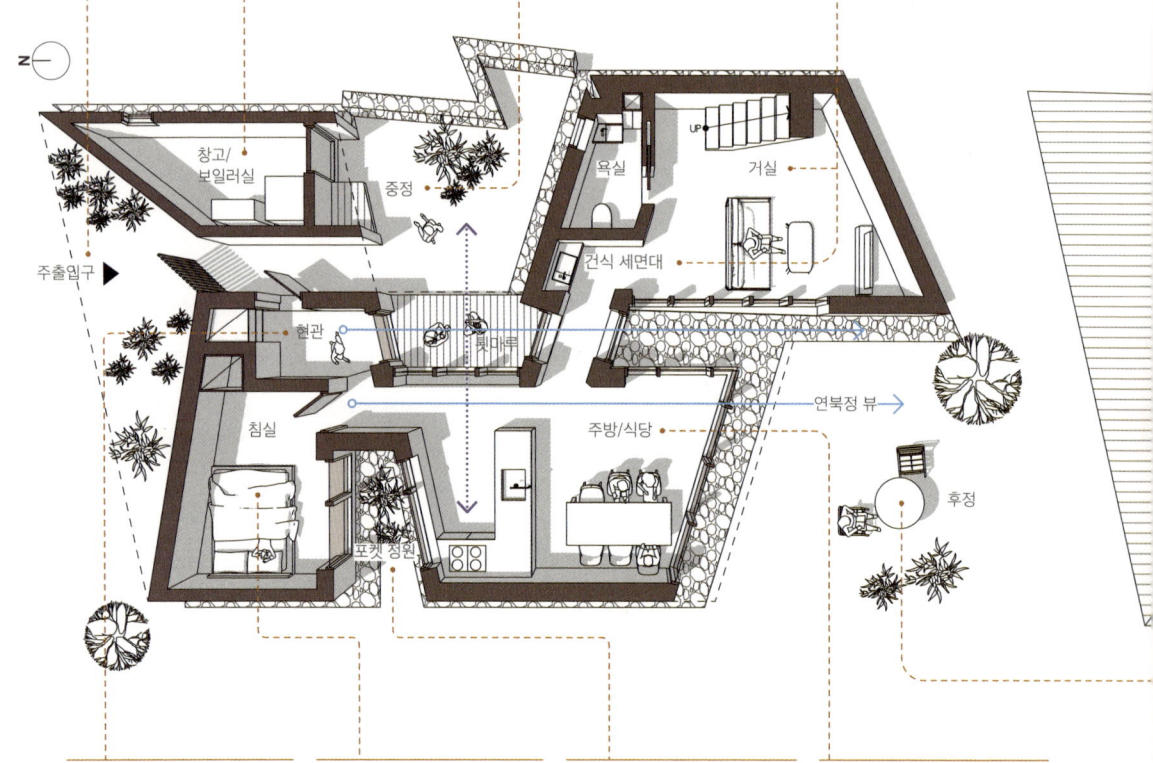

❺ 현관
중정의 일부를 바라보면서 진입할 수 있게 현관을 배치하였다.

❻ 침실
공용 공간인 거실, 주방과 멀리 두어 침실로의 주변 소음을 최소화하였다.

❼ 포켓 정원
실 사이에는 외부 조경 공간을 만들어 그 틈으로 빛이 실내 깊숙이 유입된다.

❽ 주방, 식당
좁은 공간이지만, 건축물 사이사이 열린 마당으로 개방감을 주었다.

KEY POINT

- 세컨드하우스로 사용하면서 쓰지 않을 때는 렌탈이 가능한 곳
- 연북정이라는 조천포구의 랜드마크를 바라볼 수 있는 배치
- 도로 쪽은 입구성을 강조하고 채도 낮은 컬러의 특별한 재료로 만든 입면 디자인
- 일반 주거 공간과는 다른 실의 구성

⑬ 다락

가족 단위의 객이 방문할 경우 침실로 활용할 수 있다. 부족한 수납공간을 고려해 한쪽 벽면에 붙박이장을 마련하였다.

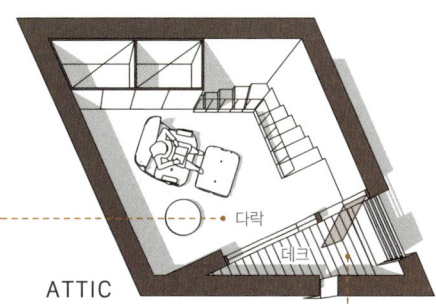

ATTIC

⑭ 데크

가장 높은 층에서 즐길 수 있는 옥외 데크. 이곳에서 낚시를 할 수 있을 정도로 바다가 가깝다.

⑫ 계단실

계단을 오르면서 바다를 볼 수 있게 작은 창을 두었다. 맞통하는 창은 환기창의 역할을 한다.

❾ 후정

작은 자쿠지와 함께 바로 앞에 펼쳐지는 바닷가의 정취를 즐길 수 있다.

❿ 옥상 데크

1층 지붕에 의해 옆 대지와 마주치지 않는 프라이빗한 옥상 데크로, 연북정을 배경 삼아 바다 뷰가 넓게 펼쳐진다. 중정과 옥상 데크는 시선이 서로 열려 있어 1층과 소통 가능하다.

⑪ 포켓 거실

옆집과 옥상 데크와의 시각적 교차를 최소화할 수 있는 곳으로 위치를 선정했다.

1 주진입구는 완충 조경 공간을 두어 뒤로 물러서 있다.
2 후정에 면한 데크는 툇마루의 역할을 한다.
3 깊은 처마를 이용하여 외부 휴게 공간을 만들었다.
4 후정은 주방과 근접하여 야외 바베큐 공간이 된다.

5 내부 어디에서든 연북정을 볼 수 있는 뷰를 가진다.
6 거실 측면은 폴딩 도어를 열어 공간을 확장할 수 있다.
7 다락은 안락한 침실 공간으로 사용된다.
8 바다를 즐기기 좋은 옥상 데크

TIP 1

스테이 건축, 기본적인 체크 사항

최근 몇 년 동안 국내 스테이 건축 시장은 폭발적인 성장을 하였다. 특히, 팬데믹 이후 독채형 스테이의 인기가 더욱 높아졌고, 인스타그램 등 소셜 미디어의 발달에 편승해 매력적인 공간을 가진 스테이들이 큰 관심을 끌었다. 그만큼 스테이 시장은 경쟁이 무척 치열하기에 전략적으로 접근하지 않고 섣불리 시작하면 만족할 만한 성과를 내기 힘들다. 성공적인 스테이를 위해 반드시 알고 넘어가야 할 기본적인 내용을 정리했다.

1. 예산

의뢰인이 건축 문의를 하면 가장 우선 가용예산과 원하는 면적을 확인한다. 그 이유는 우리가 생각하는 '건강하고 아름다운 건축물'을 짓기 위한 최소 요건의 공사비와 비교하여 혹여 예산 부족하다면 '과감하게 면적을 줄이고 건축물의 전체적인 퀄리티를 높이는 게 좋다고 제안'하기 위해서다. 특히 스테이처럼 집과 유사한 성격의 공간은 건축물 마감의 질이 크게 느껴질 수 있어 면적에 대한 욕심을 조금 낮추면 더욱 양질의 건축물을 기대할 수 있다. 최근 원자재 및 인건비가 폭발적으로 올라 2~3년 대비 건축비가 약 25% 이상 증가하였다. 본인이 가용할 수 있는 예산이 원하는 면적을 구현할 수 있을지 면밀히 따져봐야 한다. 우리의 스테이 평당 공사비는 최소 1,300만~1,400만 원(2024년 기준)이다. 물론 건축물의 형태, 공법 그리고 마감재의 종류 등에 따라 그 금액이 크게 달라질 수 있다는 것은 반드시 유념해야 한다. 특히 작은 평수의 공간일수록 평당 공사비가 더 올라갈 수 있다. 또한, 시공 평수(담, 캐노피, 기타 건축 공간을 구성하지만, 실평수에는 들어가지 않는 건축 요소를 포함한 면적)가 늘어날 수 있어 합리적인 건축 방식에 대해 건축가와 논의해 가며 전체적인 예산을 잡아가는 것도 하나의 방법이다. 한정된 자금 안에서 초기 토지 구매비용을 최대한 절약하고 실질적인 건축 설계와 브랜딩 그리고 조경에 더 투자한다면 스테이 운영에 경쟁력을 더할 수 있다. 특히 유행을 좇는 인테리어적 요소만으로는 오랫동안 사랑받는 공간이 되기 힘들다. 스테이는 건축 공간 자체의 매력이 더욱 중요하다.

✪ **가용예산을 짜기 위해 반드시 검토되어야 하는 기본적인 항목들**
총사업비 = 토지 구매 + 공사비(인테리어 포함) + 건축 설계 및 감리비 + 브랜딩 + 조경 + 토목(대지 조성 및 부대토목) + 냉난방기 + 주방 가구 및 붙박이장 + 가전제품, 집기 및 비품 + 취득세 및 기타 세금

2. 땅찾기

일반적으로 스테이 건축은 비도시지역에 위치하면서 취사가 가능한 시설로서, 크게 '농어촌민박'과 '생활숙박시설'로 나눌 수 있다. 대부분의 스테이는 농어촌민박인 경우가 많고, 계획관리지역 안에서 생활숙박시설로 운영되고 있는 곳도 있으나 농어촌민박에 반해 상대적으로 법적인 제약 조건들이 많다. 따라서 사업성과 경제성 측면에서 본인에게 어떠한 용도의 시설이 맞을지 신중하게 판단하고 토지를 구매하거나 사업을 시작해야 한다.

● 농어촌민박 vs 생활숙박시설

구분	농어촌민박	생활숙박시설
입지	농어촌지역의 주택 건립이 가능한 지역	도시 및 농어촌지역
관계법령	농어촌정비법	공중위생관리법
지역지구	일반주거지역, 농어촌진흥지역	일반주거지역, 준주거지역, 농어촌진흥지역, 산림지역, 지정야산지역, 계획관리지역(도로의 경계로부터 50m를 벗어난 지역)
시설 규모	주택 연면적 230㎡(70평) 미만	제한 없음
건축물 종류	단독주택 혹은 다가구주택 (주택 수에 포함)	숙박시설 (상가로 분류)
거주 요건	농어촌지역 및 준농어촌지역의 주민 전입신고 및 실거주 필수(6개월 이상 거주 요건), 농업인 아니어도 가능	무관
과세	과세 (단, 농어민이 운영하는 경우 연 1,800만 원 이하의 범위에서 비과세)	과세
소방시설	수동식 소화기, 단독 경보형 감지기 설치	소화기 비치 및 방염 조치 등 소방법에 맞춰 건축 필요
기타	임차 가능	임차 가능 (프런트데스크, 로비, 공용 화장실, 린넨실, 식음료시설 등 설치 필요)

농어촌민박의 경우, 한 필지 내 여러 동으로 이루어져 있다 하더라도 동일 지번에 포함된 건축물에 대해서는 하나의 농어촌민박으로 신고할 수

있으나 부속용도 및 부속건축물을 포함한 전체 단독주택의 연면적 합계가 230㎡ 미만이어야 한다. 근린생활시설과 주택이 함께 있는 복합시설 건축물에 대해서는 건축물 대장상 건물의 주용도가 주택이면서 다른 용도의 면적이 주택보다 작은 경우에 한하여 민박의 신고가 가능하다. 또한, 농촌에 있는 주택이어도 농업인 주택 및 어업인 주택은 농어촌민박 신고가 불가능하고 정화조의 크기는 숙박시설에 해당하는 크기로 설치해야 하는 등의 법적 요건이 있으니 꼼꼼하게 검토해야 한다.

○ 스테이(농어촌민박) 혹은 생활숙박시설이 가능한 땅

지역			건폐율 (%)	용적률 (%)	농어촌민박 허가 가능 여부	생활숙박시설 가능 여부
도시 지역	주거 지역	제1전용	50	50~100	행정구역상 읍이나 면 소재지 경우만 농어촌민박 가능	생활숙박시설 불가능
		제2전용	50	100~150		
		제1종일반	60	100~200		
		제2종일반	50	150~250		
		제3종일반	50	200~300		
		준주거	70	200~500		
	상업 지역	중심상업	90	400~1,500	농어촌민박 불가능	생활숙박시설 가능
		일반상업	80	300~1,300		생활숙박시설 불가능
		근린상업	70	200~900		생활숙박시설 가능
		유통상업	70	200~1,100		생활숙박시설 가능
	공업 지역	전용공업	70	150~300		생활숙박시설 불가능
		일반공업	70	250~350		생활숙박시설 불가능
		준공업	70	200~400		생활숙박시설 가능
	녹지 지역	보전녹지	20	50~80	농어촌민박 가능	생활숙박시설 불가능
		생산녹지	20	50~100		
		자연녹지	20	50~100		

지역		건폐율 (%)	용적률 (%)	농어촌민박 허가 가능 여부		생활숙박시설 가능 여부
관리 지역	보전 관리	20	50~80	농어촌민박 가능		생활숙박시설 불가능
	생산 관리	20	50~80	농어촌민박 가능		생활숙박시설 불가능
	계획 관리	40	50~100	농어촌민박 가능		생활숙박시설 가능
농림지역		20	50~80	농업 진흥 구역	농업인이 주택한 부지 660㎡ 미만으로 가능	
				농업 진흥 구역	부지 1,000㎡ 미만으로만 농어촌민박 가능	
				보전 산지	임업용 산지(임업인 자격을 갖춘 사람만 단독주택 및 농어촌민박 가능)	생활숙박시설 불가능
					공익용 산지(단독주택 및 농어촌민박 불가능)	
				준보전 산지	농어촌민박 가능	
자연환경보전지역		20	50~80	농어촌민박 허가 가능. 단, 지목이 '임'인 경우 위 항목의 준보전산지여야만 함.		생활숙박시설 불가능

※일반상업지역 내에서 공원, 녹지 또는 지형지물로 주거지역과 차단되거나 조례에서 정하는 거리 밖의 대지는 생활숙박시설 가능
※지자체의 조례에 따라 그 내용이 다를 수 있으므로, 반드시 해당 관청 담당자를 통해 확인이 필요함.

3. 프로세스

통상 신축 독채 스테이의 경우 다음과 같은 프로세스로 설계와 시공이 진행된다.

건축 설계(약 5~6개월) - 건축 허가(약 1개월) - 시공사 견적 및 선정(약 1개월) - 시공 및 감리(약 8~9개월) - 사용 승인(1개월) - (오픈 준비 기간 약 1개월)

스테이 설계를 시작해서 준공까지 최소 약 1.5년 정도의 시간이 필요하므로 오픈 시기를 감안하여 예산과 스케줄을 꼼꼼히 계획해야 한다. 무엇보다 중요한 부분은 디테일한 건축 설계를 위한 '시간 확보'다. 건축 허가 과정은 통상 1개월이 소요되고 별도의 개발 행위 허가나 심의가 필요하면 그 기간이 늘어날 수도 있다. 시공을 위한 디테일한 설계 즉, 실시설계를 마치게 되면 시공사를 통해 도면을 기반으로 견적 입찰을 하게 되는데, 규모에 따라 달라지지만 2주 정도의 견적 기간이 소요된다. 시공 계약이 이루어지면 건축가와 감리 계약을 체결하고 실질적인 시공에 들어간다. 한가지 유념해야 할 부분은 시공이 약 8~9개월 이상 걸리기 때문에 부득이하게 겨울 공사를 수반할 수밖에 없는 경우가 많다는 것이다. 겨울 공사를 피하기 위한 최적의 설계 스케줄은 겨울에 설계 및 허가를 완료하고 봄에 착공하여 가을에 사용 승인을 받는 것이다. 겨울 공사는 낮은 기온 때문에 시공 품질이 유지되기 어려운 상황들이 발생할 수 있고, 짧은 일조 시간에 따른 시공 기간이 단축되어 자재비 및 장비 운용비 그리고 인건비 등이 상승할 우려가 있다. 불가피한 경우라면 그에 따른 시공비 상승을 감안해야 한다.

스테이 건축, 기본적인 체크 사항

STAY +HOME 13

한라산과 산방산이 한눈에 보이는 높은 대지 위 스테이

위치 : 제주 제주시 조천읍　**지역지구** : 계획관리지역

대지면적 : 495㎡　**연면적** : 180.39㎡　**규모** : 지상 3층

제주에는 '곶자왈'이라는 아름다운 야생 숲 지대가 여러 곳에 분포되어 있다. 청수곶은 이러한 자연적인 지형과 그곳을 가득 채우고 있는 돌과 나무 그리고 양치류들의 모습을 건축 공간에 어떻게 담아낼 수 있을지에 대한 고민에서부터 시작되었다. 깊은 숲속에서 나무 사이로 스며들어오는 햇살과 시원한 바람, 그 사이를 메우는 자연 요소를 다공성의 공간으로 풀어냈고, 건축물을 경험하는 위치마다 원경과 근경에 대한 시선을 조율하며 다채로운 공간감을 담았다. 2층의 바닥은 건축면적이 허용하는 범주 내에서 최대로 확장하여 아래층의 처마 역할을 하면서도 빛과 조경으로 이루어진 자연적인 요소를 담아낼 수 있는 틈을 제공한다. 2층 바닥의 확장은 주변 건축물과의 시선의 교차를 차단하고 원경으로 보이는 수려한 자연을 실내 공간으로 유입하였다. 숙소동과 주거동은 주출입구에서 진입구를 달리하여 들어가게 되는데, 건축물 사이를 만곡하여 구획하는 낮고 높은 담에 의해 각각의 영역으로 구분되지만, 그 관계는 무척 유연하다. 2층 바닥 위로 솟아오른 두 개의 덩어리는 바라보는 위치에 따라 그 형상이 태양의 궤적과 깬 벽돌의 거친 텍스처가 어우러져 극적인 대비를 이룬다. ●

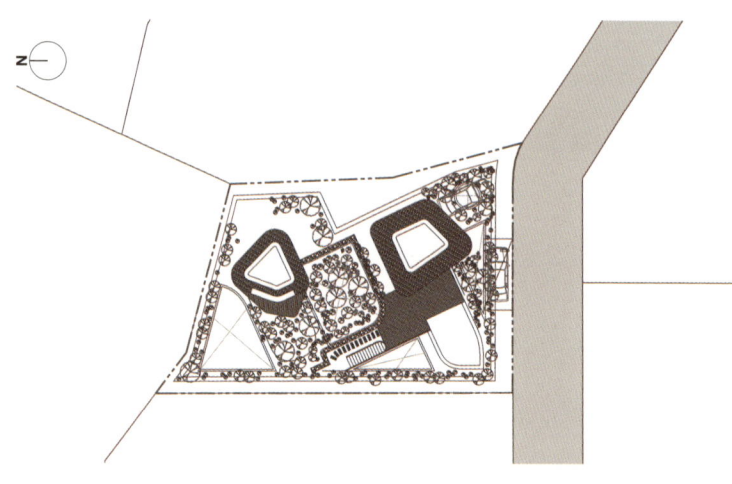

PLAN

1F 111.78m²   2F 58.64m²   3F 9.97m²

❶ 후정
기단 위에 조성된 마당은 낮은 담으로도 도로 측 레벨에서의 시선이 가려진다.

❷ 중정
중정을 감싸고 도는 담은 높이감을 달리하며 각기 다른 공간들을 차폐와 소통 사이에서 유연하게 조율한다.

❸ 주거동 침실
주거동은 남쪽을 향해 침실과 거실을 두어 실내에서도 따뜻한 빛을 충분히 받을 수 있다.

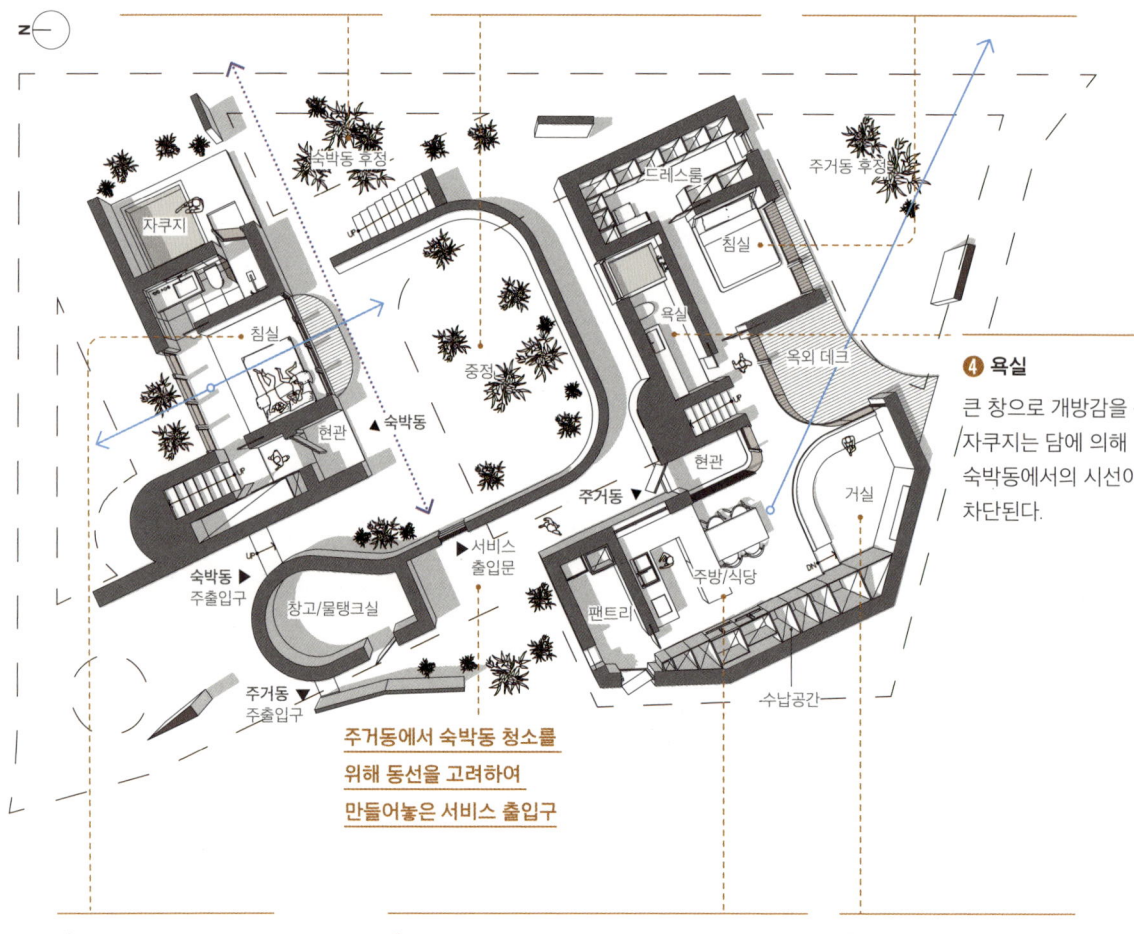

❹ 욕실
큰 창으로 개방감을 준 자쿠지는 담에 의해 숙박동에서의 시선이 차단된다.

주거동에서 숙박동 청소를 위해 동선을 고려하여 만들어놓은 서비스 출입구

❺ 숙박동 침실
도로 측에 면한 침실로, 대나무를 이용하여 프라이버시를 지켰다.

❻ 주거동 주방, 식당
부족할 수 있는 수납을 위해 주출입구와 가까운 곳에 팬트리를 배치하고 주방과 거실에 면한 한쪽 벽을 모두 수납공간으로 만들었다.

❼ 거실
선큰 거실은 단 차이를 이용하여 쿠션만 제작하면 가구를 대신할 수 있다.

KEY POINT

- 주거와 숙박이 각각의 프라이버시를 지키며 함께 어우러진 스테이
- 주변에 스며들 수 있도록 디자인한 외관
- 자연적인 지형을 고스란히 반영한 공간 배치

❽ 수영장
2층의 확장된 바닥판에 의해 주변 건축물과 도로 측에서 시선이 차단되어 프라이빗한 공간을 만들어준다.

❾ 데크
데크에 외부용 소파를 두어 멋진 경관을 바라보며 일광욕을 즐길 수 있다.

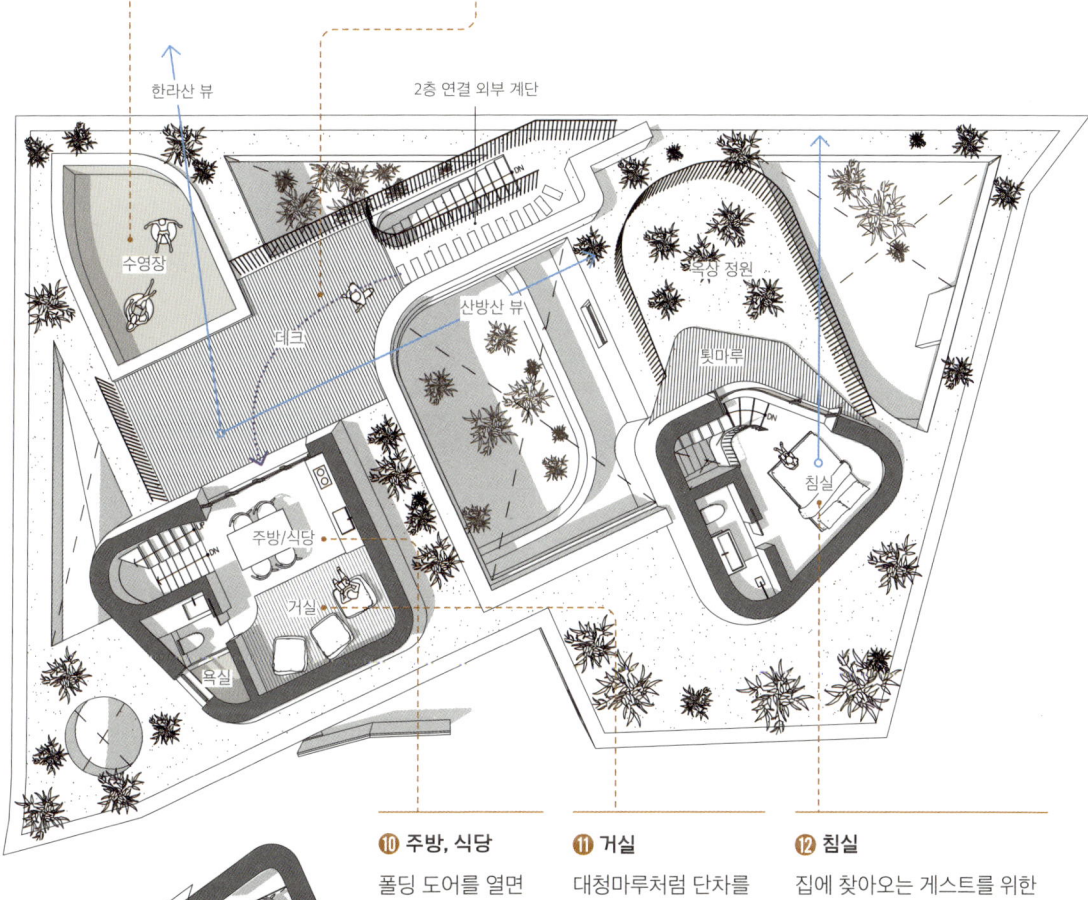

3F

❿ 주방, 식당
폴딩 도어를 열면 주방이 옥외 데크로 확장된다.

⓫ 거실
대청마루처럼 단차를 두어 걸터앉거나 누워 휴식을 취할 수 있는 작은 거실을 만들었다.

⓬ 침실
집에 찾아오는 게스트를 위한 이벤트 공간. 옥상 정원이 있는 침실은 한라산과 산방산을 즐길 수 있는 전망대가 된다.

1 주변 자연과 어우러지는 다공성의 공간
2 지붕 바닥을 오픈하여 내부 곳곳으로 채광을 끌어들였다.
3 곶자왈의 조경 개념을 더한 포켓 중정
4 폴딩 도어를 둔 작은 침실은 외부로 확장된다.
5 곡면 창호는 좁은 공간을 넓어 보이게 하는 역할을 한다.

6 2층 수영장에 의해 주변 건물로의 시선이 차단된다.
7 계단을 오르내리며 원경을 볼 수 있도록 큰 창을 두었다.
8 채광 좋은 3층은 놀이 공간 및 침실로 활용된다.
9 주거동의 2층 침실 모습

> STAY
> +HOME
> 14

중산간의 여유로움과
자연의 색채가 그대로 묻어나는 곳

위치 : 제주 서귀포시 안덕면   **지역지구** : 계획관리지역   **대지면적** : 992㎡
연면적 : 159.66㎡   **규모** : 주거동 - 지상 1층 , 숙소동 - 지상 2층

헤이미쉬(heimish)는 '아늑한', '친근한'이라는 의미로, 번잡한 관광지에서 벗어나 호젓하고 소박한 동광리에 자리 잡은 스테이다. 중산간에 위치한 이곳은 그 어느 스테이보다 제주만의 색채를 고스란히 담고 있다. 주변의 자연을 거스르지 않도록 가로성이 강조된 여러 켜의 벽과 그 사이 틈들이 자연을 담아내는 마당이 되어 더욱 풍성한 공간이 될 수 있도록 하였다. 전형적인 농어촌민박의 형태를 취하고 있는데, 두 개의 동으로 이루어져 있어 주거동에는 스테이를 운영하는 건축주가 머물고 숙박동은 두 가족 혹은 커플이 묵을 수 있는 여유로운 공간을 제공한다. 특히 숙박동은 본채와 별채로 구성되어 있어 각기 다른 분위기의 온돌방을 비롯하여 욕실을 두었고, 본채에는 두 가족이 어울려 머물 수 있도록 여유 있는 공간을 만들었다. 거실 측면에는 적벽돌의 담으로 구성된 사이 공간에 너른 수영장을 배치해 거실 그리고 주방과 긴밀하게 연결될 수 있도록 하였다. 실내의 층고는 일반적인 주거 공간보다 높은 층고로 개방감을 최대한 확보하고, 여러 방향으로 뚫린 창호를 통해 계절의 전이와 자연의 변화를 언제든 편안하게 즐길 수 있게 했다. 과하지 않은 편안한 배치의 공간 구조는 주변 자연을 더욱 도드라지게 하고 심리적 안정감을 느낄 수 있는 포근한 장소가 되어준다. ●

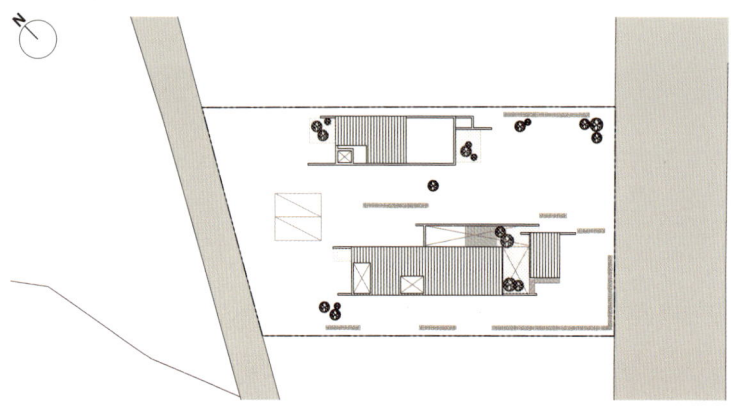

PLAN

주거동 1F 74.42m²
숙소동 1F 57.49m² 2F 27.75m²

❶ 계단실
계단 하부는 가구를 짜 넣어 부족한 수납공간으로 활용하게 하였다.

❷ 거실
거실에는 폴딩 도어를 설치하여 개방감을 확보했다. 돌담을 배경으로 옥외 정원이 꾸며진 데크에서는 언제나 외부의 맑은 공기를 들이마실 수 있다.

❸ 후정
제주돌담과 벽돌담이 어우러져 제주의 자연과 함께 추억을 사진에 담을 수 있도록 마련한 조경 공간이다.

주거동과 숙박동 사이에는 제주돌담을 조경과 같이 배치 차폐와 제주의 색채를 담았다

❹ 측정
숙소 통로에 낮고 긴 창을 두어 주거동으로부터의 시선을 가리면서 동쪽 햇살을 실내로 유입시킨다.

❺ 현관
출입구를 안쪽 깊숙이 놓아 현관문을 열었을 때 실내가 외부에서 보이지 않도록 배려했다.

❻ 자쿠지
하늘로 열린 옥외 자쿠지는 개구부에 돌담을 쌓아 제주의 분위기를 담았다.

❼ 수영장
어른과 아이들이 함께 즐길 수 있는 공간으로, 높은 벽돌담으로 외부에서 보이지 않게 신경 썼다.

KEY POINT
- 건축주가 머물 주거동과 숙소동이 함께 있는 스테이
- 본채, 별채로 구성된 숙소
- 제주돌담의 개념을 적용한 프라이빗한 공간 연출

⑪ 화장실
침실과 가까운 곳에 화장실을 두어 편리하게 사용할 수 있도록 동선을 고려하였다.

⑫ 옥상 데크
언제든 주변으로 열린 뷰를 감상할 수 있는 곳이다.

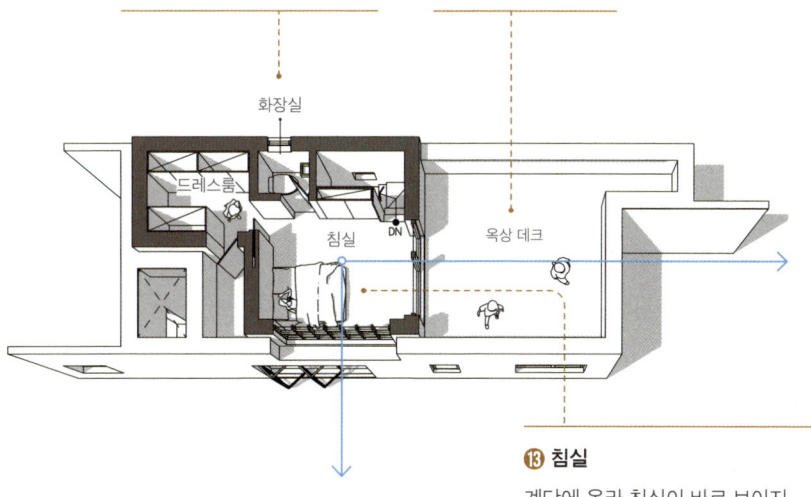

⑬ 침실
계단에 올라 침실이 바로 보이지 않도록 계단 측에 수납공간을 놓아 공간 구획을 했다.

⑧ 보일러실, 창고
풍경을 해치는 숨겨야 할 실은 객실에서 최대한 보이지 않도록 위치시켰다.

⑨ 중정
중정 앞뒤 벽체에 개구부를 두어 양쪽으로 주변 자연과 통한다.

⑩ 별채 침실
별도의 후정을 두어 프라이빗한 외부 공간을 만들었다.

1 수평성이 강조된 편안한 인상의 입면 디자인 **2** 담과 담 사이 공간에는 햇빛이 잘 드는 작은 중정을 두었다.

3 중정 통창으로 거실 깊숙이 빛이 든다.
4 자유롭게 배치된 가구가 내 집 같은 편안함을 준다.
5 따스함이 더해진 정감 있는 분위기의 공간
6 거실 옆, 담으로 둘러싸인 프라이빗한 수영장이 있다.

(STAY 15)

돌집을 고쳐 만든, 전망대가 있는 스테이

위치 : 제주 제주시 조천읍   **지역지구** : 계획관리지역, 자연취락지구
대지면적 : 314㎡   **연면적** : 112.79㎡   **규모** : 지상 1층

북촌리멤버는 바닷가 마을 한 모퉁이의 옛 제주돌집을 리모델링한 소박하면서도 낮은 공간으로 만든 스테이다. 본채와 작은 창고로 이루어진 집을 서로 이어 하나의 연결된 공간으로 만들고, 정면 마당과 뒷마당을 내부와 시각적·공간적으로 확장할 수 있게 하여 실내뿐만 아니라 외부 활동에 대한 배려를 강조하였다. 특히 마당 한쪽에 박공지붕을 얹은 전망대를 두어 단층인 본채에서 바라볼 수 없는 조천바다를 관망할 수 있게 하였다. 낮은 지붕과 처마를 가진 제주 민가의 공간적인 분위기도 최대한 유지하려 노력했다. 또한, 비가 오거나 햇살이 좋을 때도 긴 처마 아래에서 편하게 쉴 수 있는 데크를 마당 쪽에 두었다. 실내에 노출된 옛 목구조는 표면을 다시 갈아 구조적인 미와 따스한 느낌을 살리고 신설된 벽체는 목구조와 어울리는 합판을 가공하여 그 면을 만들어 갔다. 돌집 리모델링은 실제 거의 신축과 가까울 정도로 힘든 재구성의 과정을 거치게 된다. 그러나 제주의 옛 정취를 고스란히 담아내는 돌집이 주는 고즈넉한 분위기는 신축 건물에서 갖지 못하는 깊이감을 가진다. 이곳은 원래 있었던 것처럼 편안한 분위기에서 추억을 담아갈 수 있는 제주의 색이 듬뿍 담긴 공간이다. ●

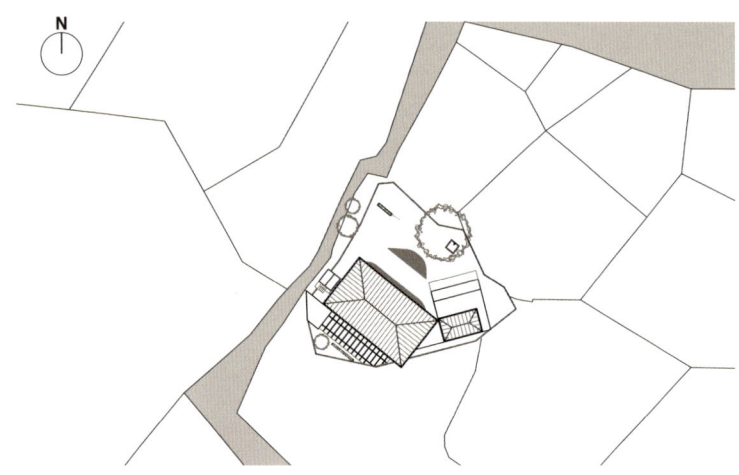

PLAN

1F 112.79m²

❶ 자쿠지
후정에 면한 자쿠지는 기후의 영향 없이 사용할 수 있도록 창호로 구획했다. 환기를 위한 창과 패브릭 타프를 설치해 실내로 유입되는 채광도 조절할 수 있다.

❷ 후정
2층인 뒷집에서의 시선을 차단하기 위해 대나무 조경을 하고, 자쿠지에는 패브릭 커튼을 이용하여 차폐하였다.

❸ 욕실
후정 측 통창은 환기와 채광을 돕는다. 욕실 앞 건식 세면대 상부에는 오래된 서까래 목구조를 노출하여 옛 모습의 정취를 살렸다.

❹ 화장실
본채와 별채가 이어지는 곳에 화장실을 배치하여 동선의 편의를 배려했다.

❺ 주방, 식당
별채였던 공간은 통로를 만들고 기존 본채와 연결해 주방과 식당으로 쓸 수 있게 했다. 폴딩 도어를 열면 옥외 데크, 마당과 완벽한 하나의 공간이 된다.

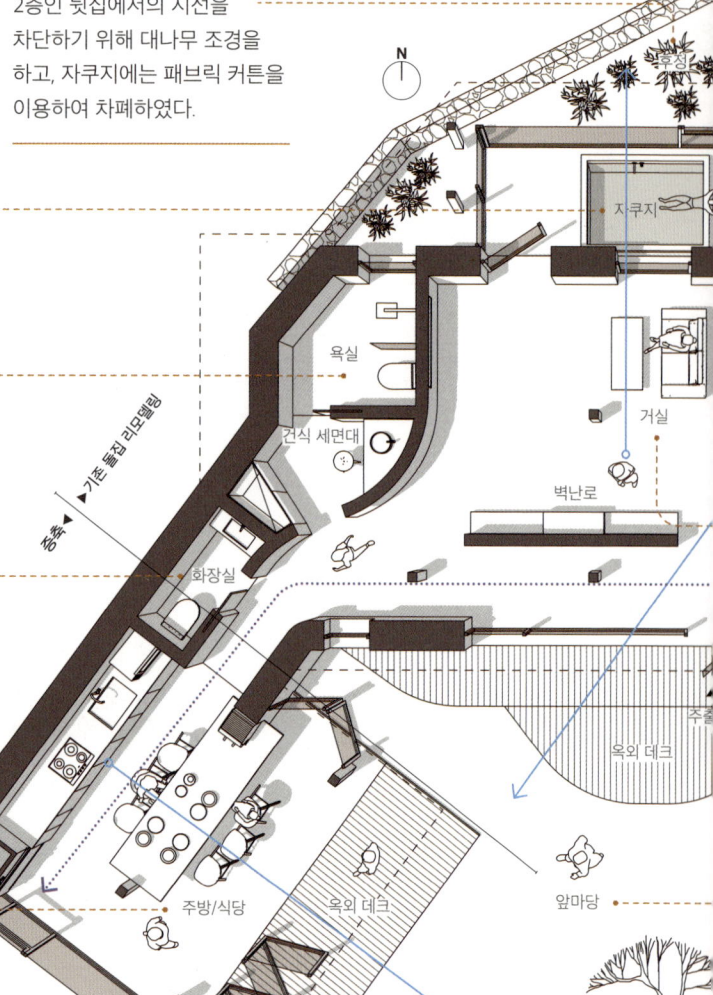

KEY POINT

- 제주돌집을 리모델링한 단층 스테이
- 옛 모습의 원형을 유지하면서도 현대적인 분위기가 가미된 디자인
- 본채와 별채를 이어 내외부 활동의 편의를 배려한 구조

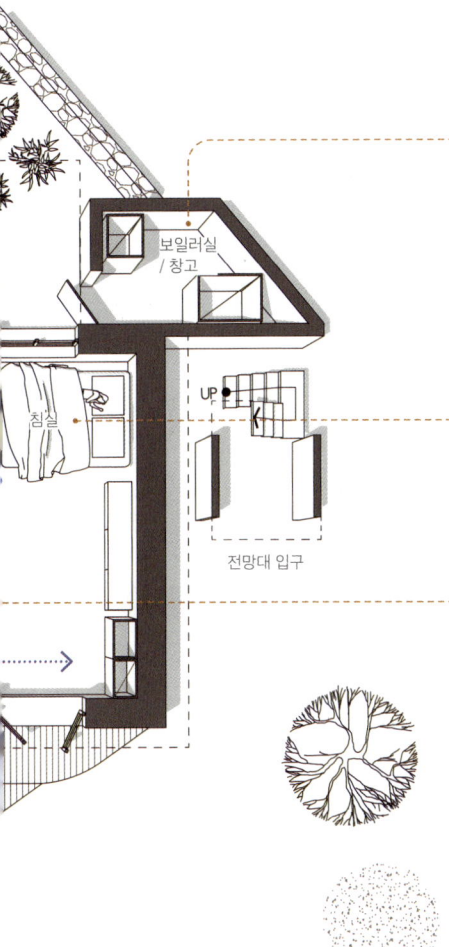

❻ 보일러실, 창고

일부 영역을 증축하여 기존에는 없었던 별도의 보일러실과 물탱크실 그리고 집기 보관을 위한 창고를 추가했다.

❼ 침실

침실에서도 창을 통해 후정을 감상할 수 있다. 한쪽 벽면에는 옛 돌집의 분위기에 어울리는 가구를 제작하여 스테이 사용법과 기타 보드게임 등을 수납할 수 있는 공간을 두었다.

❽ 거실

친환경 에탄올 연료를 사용하는 벽난로(fireplace)를 놓아 편하게 쉴 수 있는 장소를 마련해 주었다. 목구조와 어울리는 적벽돌로 낮은 담을 쌓아 앞마당에서 거실과 침실이 보일 수 있는 시선을 차단하였다.

전망대

❿ 전망대

단층집에서 흔히 볼 수 없는 공간으로, 조천 바닷가를 관망할 수 있는 곳이다.

❾ 앞마당

주진입이 이루어지는 앞마당에는 계절마다 다른 분위기를 주는 꽃과 수목을 심어 볼거리를 더했다.

1 기존 돌집의 비례와 공간을 최대한 유지했다.
2 돌집과 대비되는 유리로 마감한, 증축된 주방 공간
3 돌집의 목구조를 그대로 노출하여 옛스러움을 살렸다.
4 주방 폴딩 도어를 열면 완벽한 외부 공간이 된다.
5 통창 정면에 벽난로를 두어 부분적으로 시선을 차단했다.

6 주방과 연결된 야외 데크에는 깊은 처마를 두었다.
7 돌집에서 증축된 주방으로 가는 연결 통로
8 돌담을 이용하여 너른 아일랜드 식탁을 디자인했다.
9 패브릭으로 편안한 분위기를 연출한 후정의 실내 자쿠지

(STAY 16)

바다의 정취를 고스란히 담은
한 지붕 아래 두 숙소

위치 : 제주 제주시 조천읍	**지역지구** : 제2종일반주거지역
대지면적 : 238㎡	**연면적** : 125.09㎡	**규모** : 지상 2층

제주 신흥해수욕장으로부터 그리 멀지 않은 조천읍 해안가. 올레길 18길코스와 맞닿아 있는 바닷가 마을의 정취가 고스란히 담긴 곳이다. 건축주는 어느 곳에나 있을 법한 소박하고 편안한 분위기의 스테이를 원했다. 따라서 전경으로 펼쳐지는 가까운 바다와 그 주변을 감싸고 있는 작은 단위의 집들의 군락과 이질감이 없이 어우러지기 위해 큰 볼륨을 가진 건축물보다 건축물 사이사이 틈으로 주변의 마을의 분위기가 스며들 수 있도록 했다. 하나의 덩어리로 보이지만, 중간의 맞벽을 사이에 두고 두 개의 숙소동으로 이루어진 이 공간은 서로 유사한 크기임에도 각기 다른 성격을 가진다. 숙소동 A는 너른 중정과 함께 제주돌집 형태의 독채를 두어 가족 단위의 객이 묵을 수 있는 여유로운 외부 공간과 침실을 배치했고, 특히 2층에서 바다를 볼 수 있는 멋진 포치를 만들었다. 또한, 지층에서 외부 공간을 통해 제주의 색을 오롯이 즐길 수 있도록 했다. 반면에 숙소동 B는 여유 있는 내부 공간에서 다양한 시점으로 제주 자연을 실내로 끌어들여 휴식을 취할 수 있는 안락함이 있다. 프라이빗한 2층 침실에는 너른 옥외 조경을 꾸며 바다를 배경으로 제주의 자연을 담아내었다. 두 개의 작은 면적의 공간은 주변 마을과 다채롭게 만나 보다 풍성한 휴식 공간이 되어준다. ●

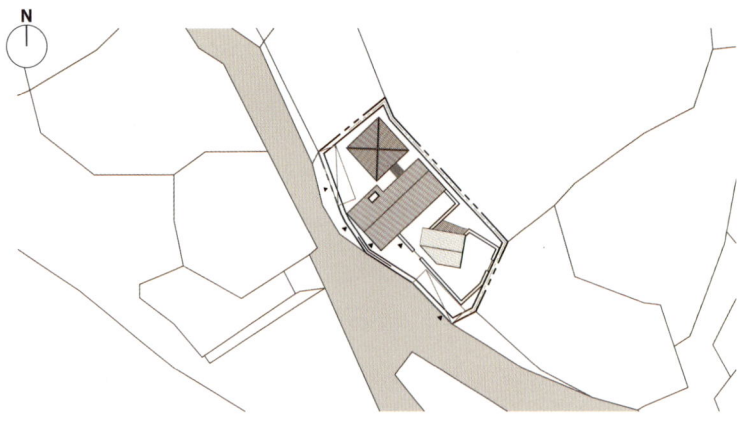

PLAN   1F 86.17m²   2F 29.92m²   OUTBUILDING 9m²

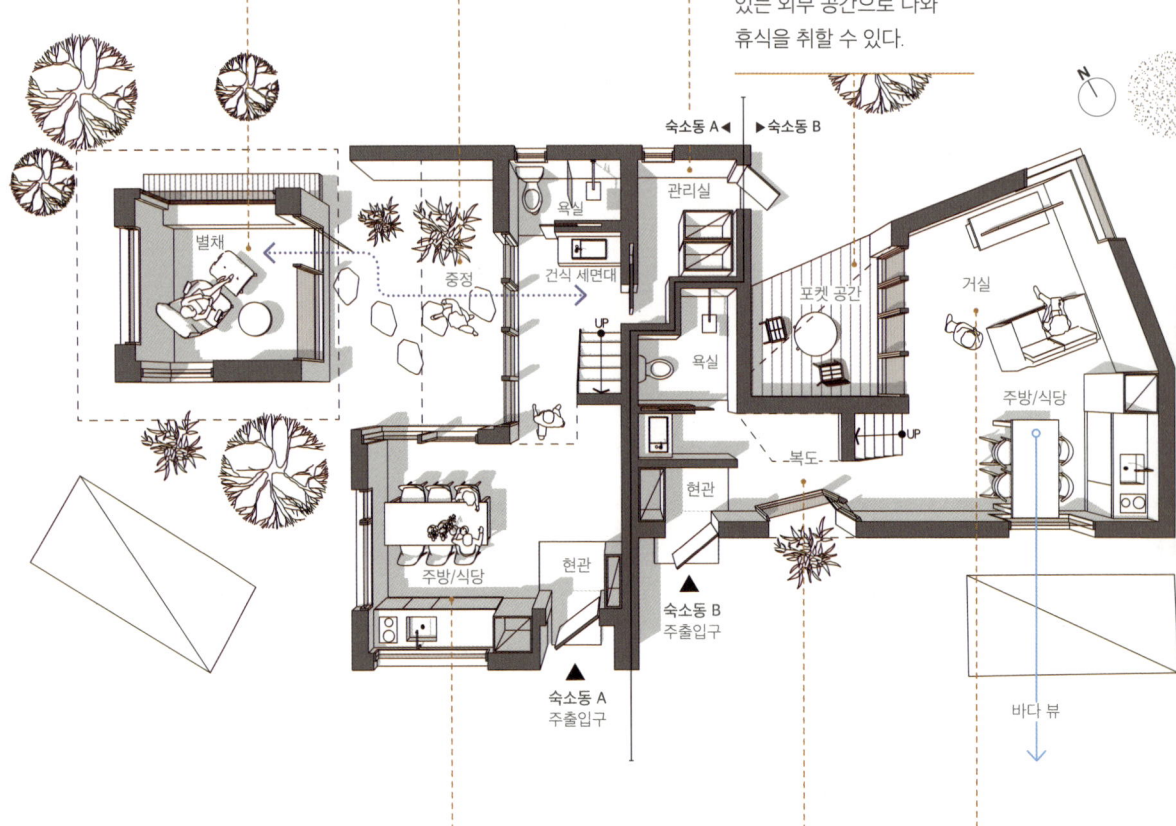

❶ 별채
처마가 있는 별채는 가족 단위의 객이 묵을 수 있는 여유 공간이면서 다도를 즐길 수 있는 공간이 되기도 한다. 별채 뒤로 펼쳐지는 제주의 자연 경관을 통창을 통해 즐길 수 있다.

❷ 중정
건물과 담으로 둘러싸인 중정은 별채를 가기 위한 완충 공간이자 바비큐 등을 할 수 있는 곳이다.

❸ 관리실
두 숙소동의 사이에 넉넉한 수납공간을 두어 효율적인 유지 관리가 가능하다.

❹ 포켓 공간
거실에서 언제든 처마가 있는 외부 공간으로 나와 휴식을 취할 수 있다.

❺ 주방, 식당
식당에서는 바다 방향으로 열린 창이 있어 아름다운 풍경을 감상할 수 있다.

❻ 복도
900mm의 낮은 창을 통해 차경과 빛을 실내로 들인다.

❼ 거실
거실의 코너창은 벽체의 창보다 더 넓은 개방감을 갖는다.

KEY POINT
- 마을의 분위기와 어우러진 스테이
- 각기 다른 성격을 가지는 두 동의 숙소
- 옥상 조경으로 더 풍성해진 내부 공간

⑧ 창고
옥상 조경 공간을 유지 관리하는 데 필요한 장비들을 수납하는 별도의 공간을 마련하였다.

⑨ 계단실
높은 층고를 가지고 있어 크지 않은 면적의 답답함을 보완한다.

⑩ 옥상
제주의 색채를 담은 조경 공간으로, 언제든 2층 침실에서 직출입이 가능하다. 높은 파라펫(parapet)은 주변의 시선을 차단하는 동시에 일부 열린 틈으로 풍광을 들인다.

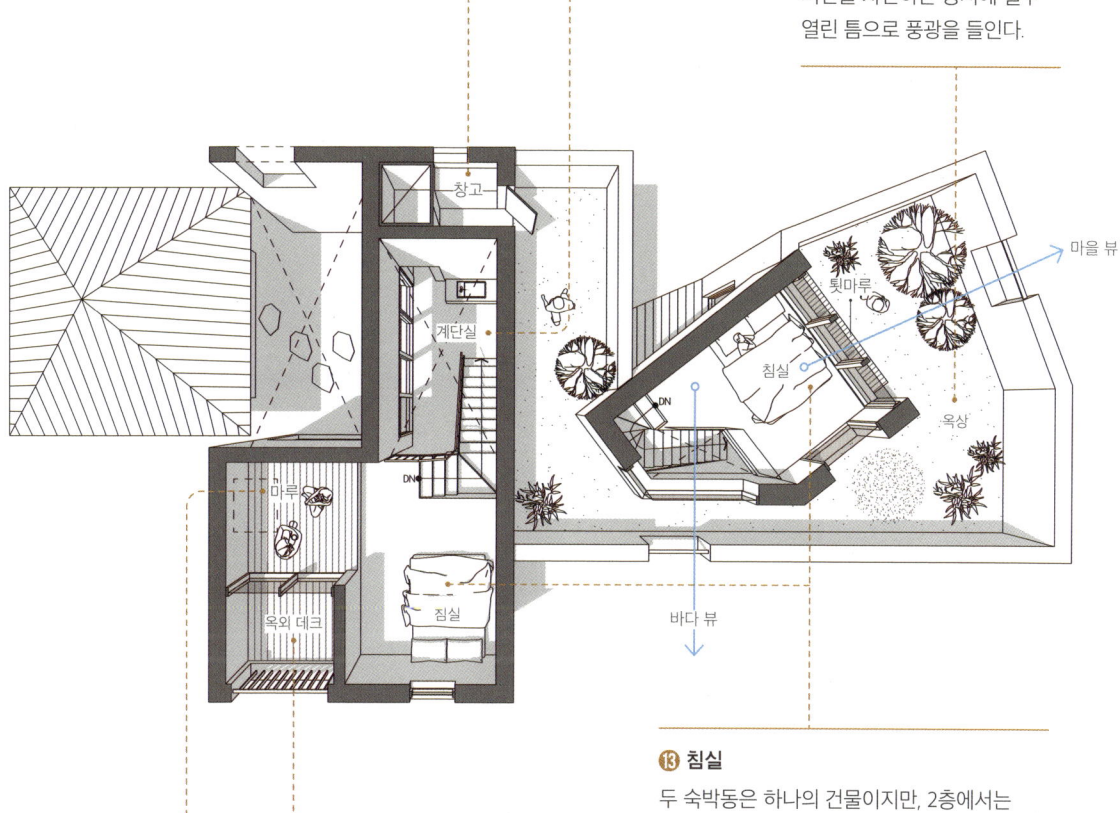

⑪ 마루
침실에 면한 마루 공간은 옥외 데크와 연결된 좌식으로 만들어 아늑함을 준다.

⑫ 옥외 데크
경관이 가장 좋은 곳에 데크를 두어 비를 맞지 않는 곳에서 풍경을 즐길 수 있다.

⑬ 침실
두 숙박동은 하나의 건물이지만, 2층에서는 침실을 서로 분리 배치해 소음과 프라이버시를 확실하게 확보하였다. 옥상 조경 공간으로 열린 침실은 계단 측면의 창을 통해 2층으로 오르내리면서 외부 뷰를 감상할 수 있다.

1 마을과 이질감이 없는 편안한 입면 디자인과 볼륨　　**2** 중정으로 슬라이딩 도어를 두어 개방감을 확보한 거실

3 중정을 감싼 벽체에 의해 만들어진 아늑한 공간
4 별동은 다도실로, 후정 및 중정과 연결된다.
5 거실에서는 포켓 공간으로 시선이 확장된다.
6 주방과 식당 창으로 조천 앞바다가 펼쳐진다.
7 2층 침실 앞에는 제주석을 이용한 조경 공간을 두었다.

(STAY 17)

제주돌집을 리모델링한
두 동의 스테이

위치 : 제주 제주시 애월읍	**지역지구** : 제1종일반주거지역
대지면적 : 307㎡	**연면적** : 85.62㎡	**규모** : 지상 1층

우리의 초창기 프로젝트로, 돌집 리모델링이 보편화 되지 않은 시점의 작업이다. 과거의 집의 배치를 그대로 유지하였지만, 노후화된 돌집의 목구조와 부족한 단열층 그리고 창호에 대한 전반적인 교체가 이루어졌다. 그럼에도 최대한 옛 돌집의 모습을 유지하기 위해 기존의 외장재로 사용하던 제주현무암을 입면 마감재로 재활용하였다. 제주 민가는 보통 안거리, 밖거리를 갖춘 두 거리 집의 형태를 보이는데, 하나의 울타리 안에 각 공간의 성격을 달리하며 두 채의 배치 구조를 갖는다. 이 스테이 또한 별동이라는 특성을 이용하여 두 커플이 방문하였을 때는 개별 독채 스테이로 사용될 수 있도록 하고, 가족 단위의 객이 와도 충분히 수용 가능하게 했다. 주출입구에서 대지 안쪽에 설치된 돌담은 일종의 올레길 성격으로 대지 안쪽으로의 동선 유도 및 옆 대지로부터의 시선을 차단한다. A동의 두 침실 사이에는 통로가 지나가는데, 실내에 구성된 툇마루를 두어 후정과의 관계를 더욱 적극적으로 풀어냈다. 침실에는 연동 슬라이딩 도어를 설치해 프라이버시를 보호하기도 하고, 전체를 개방하여 다양한 용도로 공간을 사용할 수 있게 하였다. B동은 대지 가장 안쪽에 배치된 곳으로, 거실과 주방에 면한 후정과 함께 더욱 프라이빗한 공간이 된다. ●

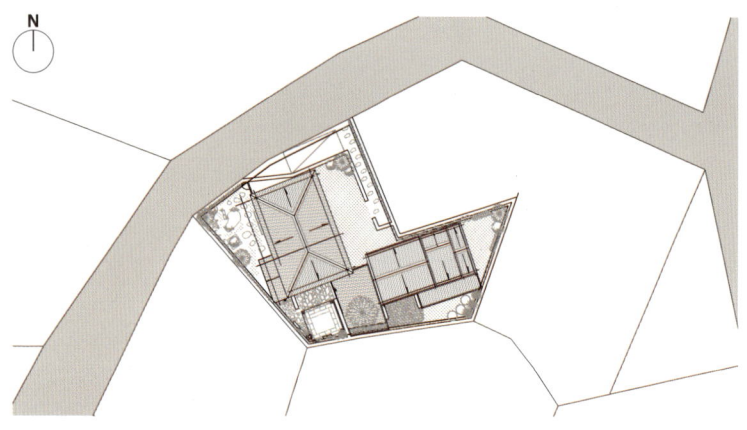

PLAN

A동 50.14m²   B동 35.48m²

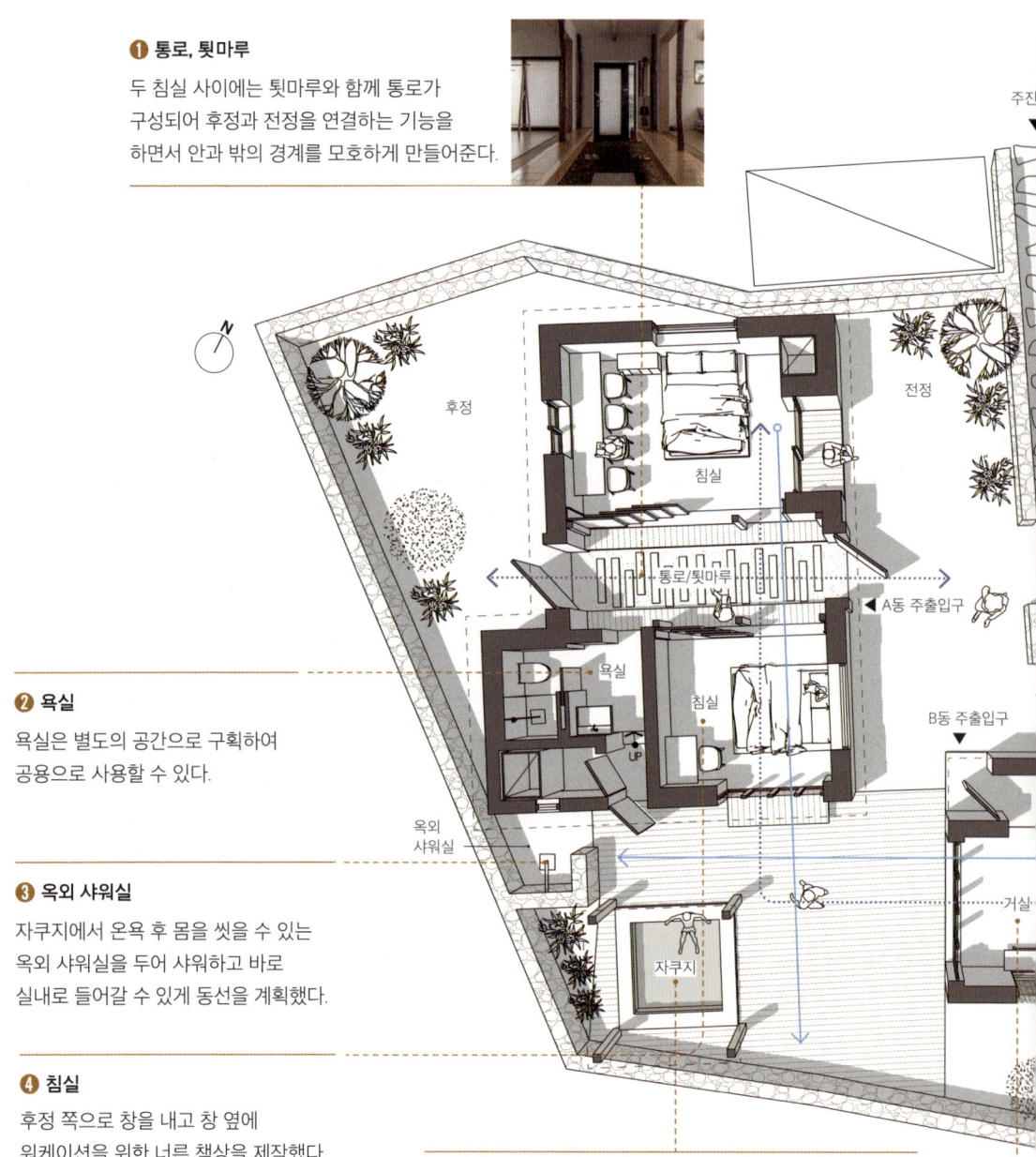

❶ 통로, 툇마루
두 침실 사이에는 툇마루와 함께 통로가 구성되어 후정과 전정을 연결하는 기능을 하면서 안과 밖의 경계를 모호하게 만들어준다.

❷ 욕실
욕실은 별도의 공간으로 구획하여 공용으로 사용할 수 있다.

❸ 옥외 샤워실
자쿠지에서 온욕 후 몸을 씻을 수 있는 옥외 샤워실을 두어 샤워하고 바로 실내로 들어갈 수 있게 동선을 계획했다.

❹ 침실
후정 쪽으로 창을 내고 창 옆에 워케이션을 위한 너른 책상을 제작했다. 입면에는 깊은 포치를 두어 툇마루를 만들고, 단차를 이용하여 다른 한쪽에는 실내에서 쓰는 수납공간을 만들었다.

❺ 자쿠지
두 동 중앙에 위치하여 외부 조경과 더불어 프라이빗하게 즐길 수 있는 공간으로, 선선한 날씨에는 온욕도 할 수 있다.

KEY POINT

- 노후화된 돌집 본연의 모습을 최대한 살려 리모델링한 스테이
- 목구조인 지붕 구조체를 실내에 노출해 만든 아름다운 구조미와 따스한 분위기
- 각기 다른 성격을 부여한 두 채의 배치 구조

❻ 올레길
대지 안쪽에 올레길을 두어 대지 밖에서부터의 동선을 유도하고 옆 대지에서의 시선을 차단해 주었다.

❼ 거실
거실의 폴딩 도어를 열면 옥외 데크로 공간이 이어진다. 거실과 주방 사이 낮은 계단을 통해 두 영역을 분리하였다.

❽ 툇마루
툇마루로 주방과 식당 영역이 확장되어 후정도 함께 즐길 수 있다.

1 제주돌담과 수목으로 꾸며진 전정 공간
2 마당으로 관입된 돌담을 이용한 올레길
3 돌집 입면의 현무암과 목재가 잘 어우러진다.
4 노출된 지붕 목구조는 따뜻한 분위기를 이끈다.

5 실내 툇마루는 두 공간을 나누는 역할을 한다.

6 식당에 면한 마당은 폴딩 도어를 두어 개방감을 확보하였다.

7 거실에서는 마당으로 직출입이 가능하다.

5

6

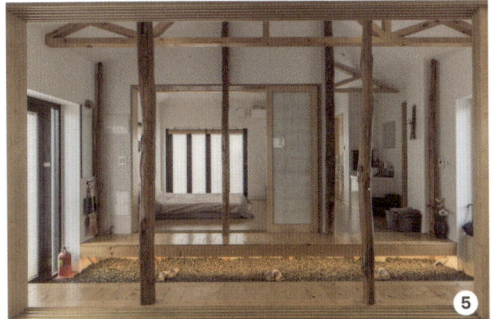

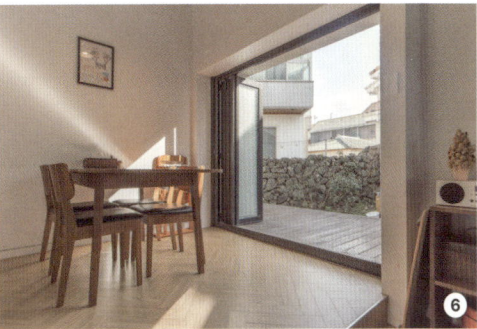

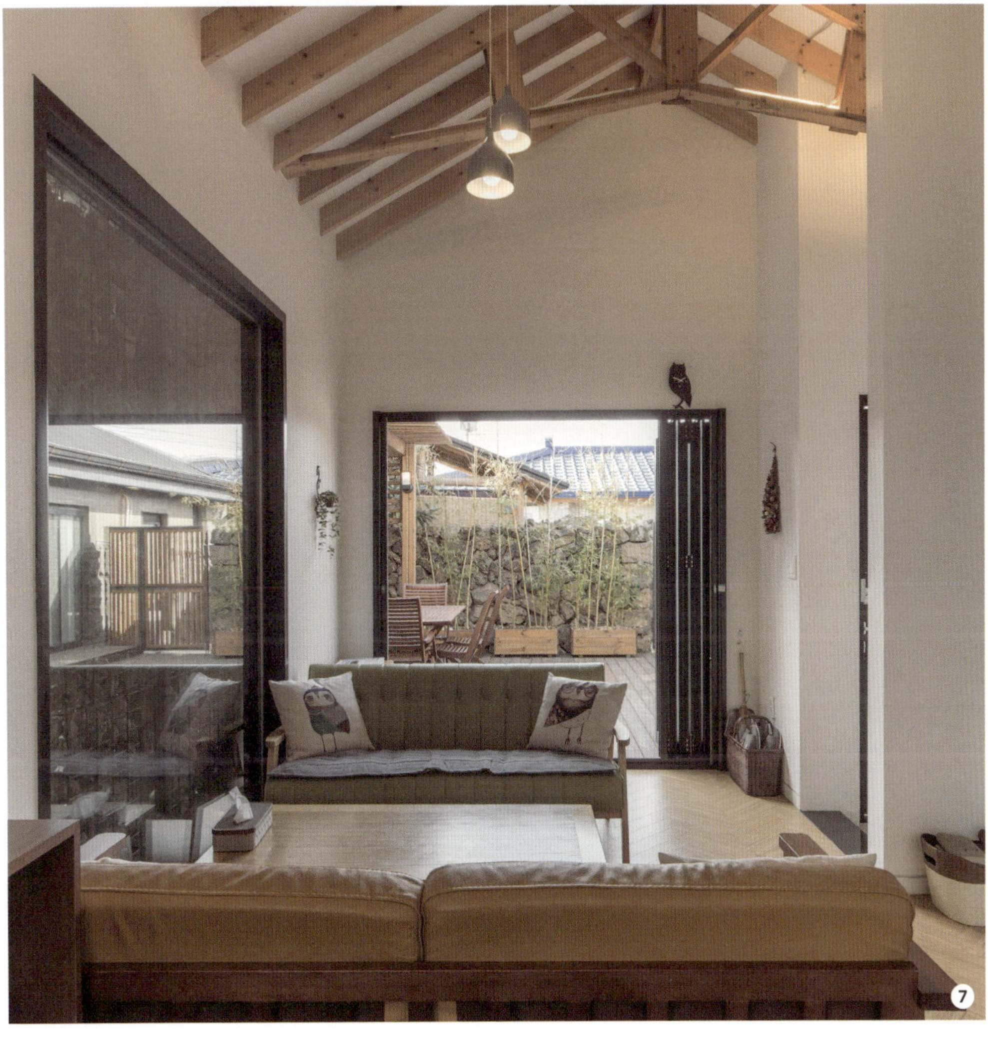

7

(STAY 18) 소소한 일상을 나눌 수 있는 작고 편안한 스테이

위치 : 제주 애월읍 신엄리   **지역지구** : 제1종일반주거지역

대지면적 : 407㎡   **연면적** : 83.24㎡   **규모** : 지상 2층

제주 민가가 밀집된 낮은 밀도의 대지에 자리 잡은 이곳은 화려하거나 비싸지 않다. 현대적인 미를 가지고 있지도 않고, 톡톡 튀는 디자인을 뽐내고 있지도 않다. 강아지가 뛰어놀고 마당 연못에는 금붕어가 헤엄치며, 뒤뜰엔 나지막한 돌담과 앉아 쉴 수 있는 작은 의자와 손을 기댈 테이블이 있다. 소담재(小憺齋)는 '작고 편안한 집'이란 뜻이다. 창문을 열어 평상 위에 누워 바람을 느낄 수 있고, 툇마루에 앉아 마당을 바라보며 시간을 보낼 수 있다. 밤이면 별을 바라보며 누워 잠들고, 뒤뜰엔 따뜻한 물에 지친 몸을 녹일 수 있는 조그마한 노천탕도 있다. 콘크리트 그대로 노출된 외벽의 질감은 과하지도 않고 빈곤해 보이지도 않는다. 너무 완벽하지 않은 듯한 외벽은 주변 가옥들과의 조화를 이루며 돌담과 어우러져 마을의 풍경으로 동화된다. 건물의 중심에 떠 있는 중층의 공간은 공적 공간 속에서 유일하게 구분된 사적인 공간이다. 열려 있으나 구분돼 있고, 구분돼 있으나 열려 있다. 이곳은 단시간 머물고 가기엔 아쉬움이 많이 남는다. 여유를 부려야 알 수 있고, 느려야 알 수 있는 스테이다.

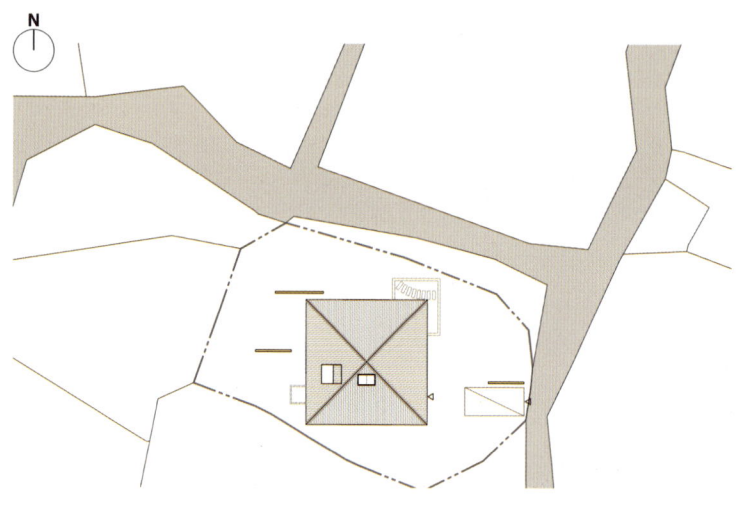

PLAN

1F 67.24m²   2F 16.00m²

❶ 욕실
건식 세면대를 외부에 별도로 두어 가족이 욕실을 동시에 사용하기에도 좋다.

❷ 거실
스튜디오 타입의 오픈 공간이라 부족했던 수납은 벽면 전체에 수납장을 두어 해소하였다. 위층의 다락 공간에 의해 집 중앙에 거실 영역이 자연스럽게 설정된다.

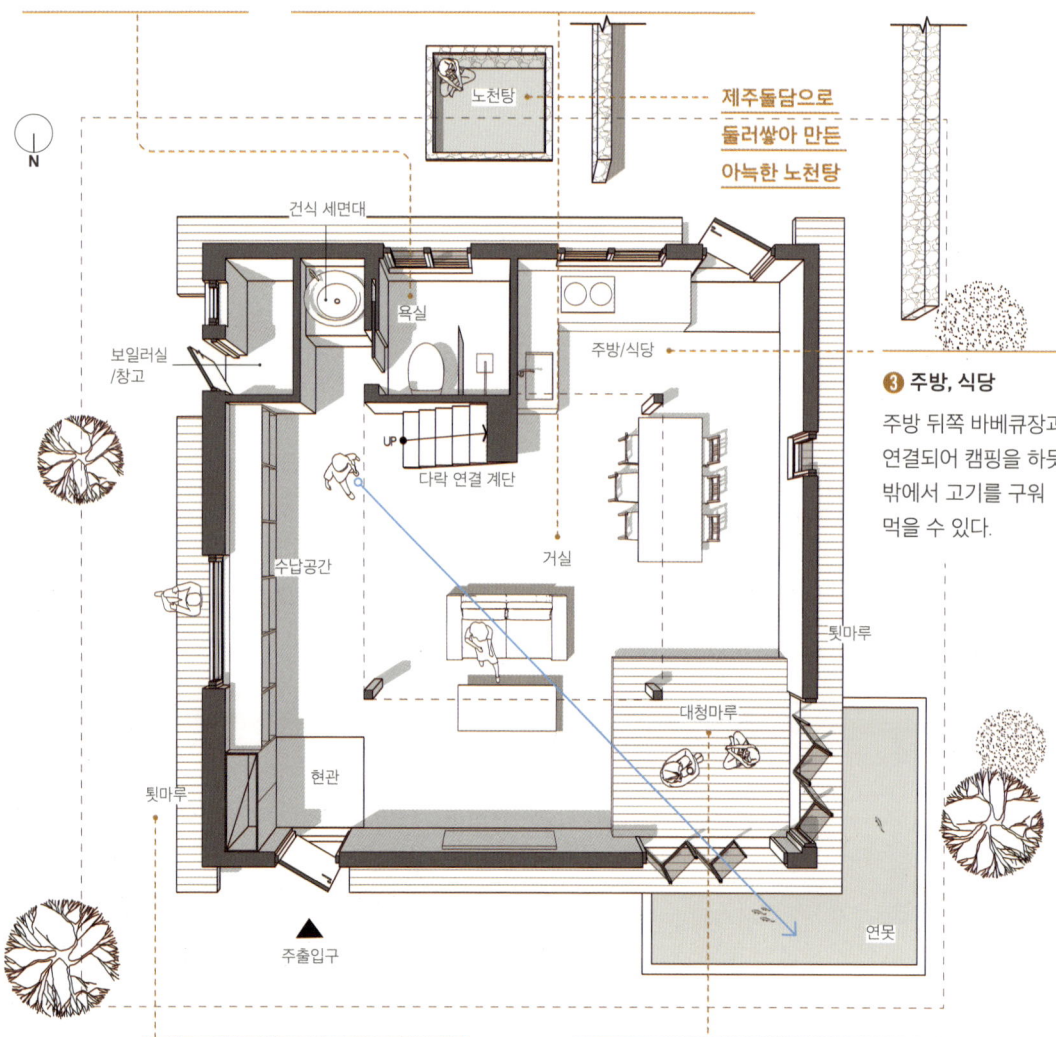

제주돌담으로 둘러쌓아 만든 아늑한 노천탕

❸ 주방, 식당
주방 뒤쪽 바베큐장과 연결되어 캠핑을 하듯 밖에서 고기를 구워 먹을 수 있다.

❹ 툇마루
깊은 처마 아래 외벽과 맞닿는 툇마루에서는 편히 앉아 독서를 하거나 휴식을 취하기 좋다.

❺ 대청마루
날씨와 상관 없이 거실과 연결된 대청마루에 앉아 다도를 즐길 수 있다. 날이 좋을 땐 폴딩 도어를 열어 연못을 보며 바람을 맞을 수 있는 공간이 된다.

KEY POINT

- 화려하지 않지만 편안함이 느껴지는 스테이
- 건물 외곽을 둘러싼 외부 공간과 내부 공간 사이에 매개의 역할을 하는 툇마루
- 지친 몸을 쉬게 해주는 아늑한 노천탕과 조용한 침실

❻ 옥외 데크, 전망대
풍경 좋은 방향으로 지붕 일부에 데크를 만들어 실외로 나가 즐길 수 있게 해주었다.

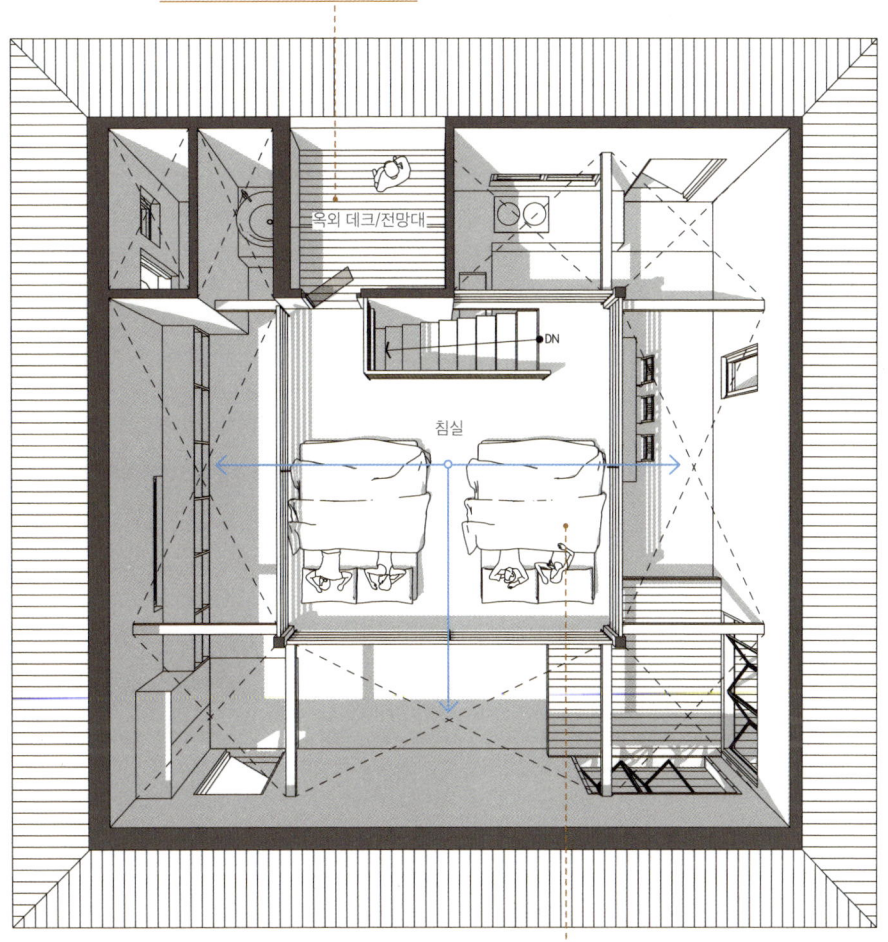

❼ 침실
경사형 지붕 하부에 가족 단위의 여행객이 묵을 수 있는 너른 다락 공간을 마련했다. 모든 공간으로 열려 있어 집 안의 곳곳과 소통이 가능하다.

1 주출입구에는 옛집 고목을 이용하여 대문을 만들었다.
2 너른 마당의 한쪽에는 야외 휴식 공간을 마련했다.
3 뒷마당에는 돌담을 쌓아 프라이빗한 노천탕을 두었다.
4 처마 하부의 툇마루는 편안하게 쉴 수 있는 장소가 된다.

5 실내에 중목구조를 노출하여 구조미를 살렸다.
6 대청마루에 설치된 폴딩 도어는 차경을 위한 통로가 된다.
7 툇마루 앞 연못은 실내에 윤슬을 드리운다.
8 중목구조와 원목 가구가 서로 잘 어우러진다.

넓은 대지 위에 평온하게 자리 잡은 새하얀 스테이

(STAY 19)

위치 : 제주 제주시 조천읍　　**지역지구** : 자연녹지지역
대지면적 : 598.13㎡　　**연면적** : 118.56㎡　　**규모** : 지상 2층

제주 조천읍 바닷가와 멀지 않은 곳에 자리한 이 스테이는 사진작가 하시시박의 작업 개념을 담아 건축적 영감을 투영시킨 프로젝트이다. 건물과 너른 대지가 만나는 방법, 동선과 주변 자연 경관과의 관계를 프레임과 흐름이라는 개념으로 건축적 해법을 만들려 하였다. 주진입 동선을 유도하는 하얀색의 콘크리트 옹벽은 점진적으로 그 높이를 높여가며 건축물로 시선을 끌어들인다. 주출입구가 아이러니하게도 2층에 위치하는데, 출입 계단을 따라 2층에 오르면 현관 앞 벽에 뚫려있는 프레임을 통해 건물 정면에 펼쳐진 수려한 제주의 자연을 바라볼 수 있다. 실내로 진입하면 한라산 쪽으로 열려 있는 통창을 배경으로 한 주방이 있다. 예각으로 떨어지는 벽면들이 긴장감을 주면서 주변의 풍광으로 확장되는 시선과 함께 의외의 즐거운 리듬감을 부여한다. 썬룸과 중정 옥외 데크 및 수영장은 외기에 면해 개방적이지만, 계절의 전이와 햇살의 입사각이 다채롭게 공간을 채워가며 따스함을 느낄 수 있게 하였다. 2층은 주방과 거실로 구성되는 공용 공간의 성격을 가지는 반면, 1층은 중정과 썬룸을 중앙에 두고 프라이빗한 두 개의 침실로 구성이 되어있다. 특히 썬룸, 옥외 데크는 가족 단위의 객들이 묵을 때 두 침실의 소통 공간이 되는 이곳의 가장 핵심적 공간이다. ●

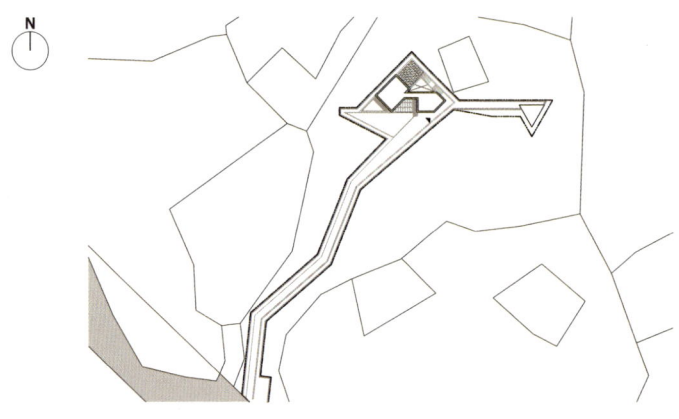

PLAN

1F 69.07m²   2F 49.49m²

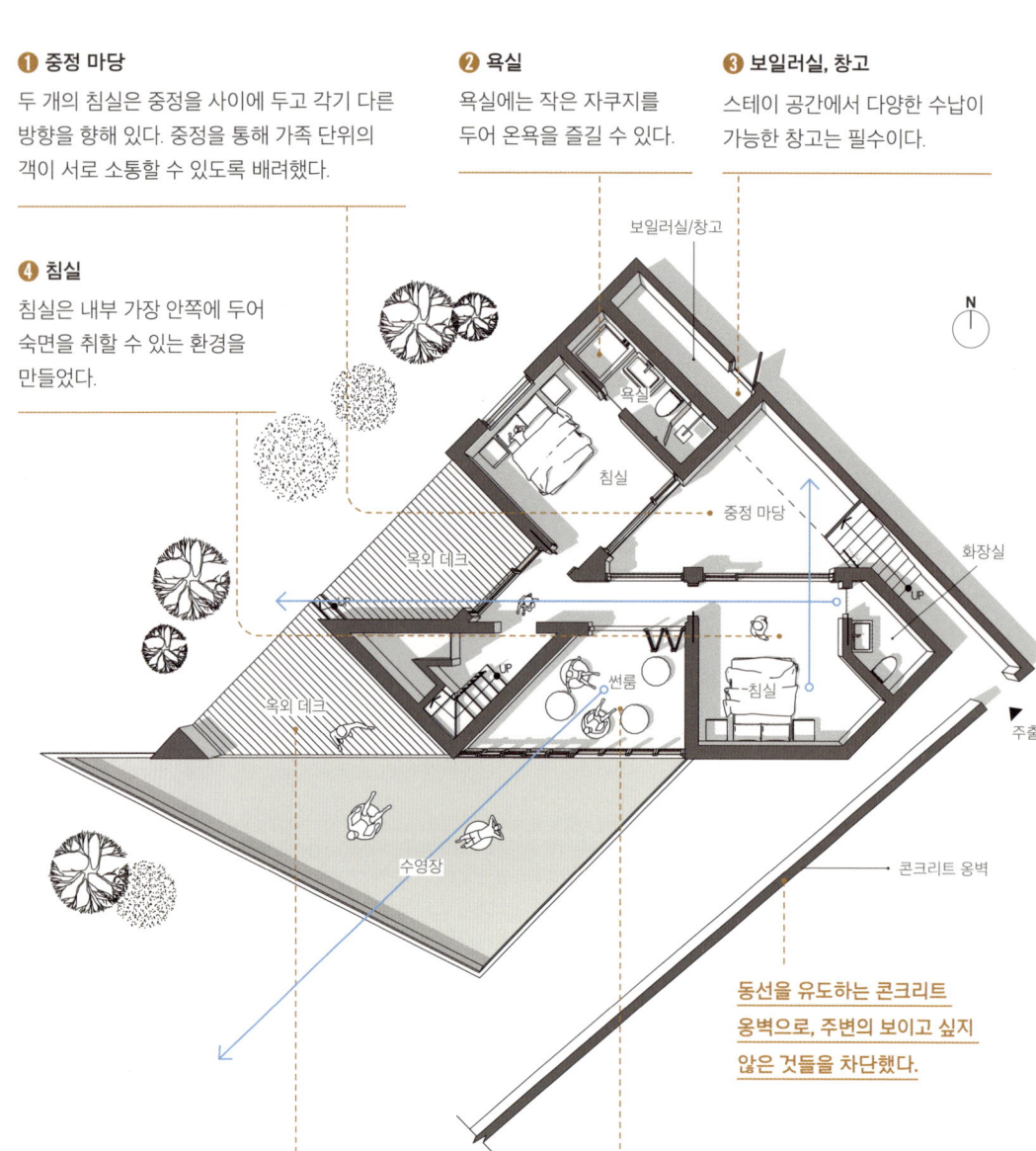

❶ 중정 마당
두 개의 침실은 중정을 사이에 두고 각기 다른 방향을 향해 있다. 중정을 통해 가족 단위의 객이 서로 소통할 수 있도록 배려했다.

❷ 욕실
욕실에는 작은 자쿠지를 두어 온욕을 즐길 수 있다.

❸ 보일러실, 창고
스테이 공간에서 다양한 수납이 가능한 창고는 필수이다.

❹ 침실
침실은 내부 가장 안쪽에 두어 숙면을 취할 수 있는 환경을 만들었다.

동선을 유도하는 콘크리트 옹벽으로, 주변의 보이고 싶지 않은 것들을 차단했다.

❺ 옥외 데크
처마 아래에서 일광욕을 즐길 수 있도록 데크는 천연목재로 마감하였다.

❻ 썬룸
날씨가 좋은 날이나 굳은 날에도 계절의 변화를 느끼며 휴식을 취할 수 있는 썬룸을 마련했다. 빈백 등을 놓아 편안한 분위기를 가진다.

KEY POINT
- 자연 발생적인 호리병 형태의 땅에 위치한 스테이
- 2층에 입구를 둠으로써 마을 풍경을 향한 동선 유도
- 썬룸과 데크로 만든 소통의 공간

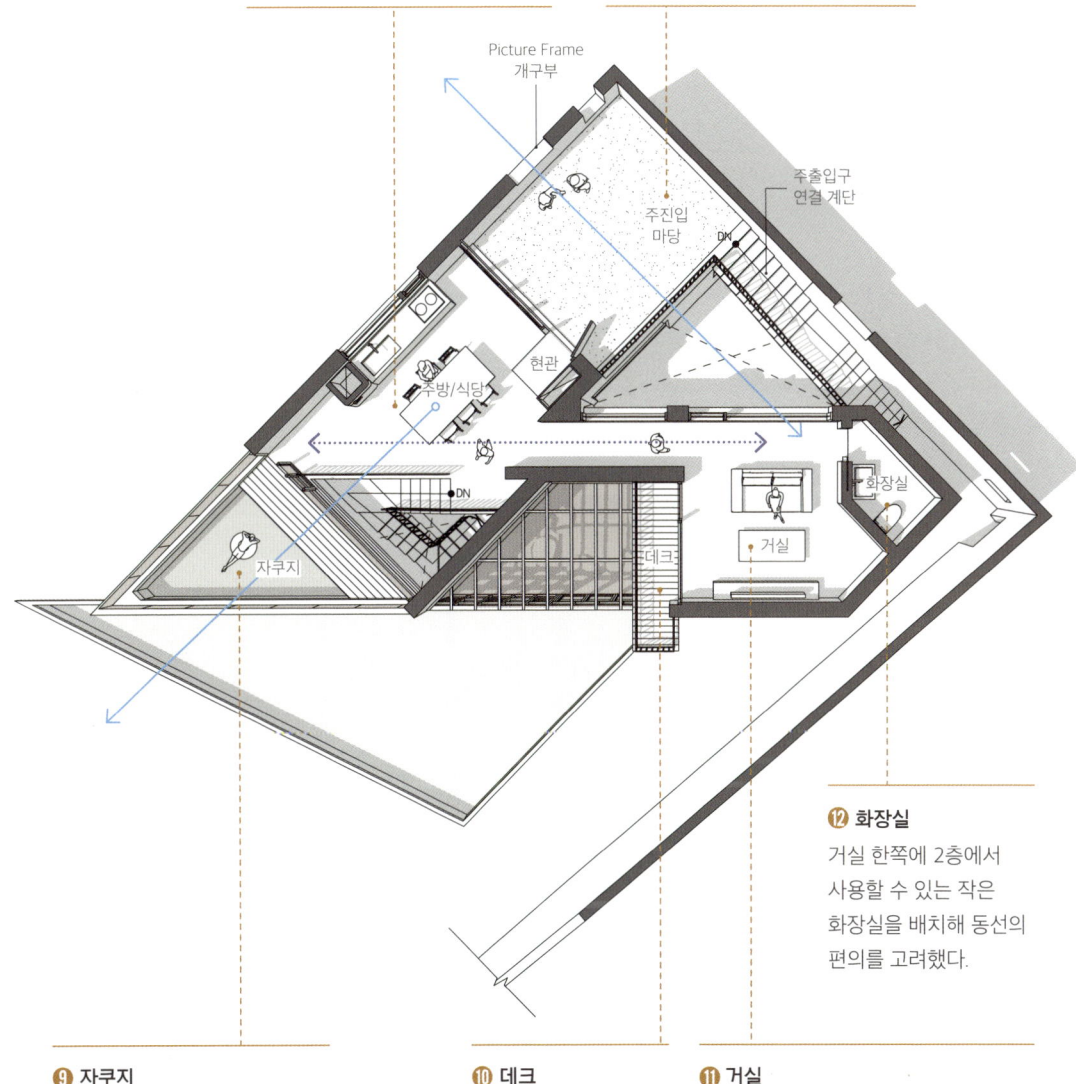

❼ 주방, 식당
주방 전면에는 큰 창을 두어 요리를 하면서 풍경을 볼 수 있게 했다.

❽ 주진입 마당
잔디로 바닥을 마감하여 2층이지만, 지상층의 느낌을 주었다.

❾ 자쿠지
2층에 있어 제주 먼바다와 주변 풍광을 즐길 수 있다.

❿ 데크
1층 썬룸 및 수영장과 소통이 가능하다.

⓫ 거실
주진입구 쪽에 위치한 개구부를 통해 차경을 감상할 수 있다.

⓬ 화장실
거실 한쪽에 2층에서 사용할 수 있는 작은 화장실을 배치해 동선의 편의를 고려했다.

135

1 호리병 형태의 대지를 따라 흐르는 콘크리트 벽체
2 1층 옥외 데크와 수영장이 서로 연결되어 있다.
3 연속된 벽체가 주진입 동선을 유도한다.
4 다용도로 활용 가능한 썬룸

5 2층 주출입구로 들어가기 위한 전이 공간
6 주방은 원경을 즐길 수 있는 노천탕과 이어진다.
7 주방 뒤쪽으로는 침실로 닿는 주계단이 있다.
8 유채꽃밭을 배경으로 사진을 남길 수 있는 장소

계획안

STAY 20

각기 다른 세 부분으로 나뉜 특별한 스테이

위치 : 제주 서귀포시 성산읍　　**지역지구** : 자연녹지지역

대지면적 : 1,130㎡　　**연면적** : 127.6㎡　　**규모** : 지상 1층 + 다락

소나무 군락이 있는 두 개의 동산 사이에 자리 잡은 대지. 멀리 성산일출봉이 보이는 뷰를 가지고 있고 도로에서부터 멀리 떨어져 있어 소음으로부터 자유로운 곳이다. 주변의 많은 소나무와 어우러지는 공간을 만들기 위해 건축물을 목구조로 만들어 구조체를 실내에 그대로 노출하였다. 실내 중앙에는 삼각형의 중정을 두었는데, 각기 다른 길이의 세 부분으로 구성되는 평면이 중정을 통해 더욱 다채로운 공간이 될 수 있도록 하기 위함이었다. 특히 중정의 상부 오픈 부분으로 유입되는 햇살이 높은 층고의 공간에 쏟아지며 극적인 공간감을 더욱 증폭시키며 밝고 따스한 실내 공간이 되게 해준다. 건축물의 단면은 이등변 삼각형의 형태를 취하고 있는데, 이를 통해 일반적인 벽과 지붕으로 구성된 집의 모습에서 탈피할 수 있었다. 원경의 뷰가 펼쳐지는 방향으로는 인피니티풀을 두어 언제든지 거실을 통해 수영장으로 나갈 수 있도록 했다. 남측 침실과 수영장 사이 외부 공간은 주방, 식당과 가까워 데크에서 자연을 즐기며 휴식을 취할 수 있는 멋진 장소가 된다.

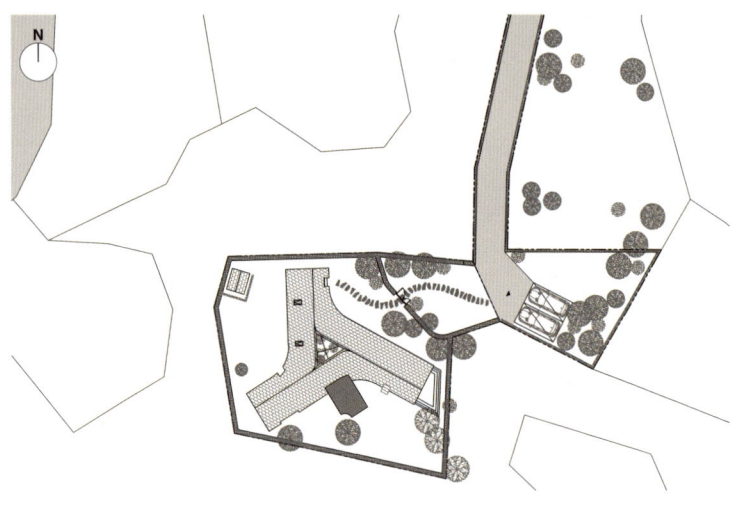

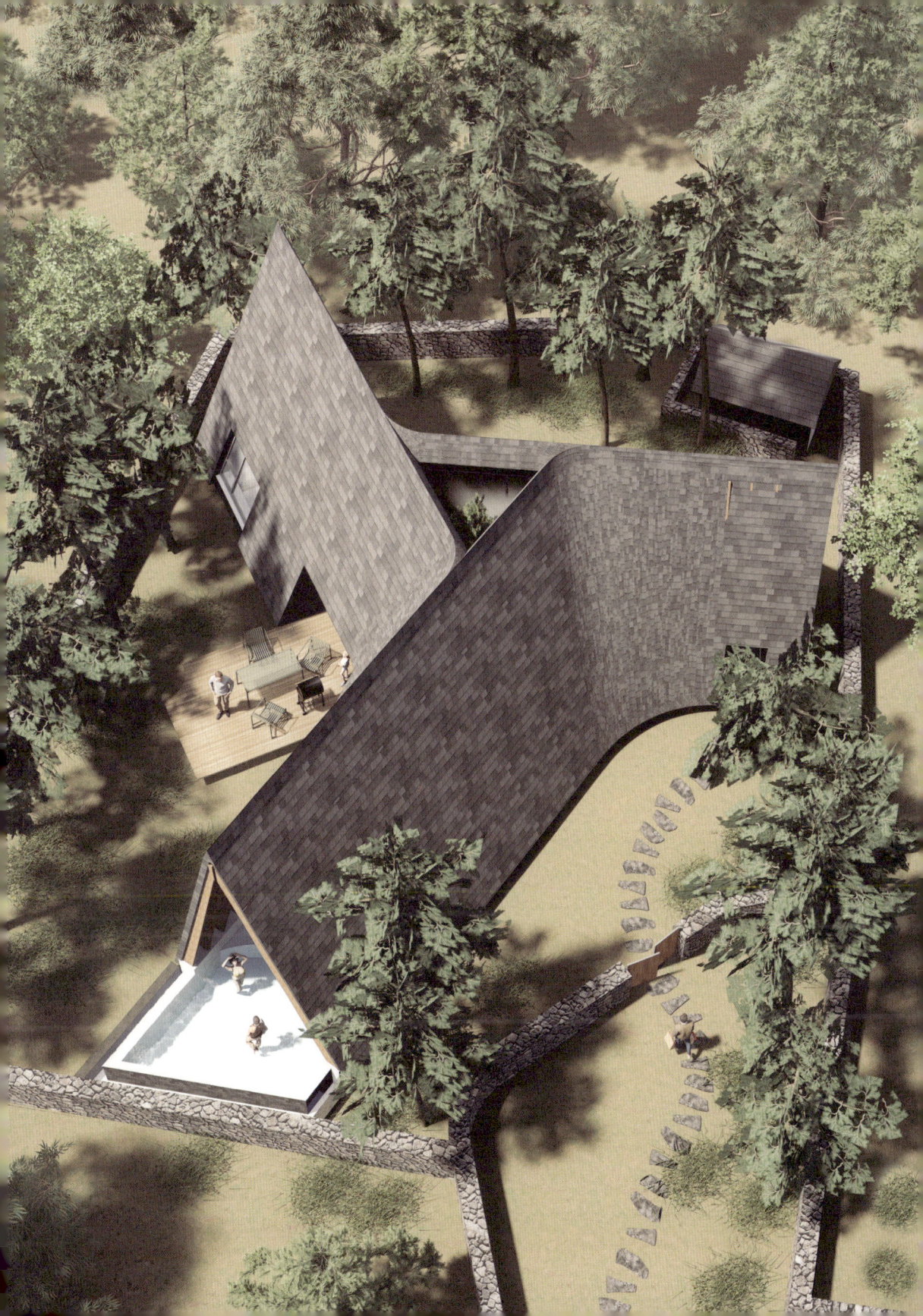

PLAN

1F 108.54m²   **ATTIC** 19.06m²

❶ 현관
입구에 벤치를 만들어 잠시 앉아 휴식을 취하거나 신발을 신을 때 이용할 수 있다.

❷ 주출입구
입구 쪽에서는 실내가 보이지 않도록 설계해 내부 공간에 대한 궁금증을 유발한다.

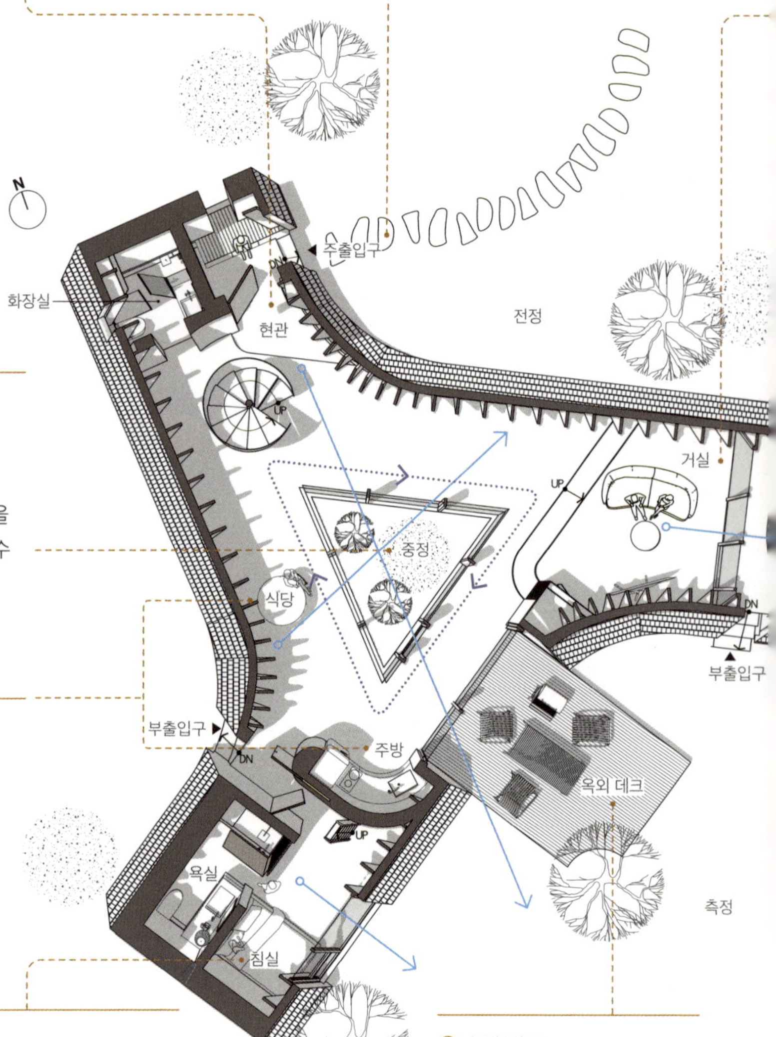

❸ 중정
이곳의 중심 공간인 삼각형 중정으로, 하늘로 열려 있어 공기 유통과 빛의 확산이 더욱 용이하며, 모든 실이 중정을 에워싸 시간에 따라 다른 뷰를 감상할 수 있다.

❹ 주방, 식당
중정과 옥외 데크에 면해 자연 속에서 식사하는 것과 같은 느낌이 든다.

❺ 침실
남측에 경사를 갖는 통창을 설치해 자연을 실내 가득 끌어들였다.

❻ 옥외 데크
수영장과 연결하여 물놀이 후 식사 등을 할 수 있도록 하였다.

KEY POINT
- 일반적인 주택에서 탈피한 다채로운 평면의 스테이
- 창호를 최소화하여 주변 타운하우스로부터의 시선 차단
- 어디에서든 마주할 수 있는 자연 풍경

❼ 거실
낮은 계단을 두어 주출입구와
공간 구분이 될 수 있게 했다.

❽ 수영장
인피니티풀로, 원경으로
성산일출봉이 펼쳐져 주변의
경치를 충분히 즐길 수 있다.

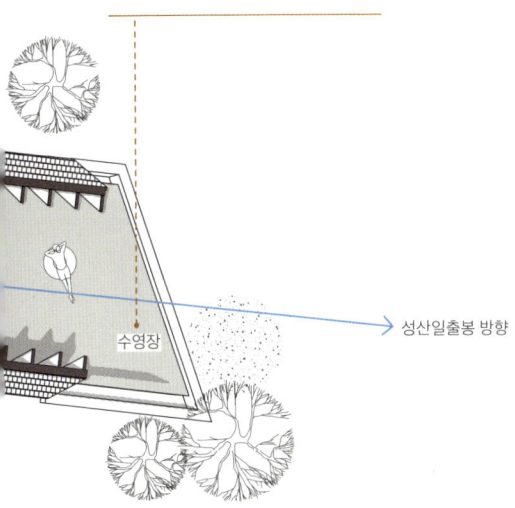

성산일출봉 방향

❾ 다용도 다락
침실 혹은 아이들이 좋아하는
게임을 할 수 있는 곳이다.

ATTIC

❿ 다락 침실
1층 침실과 연계된 공간으로,
가족 단위객을 위한 추가
공간으로 활용된다.

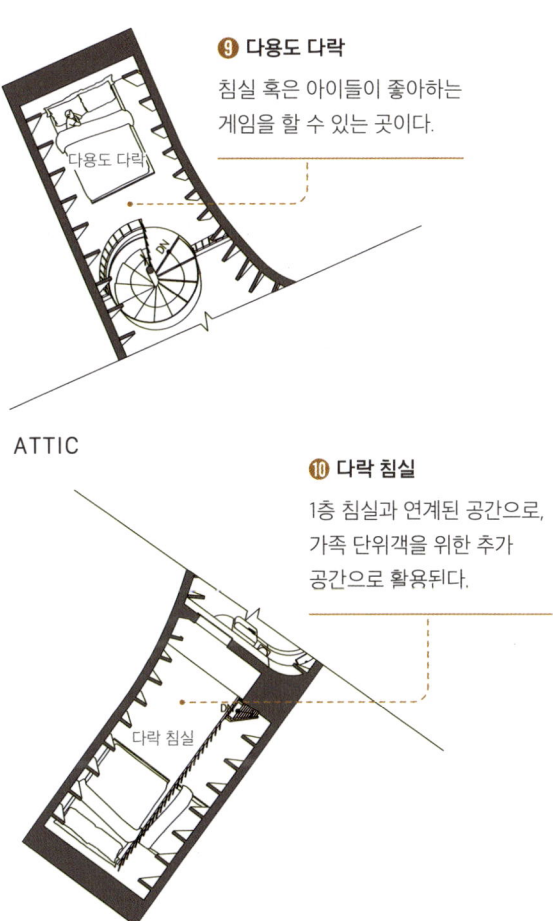

1 주변의 수려한 나무들과 어울리는 박공지붕   **2** 노천탕으로 확장된 목구조는 아늑한 공간감을 만든다.

3 높은 층고의 중정은 풍성한 개방감이 들게 한다.
4 중정을 면한 통창으로 통로가 답답하지 않다.
5 침실의 통창을 통해 주변 풍광을 감상할 수 있다.
6 지붕 아래 다락은 침실로 활용된다.

계획안
STAY 21

제주 바다의 풍광을 만끽할 수 있는 두 개의 스테이

위치 : 제주 제주시 구좌읍   **지역지구** : 계획관리구역, 자연취락지구
대지면적 : 291㎡   **연면적** : 126.07㎡   **규모** : 지상 1층

대지는 제주올레길20코스 길목에서 해안선에 다다르기 전, 바다 접해있는 좁고 긴 땅이다. 바다와 근접해 있는 곳이기에 창밖을 통해 제주 바다의 풍광을 만끽할 수 있는 매력적인 장소였다. 2개의 스테이로 구성된 이 건축물은 파도의 형상을 띤 연속된 지붕선으로 무척 독특한 입면을 하고 있다. 마을길을 따라 스테이에 다다르기 위한 여정도 여러 방향으로 만곡되어 유려한 곡면을 띤 지붕을 바라보며 다가서게 되는데, 각각의 스테이 공간에 들어서면 모든 실이 바다를 향해 있어 멋진 뷰와 개방감을 갖는다. 실내에서도 천장의 높이 값을 달리하며 실마다 각기 다른 공간감을 가지며, 지붕 하부 공간의 깊은 처마를 통해 외부에서 다양한 활동이 가능하도록 하였다. A동은 중앙의 실내 조경 공간을 중심으로 스튜디오 타입과 커플형으로 사용되고, B동은 별동을 포함한 객실 그리고 침실로도 사용할 수 있는 거실로 구성된 두 개의 공간으로 되어 있어 가족 혹은 두 커플이 묵기 적당하다. 생활가로와 정면으로 펼쳐지는 바다와의 관계는 깊은 처마가 드리워진 지붕 하부에서 유기적인 공간 구조를 갖게 한다. 외부 공간의 위치에 따른 마당 성격을 달리하여 이곳을 방문하는 사람들이 다양한 공간적인 경험을 할 수 있도록 하였다. ●

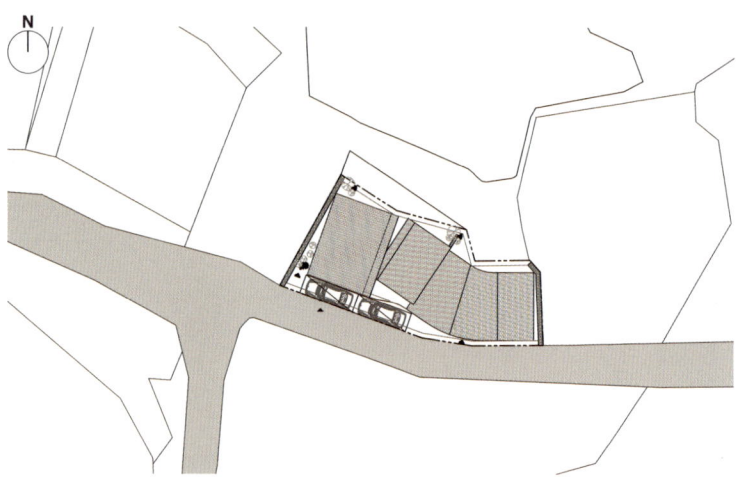

PLAN

1F 126.07m²

❶ 침실
침실과 외부 돌담 사이에는 음지식물과 지피식물을 식재하여 낮고 긴 창을 통해 자연을 실내로 끌어들였다.

❷ 주출입구
도로에 면한 주출입구는 안쪽으로 깊숙이 집어넣거나 틀어, 문이 열렸을 때 실내와 외부와의 시선 교차를 최소화했다.

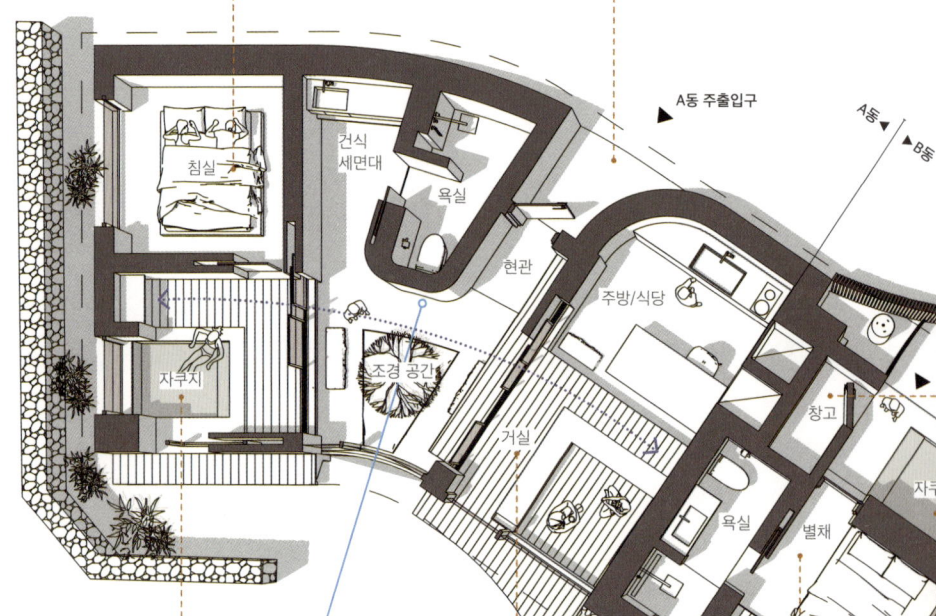

❸ 자쿠지
큰 슬라이딩 도어를 설치해 야외 공간처럼 활용 가능하다. 자쿠지 앞쪽에는 외기에 면해 편안히 앉을 수 있는 툇마루를 두고 정면에는 낮은 돌담을 쌓아 아늑한 느낌의 공간이 되게 하였다.

❹ 거실
평상처럼 별도의 가구가 없는 공간으로 만들고 단차를 이용해 의자로도 사용하게 해주었다. 한쪽 벽면에 둔 프로젝터 덕분에 어디서든 영화를 볼 수 있다. 슬라이딩 포켓 도어를 열면 모든 공간이 서로 소통할 수 있다.

❺ 별채
외부 툇마루가 실내로 연장되어 차를 마시거나 걸터앉을 수 있는 편안한 좌식 공간이 된다.

KEY POINT
- 숙박객에 따라 구성한 2개의 스테이
- 스테이임을 고려해 디자인한 연속된 지붕선의 독특한 외관
- 실내 어디에서든 마주할 수 있는 자연 풍경

제주 그술

❻ 창고
스테이에는 집기나 소모품들을 적치하고 보관할 수 있는 별도의 창고를 적재적소에 계획해 주면 편리하다.

❼ 자쿠지
독립된 후정을 가지는 자쿠지로, 야외 온수욕을 즐기면서 자연을 마주할 수 있다.

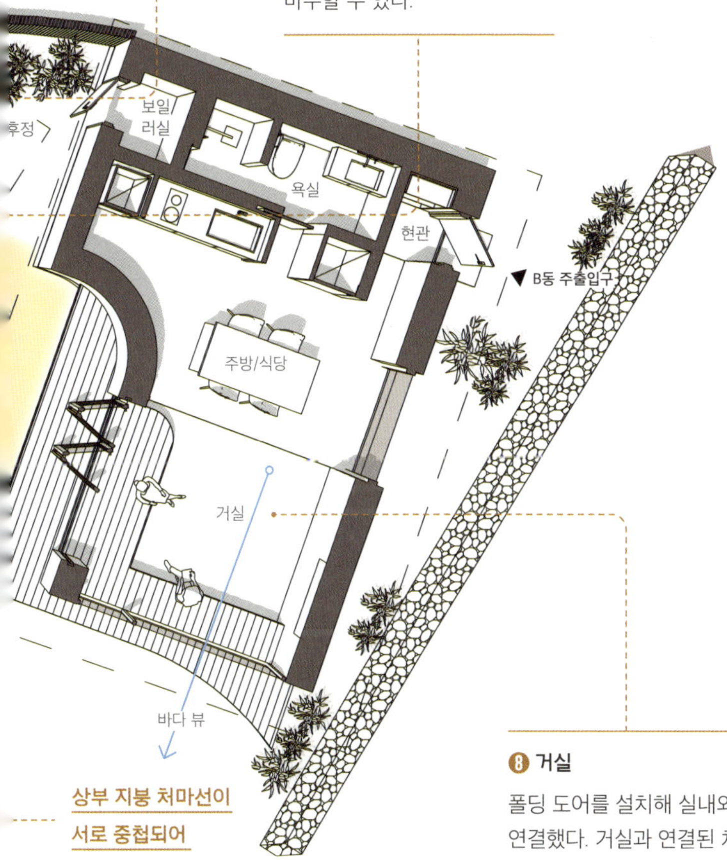

후정
보일러실
욕실
현관
▼ B동 주출입구
주방/식당
거실
바다 뷰

상부 지붕 처마선이 서로 중첩되어 만들어내는 틈

❽ 거실
폴딩 도어를 설치해 실내외를 유기적으로 연결했다. 거실과 연결된 처마 아래의 툇마루에서는 외부 활동을 다양하게 할 수 있다.

147

1 실내에 적용된 외부에 있을 법한 조경 요소는 천창을 통해 들어오는 빛과 함께 독특한 공간감을 만든다.

2 바다를 향해 열린 정면에는 툇마루를 놓았다.
3 거실의 바닥 높낮이를 이용한 툇마루는 가구의 역할을 한다.
4 건물 사이의 프라이빗한 공간에는 노천탕을 배치하였다.

5 생활가로에서의 시선 차단을 위해 높은 띠창을 두었다.
6 좌식인 침실에는 눈높이를 맞춘 낮은 창을 설치했다.

계획안 STAY 22

차별화된 경험을 선사하는
3채의 새로운 숙박 공간

위치 : 제주 제주시 한경면	**지역지구** : 계획관리지역, 자연취락지구	
대지면적 : 1,710㎡	**연면적** : 229.27㎡	**규모** : 지상 1층

수려한 자연 환경을 가지지 못하고 도로변에 위치한 대지는 근처 창고 건축물과 잘 정리되어 있지 않은 민가들이 서로 뒤엉켜 있는 곳이다. 도로에서 발생하는 소음과 주변으로의 시선을 차단하기 위해 각기 다른 크기의 가족형, 커플형의 독채 스테이를 배치해 군락을 만들었다. 건축물 사이에는 접근로를 두고 자연스럽게 건물에 의해 주변의 나쁜 경관을 가릴 수 있도록 하였다. 일정 높이의 콘크리트 담과 구운 대나무담이 어우러져 물방울 형태의 평면이 만들어졌고, 내부화된 공간에 제주의 색채를 담으려고 하였다. 너른 수영장과 제주 자연을 담아낸 멋진 공간을 담은 집, 주방을 중앙에 놓고 소통 공간의 개념을 둔 집 그리고 커플을 위해 작은 자쿠지와 영화관을 둔 집을 통해 각기 다른 공간적 성격과 공간감을 부여하였다. 외형적으로는 비슷한 형태를 취하지만, 다채로운 실내 디자인을 더한 것은 한 번 방문한 사람이 재방문할 수 있도록 한 전략 중 하나였다. 건축물들의 사이사이 공간에서는 곡면의 벽들이 서로 중첩되어 주변 풍광과 함께 아름다운 장소를 만들고 기억되게 한다. 드문드문 설치된 벤치에 앉아 사진을 찍기도 하고, 그 길을 통해 각각의 공간으로 찾아가기 위한 여정을 즐길 수 있다.

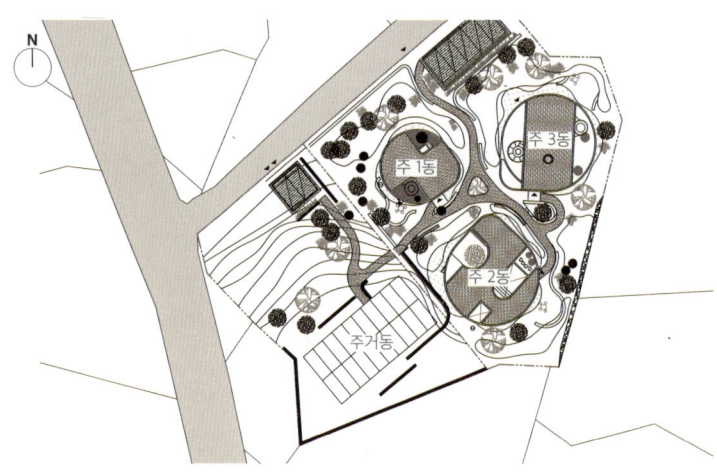

PLAN

1동 91.67m²   **2동** 84.3m²   **3동** 53.3m²

❶ 중정
구운 대나무담과 돌담이 함께 어우러진 중정은 대나무담 사이로 햇빛이 스며들고 바람의 드나듦이 자유롭다. 중정 옆으로 주방에서 직출입 가능한 파이어플레이스를 배치했다.

❷ 침실
침대 앞에 중정을 향한 낮은 창을 설치해 커튼을 걷으면 조경이 바로 눈에 담긴다.

❸ 식당
붙박이장 사이 벤치는 수납공간을 확보하면서도 의자의 역할을 한다.

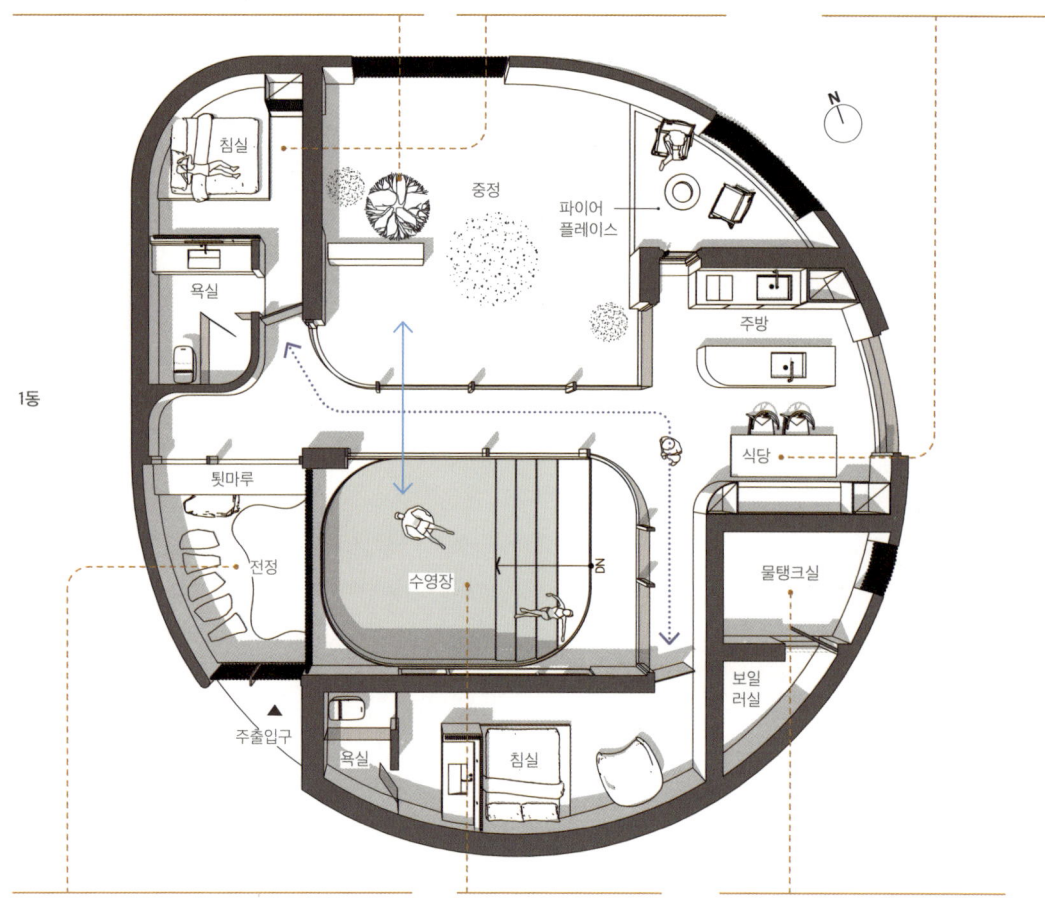

❹ 전정
출입구의 마당은 실내로 들어가기 위한 전이 공간으로, 비를 맞지 않는 툇마루가 구성되어 전통적인 인상을 준다. 전정에서 곡면의 벽을 따라 실내로 꺾어 들어오면 중정과 수영장, 식당 위로 보이는 낮고 넓은 통창으로 제주의 자연적인 요소가 한눈에 들어온다.

❺ 수영장
하늘로 열려 있어 자연을 바라보며 휴식을 취할 수 있다. 실내 어느 곳에서도 접근이 가능한 아늑한 장소다.

❻ 물탱크실
일정 규모 이상의 수영장을 설치할 때는 물탱크를 설치할 수 있는 별도의 공간을 반드시 고려해야만 한다. 수영장의 필수요소인 자동정화장치를 위한 설비실은 꼭 필요하다.

1 유선형의 벽과 조경이 어우러진 중앙 통로
2 완벽히 개방된 통로를 통해 시선이 확장된다.
3 곡면 벽이 실내로 주출입 동선을 이끈다.
4 포켓 벤치로 협소한 주방을 효율적으로 사용할 수 있다.
5 낮은 벽체는 공간을 구분해 주면서 답답한 느낌이 들지 않게 한다.

KEY POINT
- 각기 다른 디자인을 가진 세 채의 스테이
- 프라이버시를 지키면서 온전한 휴식을 누릴 수 있는 공간 구성
- 자연을 가까이 둔 전용 수영장과 자쿠지

❶ 욕실
중정으로 향한 통창은 독특한 분위기의 욕실을 만든다.

❷ 수납공간
욕실 옆으로 손님들의 옷과 짐을 수납할 수 있는 공간을 별도로 두었다.

❸ 주출입구
주출입구를 들어서면 곡면의 벽을 통해 실내 공간으로 자연스럽게 시선이 확장된다.

❹ 침실 1
천창이 있는 둥근 형태의 침실에서는 누워서 하늘을 볼 수 있다.

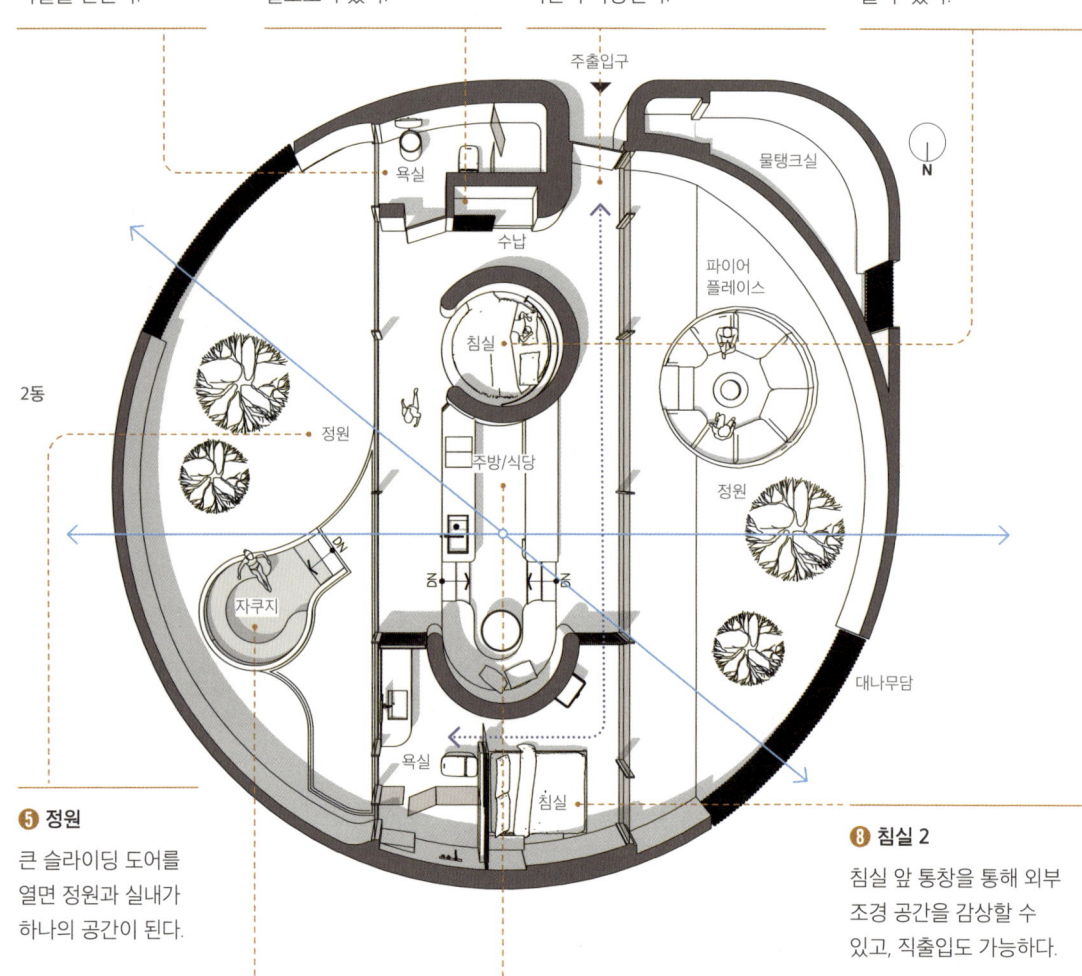

❺ 정원
큰 슬라이딩 도어를 열면 정원과 실내가 하나의 공간이 된다.

❻ 자쿠지
옥외에 둔 자쿠지에서는 방문객이 프라이빗하게 휴식을 즐기며 정원 풍광을 바라볼 수 있다.

❼ 주방, 식당
공간의 중심에 주방과 식당을 두어 가족 혹은 연인과 함께 음식을 만들어 먹으며 대화하고, 앞뒤로 펼쳐진 두 개의 중정을 마주할 수 있게 했다.

❽ 침실 2
침실 앞 통창을 통해 외부 조경 공간을 감상할 수 있고, 직출입도 가능하다.

6 선큰 노천탕은 남다른 안락함을 준다.
7 유지 관리가 쉬운 에탄올 연료를 이용한 휴게 공간
8 선큰 주방은 양쪽 정원으로의 시선을 가리지 않는다.
9 패브릭을 이용하여 침실을 구획하였다.
10 프라이빗 정원을 향해 개방된 욕실

❶ 거실(영화관)

거실은 선큰 형태로 만들어 가구에 의해 시선이 방해되지 않고 아늑하다. 스크린에 영화나 영상을 띄워놓으면 실내외 어느 곳에서도 감상이 가능한 영화관이 된다.

❷ 주방, 식당

실내에 있지만, 슬라이딩 통창으로 옥외 공간과 소통이 자유롭다.

❸ 옥외 휴게 공간

주방과 연계하여 외부 바비큐 공간을 두었다. 작은 면적이지만, 두 개의 옥외 공간 덕분에 시야의 막힘이 없어 답답하지 않고 트인 느낌이 든다.

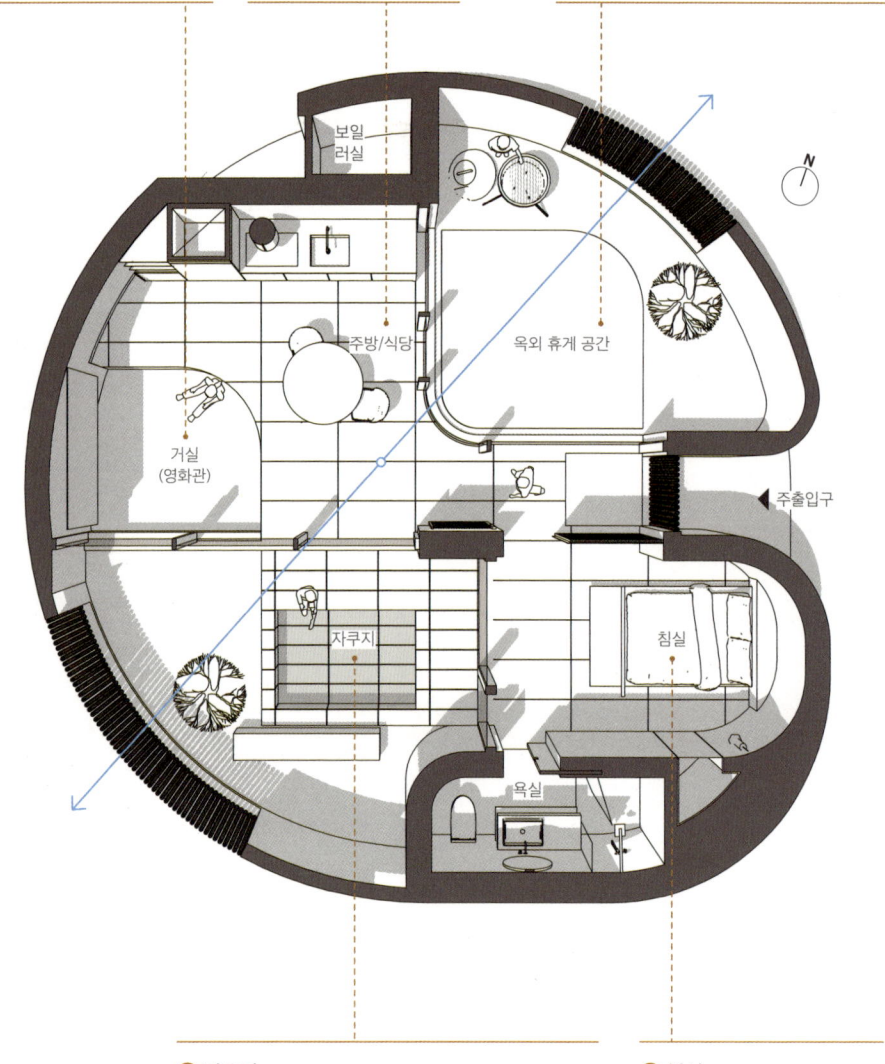

3동

❹ 자쿠지

조경과 어우러지는 옥외 자쿠지. 루버 도어를 열면 침실과 자쿠지가 하나의 공간으로 이어진다.

❺ 침실

침실 앞 통창은 공간 속 시원한 개방감을 준다.

11 작지만, 개방된 창호를 이용해 답답하지 않다.
12 선큰 거실은 별도의 가구를 두지 않아도 된다.
13 루버 도어는 유연한 공간 분리가 가능하다.
14 침실 옆 욕실과 연계하여 노천탕을 두었다.
15 구운 대나무 간살 벽은 채광과 통풍이 수월하다.

계획안

STAY 23

바다를 관망할 수 있는 아담한 전망대를 가진 스테이

위치 : 제주 제주시 한경면　　**지역지구** : 계획관리지역, 자연취락지구

대지면적 : 942㎡　　**연면적** : 158.19㎡　　**규모** : 지상 2층

북쪽으로는 행원리 바다가 멀리 보이고 남쪽으로는 널개오름 뷰를 가지고 있는 대지에 계획된 스테이다. 300평 정도의 여유 있는 땅이었기 때문에 낮으면서도 넓게 마당을 보듬으며 외부 공간을 적극적으로 활용할 수 있게 했다. 원경으로 펼쳐지는 바다와 오름을 관망할 수 있는 전망대를 두어 멀리서도 스테이에 대한 인지성을 부여하면서 독특한 경험을 할 수 있는 공간을 만들었다. 주변 대지보다 약 1.1m 낮은 곳에 1층 바닥을 두어 좀 더 아늑한 느낌을 주고, 이곳에 머무는 사람과 자연과의 관계를 더욱 긴밀하도록 하였다. 주출입구는 1.1m의 높이차를 극복하는 길고 편안한 슬로프를 통해 만곡된 선형을 그리며 진입하게 되는데, 실내로 들어가기 위한 점층적 시퀀스와 완충 공간적인 성격이 나타난다. 실내에서는 전망대와 함께 하늘로 열린 중정을 바라보면서 외부에서는 느껴지지 못한 개방감을 경험할 수 있다. 스테이의 특성상 외부로부터의 시선은 최대한 차단하고 내부화된 공간을 만들어 자연을 다공성의 공간에 품어낸다. 가족 단위의 객들에게 맞는 규모로, 두 개의 침실로 구성하고 명상 공간을 비롯해 너른 온수풀을 배치하여 다채로운 휴식 공간이 될 수 있게 하였다.

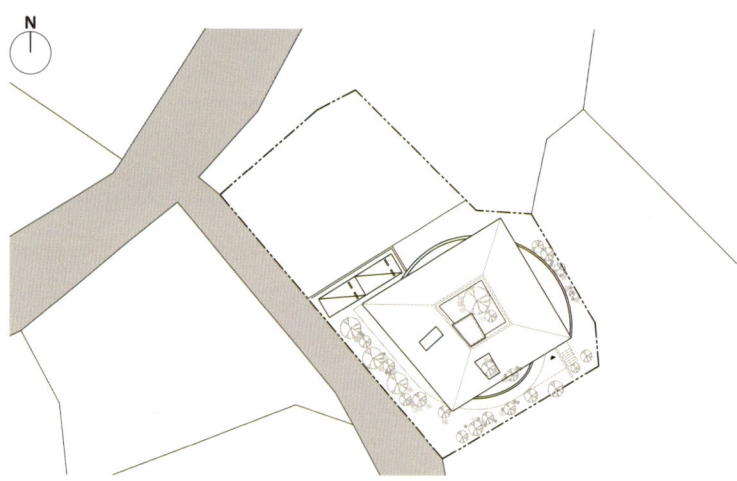

PLAN

1F 158.19m²   2F 5.34m²

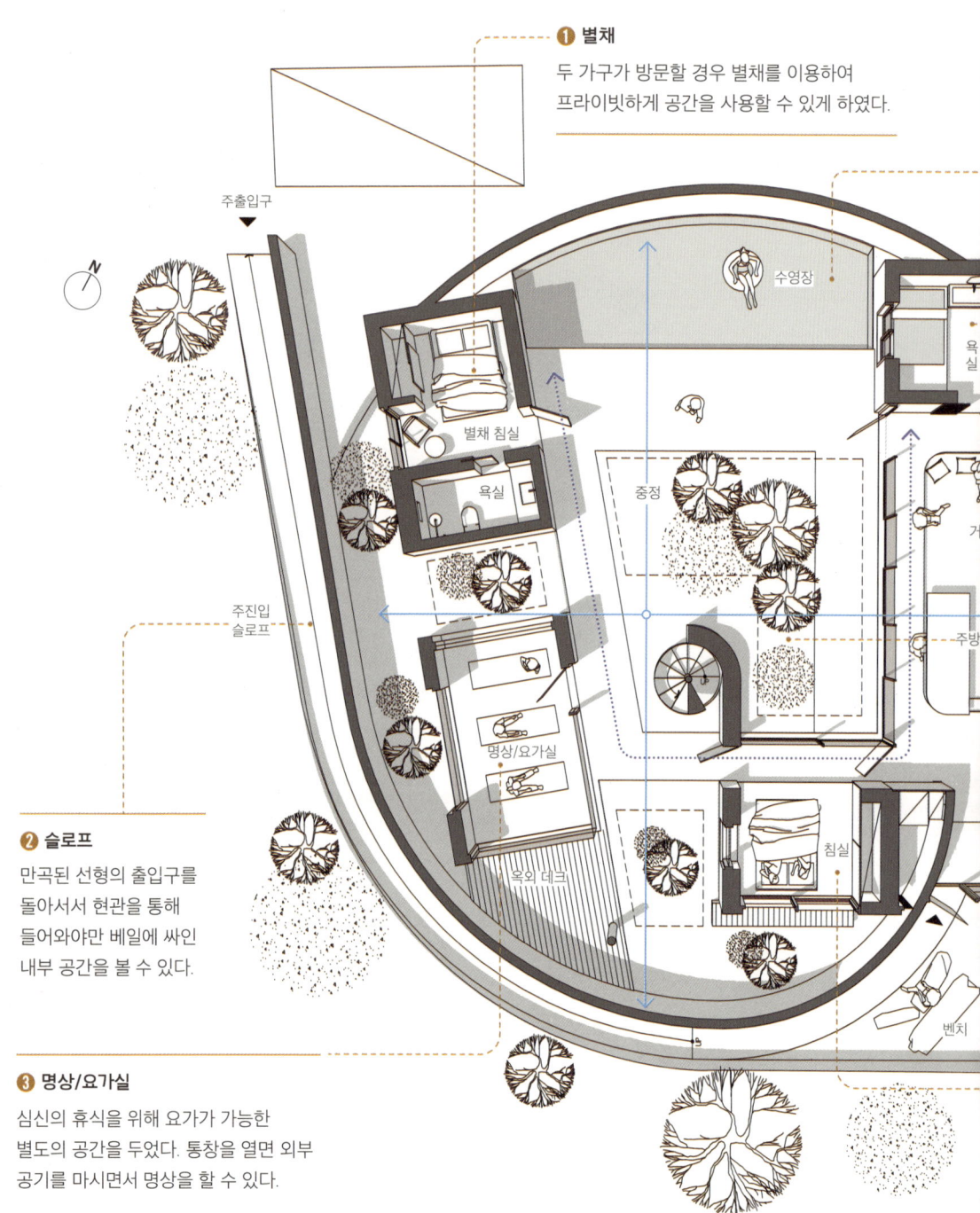

❶ 별채
두 가구가 방문할 경우 별채를 이용하여 프라이빗하게 공간을 사용할 수 있게 하였다.

❷ 슬로프
만곡된 선형의 출입구를 돌아서 현관을 통해 들어와야만 베일에 싸인 내부 공간을 볼 수 있다.

❸ 명상/요가실
심신의 휴식을 위해 요가가 가능한 별도의 공간을 두었다. 통창을 열면 외부 공기를 마시면서 명상을 할 수 있다.

KEY POINT

- 멀리서도 눈에 띄는 특징적인 전망대
- 실내 공간과 긴밀하게 연결되어 다양한 옥외 활동이 가능한 처마 하부 공간
- 전망대와 대조를 이루면서 건축물의 전체적인 입면이 대지에 안착되는 이미지

제주 맛포리 스테이

④ 수영장
지붕의 일부 틈을 통해 쏟아지는 햇살이 수영장을 비춰 윤슬을 만들어낸다.

⑤ 욕실
수영장과 가깝게 배치해 수영 후 온수욕을 즐기거나 몸을 씻고 실내로 들어올 수 있게 하였다.

⑥ 거실
선큰 형태의 거실은 가구가 들어가는 거실보다 좀 더 넓게 공간을 쓰면서 다용도로 활용할 수 있다.

2F

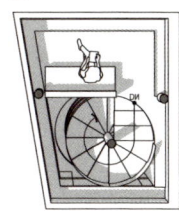

⑦ 중정
지붕의 오픈 부위를 통해 들어온 빛이 중정을 비롯한 내부 곳곳을 밝게 만든다.

⑨ 전망대
약 2.5개 층 높이의 나선형 계단을 오르면 주변을 모두 관망할 수 있는 아늑한 공간에 다다르게 된다. 이곳에서 다과를 즐기기도 하고 차를 마시기도 하며 연인과 오붓한 시간을 보내는 공간이 되기도 한다.

⑧ 침실
침실은 계단 하나 정도의 단차를 두어 공간과 통로를 구분시켰다.

1 대지의 높이 차이를 이용한 입면 계획으로, 나지막하고 편안한 인상을 준다.

2 모든 공간이 처마 아래에서 서로 시선 교차가 될 수 있게 했다.
3 만곡된 주출입 동선을 따라 건축물의 시퀀스가 시작된다.
4 명상과 요가를 위한 공간은 별동으로 계획하였다.
5 전망대는 나선형 계단을 통해 외부에서 오를 수 있다.

계획안

STAY 24

멋진 뷰와 인피니티풀을 갖춘 삼각 형태의 스테이

위치 : 경기 가평군 조종면 **지역지구** : 보존관리지역
대지면적 : 1,255㎡ **연면적** : 130.08㎡ **규모** : 지상 2층

서울로부터 접근이 수월하고 북한강 지류인 계곡에 면해 있는 곳에 자리하게 될 스테이다. 안골유원지가 한눈에 펼쳐지고 만곡된 하천이 아름답게 대지를 휘감아 돌아간다. 대지 바로 앞 도로로부터 약 2m 이상의 석축에 의해 높은 단차를 가지고 있는 땅이기 때문에 건축물을 필로티로 띄워 주변 어느 곳에서도 시선의 간섭을 받지 않을 수 있게 했다. 하나의 건축물로 계획되어 있지만, 독특한 형태를 띠고 있는 두 개의 매스가 서로 그 높이 값을 달리하며 대지에 자연스럽게 안착된다. 정면성이 무척 강한 대지라 실내 모든 공간에서 정면의 멋진 뷰를 감상할 수 있게 삼각형의 평면 형상을 취하고, 정면을 시원하게 열어 극적인 개방감을 갖게 하였다. 1층은 각각의 출입구와 객실로 구성되는데, 깊은 캐노피에 의해 2층의 매스가 더욱 부각된다. 유지 관리를 위한 공간과 수영장 설비가 들어가는 공간을 중앙에 배치해 1층에서 두 객실의 동선과 시선의 교차를 최소화했다. 1층에서 2층으로 천창이 있는 나선형 계단에 오르면 스튜디오 타입의 거실과 주방, 침실이 나타난다. 전면의 통창 앞에는 삼각형 형태의 인피니티풀을 두어 실내 어느 곳에서도 쉽게 수영장에 접근할 수 있다. 개방감이 좋지만, 주변의 시선으로부터 자유로워질 수 있어 명상을 즐기거나 온전한 휴식이 가능하다. ●

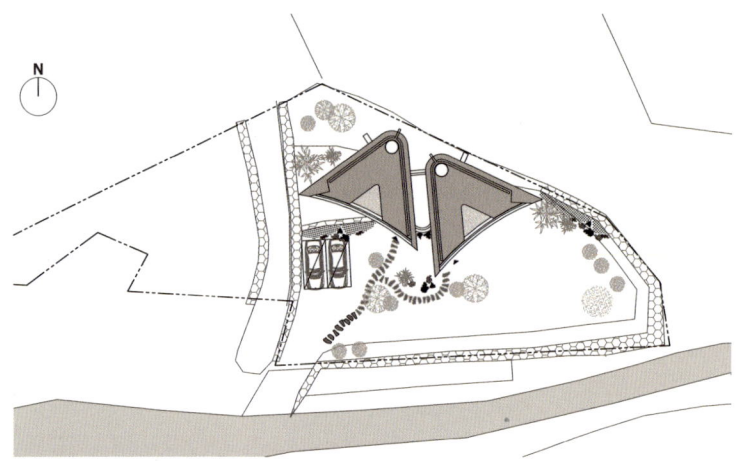

PLAN

1F 62.28m²   2F 67.80m²

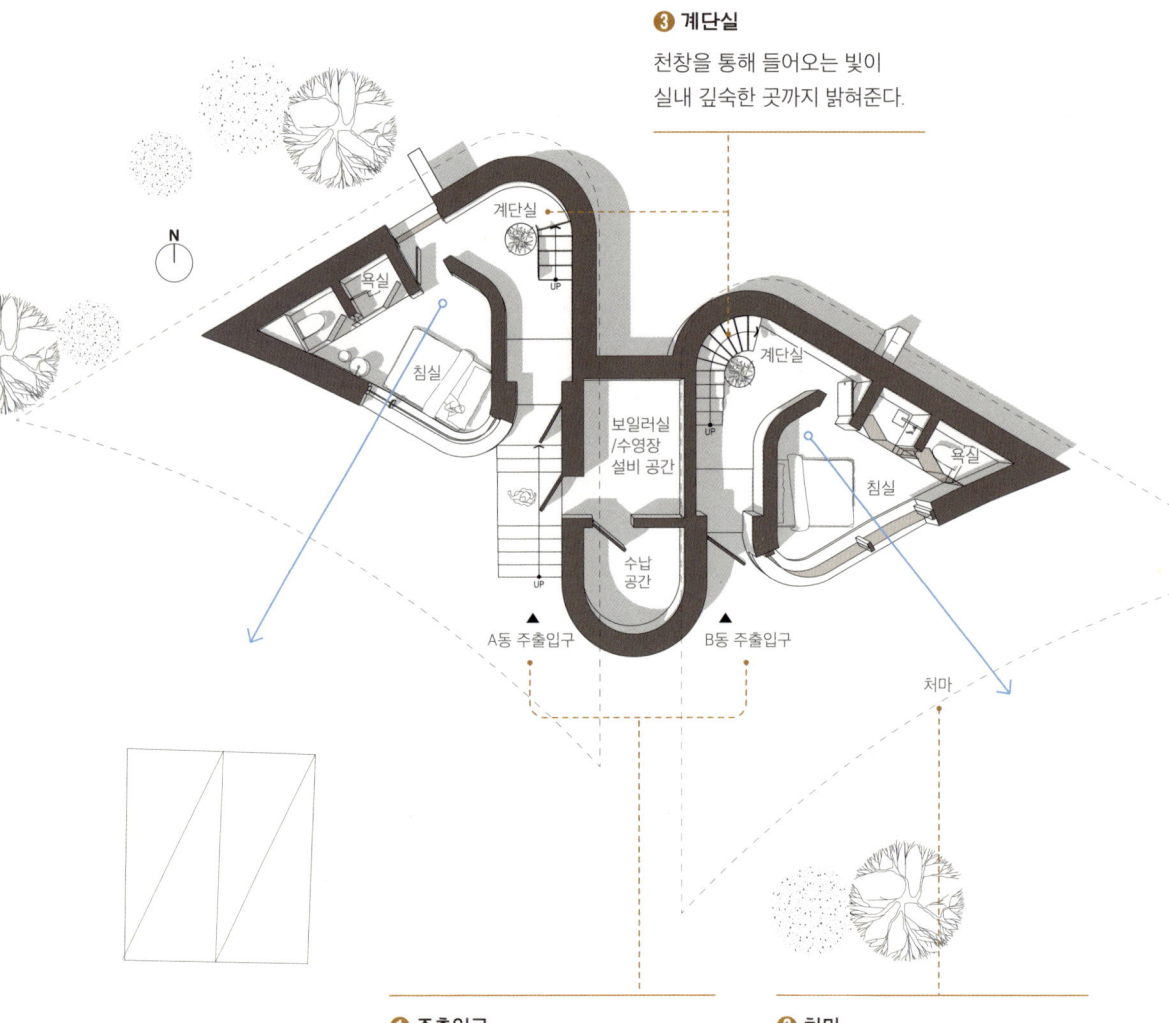

❸ 계단실
천창을 통해 들어오는 빛이 실내 깊숙한 곳까지 밝혀준다.

❶ 주출입구
정면으로 돌출된 수납공간과 설비 공간에 의해 A동, B동 각 출입구의 시선이 간섭되지 않도록 하였다.

❷ 처마
깊은 처마 하부에서는 비를 맞지 않는 곳에서 여유롭게 외부 활동이나 바베큐를 즐길 수 있다.

KEY POINT
- 대칭형으로 이뤄진 두 동의 스테이
- 깊은 처마와 독특한 형태로 눈길을 끄는 외관
- 전면 뷰를 극대화하고 외부와의 연계를 수월하게 하는 삼각 형태의 평면
- 간섭받지 않고 편안한 휴식을 취할 수 있는 공간

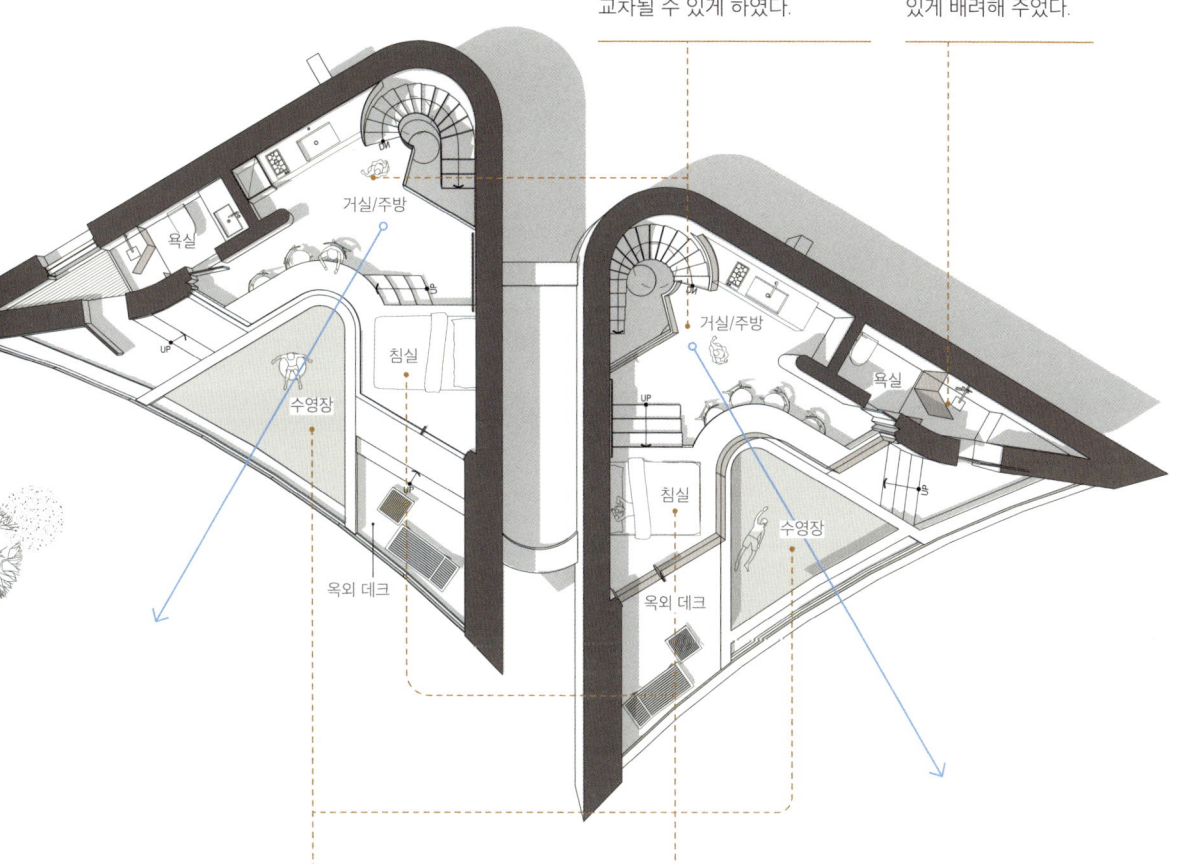

❹ 거실, 주방
식탁 및 테이블로 활용하는 공간의 높이를 온수풀과 같게 해 각각의 공간에서 서로 시선이 교차될 수 있게 하였다.

❺ 욕실
수영장에서 물놀이를 즐기고 바로 욕실로 진입하여 샤워할 수 있게 배려해 주었다.

❻ 수영장
각 실에는 수영하며 경치를 감상하기 좋은 인피니티 온수풀을 두었다. 평면과 같은 삼각형 모양으로 전면을 향한 뷰를 더욱 극대화시켰다.

❼ 침실
발코니 최외곽으로부터 깊이 배치해 프라이버시가 더욱 확보될 수 있도록 하였다. 남측으로부터 햇살이 쏟아지면 수공간에 반사된 윤슬이 천장을 아름답게 수놓는다.

1 프라이버시를 위해 중앙에 관리동을 두어 서로 유격하였다.
2 좌식인 침실은 낮은 창으로 개방감을 확보했다.
3 깊은 처마가 있는 외부 공간은 다용도로 활용된다.
4 높이차를 이용하여 다채로운 야외 공간을 만들었다.

5 천창이 있는 나선형 계단을 통해 2층으로 연결된다.
6 침실은 수영장과 맞닿아 배치되었다.

7 아름다운 주변 전경이 펼쳐지는 옥외 수영장
8 바닥 단차로 전면창에 워케이션 공간을 두었다.

TIP 2

스테이 건축을 위한 디자인 노하우

스테이 공간은 집과 유사성을 띠고 있지만, 일상을 담아내는 집과는 사뭇 다른 공간의 성격을 가져야 한다. 휴식과 여가를 위한 공간이기도 하지만, 이용자가 새로운 경험을 하게 하고 다시 방문하고 싶게 하는 매력을 반드시 줘야 한다. 입실 후 퇴실 시간까지 하루라는 시간을 오롯이 스테이를 체험하고 즐기고 머물기 위해 필요한 스테이 건축의 디자인 노하우를 담았다.

❶ 외부 디자인

독특하고 예상치 못한 건축 디자인은 사람들의 관심을 불러일으키며 공간에 대한 호기심을 자극한다. 일반 건축물에서 보이지 않는 조형성, 기하학적 형태를 이용하거나 특별한 입면 소재를 통해 공간에 대한 기대감을 유도할 수 있다. 개성 있는 공간은 숙박객들에게 기억에 남는 경험을 제공함으로써 긍정적인 구전 마케팅으로 이어져 스테이 홍보에도 도움을 준다.

↓ 스테이 트믐 : 기하학적 조형성을 가진 입면이 내부에 대한 궁금증을 자아낸다. 지붕 처마를 대지 경계의 낮은 돌담 높이까지 늘어뜨려 주변 시선이 실내에 닿지 않도록 했는데, 프라이버시를 확보하려는 의도가 대지 위에 부유하는 거대한 삼각형 입면 형태를 만들었다.

→ 스테이 로오우 : 해변도로 앞, 하늘과 바다를 향해 곧게 뻗은 강한 인상의 콘크리트 덩어리를 마주하게 된다. 이 스테이는 상징적인 주출입구를 통해 방문객이 푸른 앞바다를 바라볼 수 있는 극적인 경험을 유도했다. 객실로 찾아가는 여정 안에서 공간의 완급을 조율하는 요소로도 작동한다.

↑ 스테이 청수곶 : 제주 독특한 자연 요소인 곶자왈을 공간 개념으로 풀어냈다. 원경으로 펼쳐지는 곶자왈을 건축 공간 곳곳에 담아내고 다공성의 공간을 통해 빛과 바람 그리고 하늘을 담았다. 지붕 위로 융기된 두 개의 덩어리는 제주 어느 곳에서나 볼 수 있는 제주석의 이미지이자 상징적인 건축물의 형태를 만든다.

↑↑ 삼달오름 : 오름의 형상과 개념을 공간화하여 한쪽이 트인 비정형의 둥근 건축물 형태로 구현하였다. 용마루의 높이를 달리하여 요동치는 지붕선은 서까래의 도열과 함께 다채로운 공간감을 끌어낸다.

❷ 유연한 공간 구조

스테이에는 반드시 문이 필요한 공간이 아니라면 그 구획을 최소화하는 게 좋다. 문이 없는 공간들은 연속된 공간감을 통해 좁은 공간의 확장성을 확보해 줄 수 있고 외부와의 관계를 더욱 긴밀하게 만든다.

↓ 의귀소담 : 건축물에 사용되는 재료가 안과 밖의 공간을 관통하여 그 경계를 흐린다. 개방적인 중정과 외부에서 실내로 관입된 돌담, 바닥에 매립된 창호 프레임, 입면에 노출된 서까래의 연속된 흐름 등 다양한 건축적 장치를 통해 수려한 주변 자연과의 관계와 공간의 유연성을 확보했다.

↙ 삼달오름 : 만곡된 평면의 형태는 중정을 더욱 아늑하게 만들고, 중정을 둘러싼 건축 공간과 외부 데크, 통창으로 실내외가 서로 긴밀하게 연결된다.

↘ 북촌 리맴버 : 폐쇄적인 제주돌집을 리모델링한 스테이로, 폴딩 도어를 이용하여 식당 및 외부 데크를 적극적으로 마당과 연결하였다.

❸ 침실의 최소화, 공용 공간의 최대화

제한된 면적 안에서 다채로운 공간 활용을 위해 침실 공간은 최소의 면적으로 계획하는 것이 좋다. 잠을 자는 공간을 최소화함으로써 침실에는 아늑함과 포근함을 줄 수 있고 오히려 공용 공간인 거실과 주방 공간의 면적을 넓게 하여 개방감과 공간 활용성을 높일 수 있다.

↑ 흥해랑 : 좁은 공간을 더욱 활용도 있게 만들 방법은 침실의 크기를 최소화하고 다용도(단차이를 이용한 벤치 등)로 사용하는 것이다. 또한, 문으로 공간을 구획하는 방법보다 패브릭을 이용하면 공간의 효율성 및 개방감을 동시에 가질 수 있다.

↑↑ 월정담 : 돌집을 리모델링한 스테이로, 침실을 목조의 구조미를 느낄 수 있는 최소한의 공간에 마련하고 아치 형태의 출입구를 둔 포켓 공간을 활용하여 확장된 느낌을 주었다.

❹ 독채형 스테이

완벽한 프라이버시 확보는 스테이 건축에 있어서 필수 요소이다. 일반적인 숙박시설에서 경험하지 못하는 개별 마당과 테라스를 통해 편안함과 자유로운 활동이 보장될 수 있기 때문이다. 특히 반려동물을 동반한 이용자나 가족 단위의 객들로부터 발생할 수 있는 소음과 간섭에서 벗어날 수 있도록 작은 면적에서도 독채형으로 계획하는 것이 좋다. 독채 사이 외부 공간은 조경 요소와 함께 다양한 체험 공간으로 활용되기도 한다.

> 올라운드원 : 20, 30대를 겨냥하여 독특하고 밝은 이미지의 공간으로 디자인한 스테이, 평균 약 15평의 작은 공간이지만, 객실형 타입이 아닌 완벽한 독채형 공간으로 만들어 예약률을 높였다. 완벽한 프라이버시를 확보하고 각기 다른 콘셉트로 꾸며 재방문율 또한 상승한 곳이다.

❺ 비일상의 공간

스테이는 일상의 틀에서 벗어나 새로운 경험을 하고 재충전을 위한 특별한 공간이다. 특히 다양한 감각을 자극하는 요소를 통해 기억에 남는 경험을 할 수 있도록 해야 한다. 일부 공간에 스토리나 테마를 부여하면 이곳에 묵는 사람들로 하여금 공간에 대한 몰입감을 줄 수 있다.

- 의귀소담 : 온두막이라 불리는 이곳은 주변의 경관을 즐길 수 있는 전망대의 역할을 하면서 프라이빗한 공간을 제공한다.
- 더스테어 : 서로 엇갈리게 배치된 3개의 독채형 스테이인데, 중앙의 스테이 지붕에 조성된 계단에 오르면 원경으로 펼쳐지는 바다를 바라볼 수 있다. 날씨가 좋은 날에는 계단 중간의 평상에 앉아 휴식을 취하기 좋다.

❻ 키즈 스테이

가족 단위의 객들이 많이 찾는 스테이 중 가장 인기 있는 곳은 단연코 키즈 스테이다. 키즈 스테이는 어린아이들의 즐거움과 교육적인 경험을 제공하면서도 안전을 최우선으로 고려해야 한다. 특히 놀이시설과 수영장의 경우 항상 어른의 시선에 모든 공간이 닿아 있을 수 있도록 개방적인 공간을 갖는 것이 중요하다. 내부에 설치된 공간들에는 부드럽게 모서리 처리가 될 수 있도록 유선형의 공간들을 적용하고, 아이들의 흥미를 유발할 수 있는 독특한 장소에 대한 고려도 있어야 한다.

▲ 스테이 아이 : 유선형의 공간을 따라 만들어진 미끄럼틀과 주방과 연계된 모래 놀이터. 키즈 스테이는 아이들의 행동과 안전에 대한 심도 있는 이해도가 반영되어야 한다. 특히 부모가 모든 공간에서 아이들의 행동을 관찰할 수 있도록 전반적으로 개방적인 구조를 가진다.

❼ 자연 소재의 활용

스테이 건축의 입면 소재는 건축물의 첫인상을 결정한다. 자연 소재를 활용하면 더욱 편안하고 안정적인 분위기를 조성할 수 있는데, 특이한 질감과 아름다운 패턴을 가진 대나무나 적삼목과 같은 소재는 미적 효과뿐만 아니라 지역의 특성 및 주변 환경과의 조화를 끌어낼 수 있다. 다만 인공 소재보다 내구성과 습기에 취약할 수 있으므로 탄화 혹은 방부 처리를 통해 내구성을 확보하고 정기적인 유지 관리가 요구된다.

↓ 의귀소담 : 습기가 많은 제주에는 외장재로 목재를 잘 사용하지 않지만, 적삼너와를 기름에 절여 방부 성능을 확보하고 목재를 마감재로 활용하였다. 또한, 각재를 이용하여 사용자의 필요에 따라 개폐가 가능한 힌지도어를 설치해 주었다.

↓↓ 홍해랑 : 지역에서 흔히 구할 수 있는 방부 처리된 구운 대나무를 입면에 사용했다. 대나무를 구워 방부 처리를 하면 내구성을 확보할 수 있고, 자연스러운 입면 패턴은 건축물의 인상을 보다 편안하게 한다.

❽ 대지의 불리함을 극복한 아이디어

대부분 스테이는 수려한 자연 경관이 펼쳐지거나 아름다운 풍경이 있는 곳에 세워져야 한다는 고정관념을 가진다. 하지만 매력적인 건축 공간을 가진 스테이는 그렇지 않은 대지에 지어진다 해도 입소문을 타고 많은 사람이 찾는다. 위치도 물론 중요하지만, 건축물에 자체에 더욱 초점을 두고 지속 가능한 가치를 지닌 건축 공간을 만든다면 시대적 변화에 대응할 수 있는 스테이 공간으로 자리매김할 수 있을 것이다.

- 올라운드원 : 스테이가 들어선 대지는 개발 당시 평당 35만~40만 원의 저가의 땅이었다. 특히 개발을 위한 보강토 옹벽이 배면에 있는 산 전체에 조성되어 있어 좋지 않은 여건을 가지고 있었다. 그러나 도로와 건물 사이에 조경 완충 공간을 만들고 공간을 전면의 산으로만 향하는 계획을 통해 사람들이 많이 찾는 성공적인 스테이 개발 사례가 되었다.
- 카페 연일 : 스테이는 아니지만, 이곳 역시 보강토 옹벽으로 조성된 산지 개발 부지에 자리한 사례다. 주변에는 난립해있는 건축물들로 인해 잘 정돈되어 있지 못한 풍경을 가지고 있었다. 특히 연일읍은 포항 시내에서도 지가가 낮은 편인데, 주위 환경에 영향을 받지 않는 건축물 공간 구조와 내부 지향적인 카페 공간을 만들어 지역 내 인기 있는 카페가 되었다. 스테이 역시 같은 방법으로 적용할 수 있다.

❾ 수공간

수공간은 심리적 안정과 힐링 요소로서 스테이 안에서 다양한 의미와 중요성을 가진다. 수영장 혹은 노천탕은 스테이에서의 경험을 풍요롭게 만들어주는 중요한 요소이다. 실질적으로 수공간의 유무에 따라 예약률이 현저하게 차이 나기도 한다. 단순한 휴식 공간을 넘어 스테이의 가치와 공간적인 특징을 결정하는 핵심적인 요소로 작용하는 수공간. 이를 만들기 위해 공사 전 체크해야 할 사항은 무엇일까?

수영장의 크기와 세금

수영장을 설치할 경우 크게 세금과 허가, 두 가지 측면을 고려해야 한다. 단독주택에서 67㎡ 이상의 수영장은 지방세법상 고급주택에 해당하여 취득세와 양도세가 중과세되므로 수영장의 크기를 제한할 필요가 있다. 야외 수영장을 설치하는 경우엔 수영장을 위한 별도의 허가 과정이 필요 없다. 다만 일반적으로 수영장의 물은 오염물질로 간주하여 정화 후 배출해야 하는데, 일부 지역에서는 소량의 물을 우수관로로 직접 배출하는 것을 허용하기도 하므로 이는 지자체를 통해 반드시 확인해야 한다.

설비 공간과 시설비용

수영장 혹은 노천탕을 설치하기 위해서는 별도의 설비 공간이 필요하다. 온수는 필수이고 자동 정화 시스템도 반드시 들어가야 유지 관리가 수월하다.

> 북촌리멤버 : 온수풀인 노천탕도 바람이 많이 불 땐 수온 유지가 어렵다. 이런 우려는 반외부 공간으로 노천탕을 만들거나 화장실과 연계하여 폴딩 도어를 설치하고 필요에 의해 개방할 수 있는 노천탕을 두어 해결할 수 있다.

따라서 온수보일러와 물탱크를 설치할 수 있는 설비 공간이 요구되며, 수영장이 일정 규모 이상일 경우 히트펌프 등을 설치할 수 있는 외부 공간을 고려해야 한다. 약 4×3m의 작은 수영장의 경우 설비비용은 1,500만 원 정도이다.

위치에 따른 수공간

수공간은 그 위치와 형태 크기에 따라 스테이에 다양한 성격을 부여할 수 있는데, 특히 작은 자쿠지와 노천탕은 매력적인 공간을 만드는 데 중요한 역할을 한다. 15~20평 정도의 독채형 스테이의 경우, 큰 수영장보다 물놀이나 피로를 풀 수 있는 노천탕이 좋다. 실외에 설치하여 조경과 함께 다채로운 공간을 만들 수도 있지만, 설비적 측면을 고려해 화장실과 연계하여 실내에 두기도 한다. 실내에 설치하는 수공간은 습기 처리를 위한 별도의 환기장치와 천장 마감이 중요한데, 천장은 습기에 강한 알루미늄 혹은 PVC 소재로 처리해야만 한다. 또한, 실내 수공간에 큰 슬라이딩 도어나 폴딩 도어를 두면 마치 야외 같은 분위기를 조성할 수 있다. 주변 자연과 실내외 공간과 연결해 특별한 경험도 제공할 수 있게 한다. 특히 야간 조명을 이용한 수공간은 스테이 전체적인 분위기를 개성 있고 아름답게 한다.

⋮ 흥해랑 : 실내로 일부가 관입된 듯 통유리를 통해 시선이 확장되는 프라이빗한 수공간이다. 1.7x3m의 크기로, 야외 가구와 어우러져 편안하고 아늑한 느낌을 준다.

TIP 3 주택 건축의 공간 요소

HOME

(HOME 01)

안과 밖 모든 공간이 열려 있는 밝고 따스한 집

위치 : 전남 곡성군 무창리   **지역지구** : 계획관리지역, 자연취락지구
대지면적 : 613.7㎡   **연면적** : 130.96㎡   **규모** : 지상 2층

도심 생활에서 벗어나 작은 공간이어도 호젓하고 여유를 즐길 수 있는 전원생활을 꿈꾸고 있던 부부. 계획 초기부터 두 사람에겐 무척 독특한 요구사항이 있었는데, '집의 모든 공간에서 서로의 모습을 바라보고 싶다'는 것이었다. 무언가를 항상 함께하는 것에 익숙해져 그러한 생활방식이 공간 구조에서도 묻어 나오길 원하고 있었다. 그래서 이 집에는 딱히 방이라고 칭할 만한 공간이 없다. 1층의 공간은 유기적인 형태와 구조를 가지고 마당을 향해 열려 있는데, 마당은 이 집에서의 모든 기능이 확장되는 배경이자 구심적인 역할을 한다. 주방-주출입구-거실을 잇는 공간 모두 중정을 향해 열려 있어 밝고 따스하며 시각적·공간적으로 긴밀하게 연결된다. 1.2~2m 이상 길게 드리워진 처마는 집 안 깊숙이 들어오는 여름 햇살을 막아주고, 비 오는 날 처마 끝에서 떨어지는 빗물을 바라보며 '멍' 때릴 수 있는 여유를 주기도 한다. 2층은 프라이빗한 부부 침실이다. 이 집에서 가장 아름다운 원경을 바라볼 수 있는 곳이다. 2층의 구조는 낮은 박공지붕의 형태로, 침실 뒤쪽 숨겨진 문을 통해 옥상 데크로 연결된다. 데크는 식재료를 손질하고 말리는 등 다양한 활용성을 염두에 두었다.

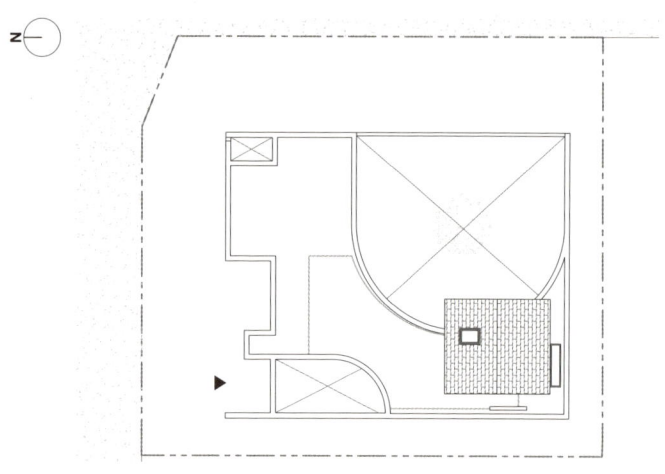

PLAN

1F 112.78m²   **2F** 18.18m²

❶ 게스트룸
슬라이딩 도어를 이용해 가변적 공간으로 활용한다. 사용하지 않을 땐 다이닝 공간의 일부로서 차를 마실 수 있는 다도실이 된다.

❷ 대나무담
지역에서 쉽게 구할 수 있는 60mm 지름의 대나무를 구워 시각적 교차와 공기의 유통이 원활하게 될 수 있는 담을 두르고 높은 담의 위압감을 해소했다.

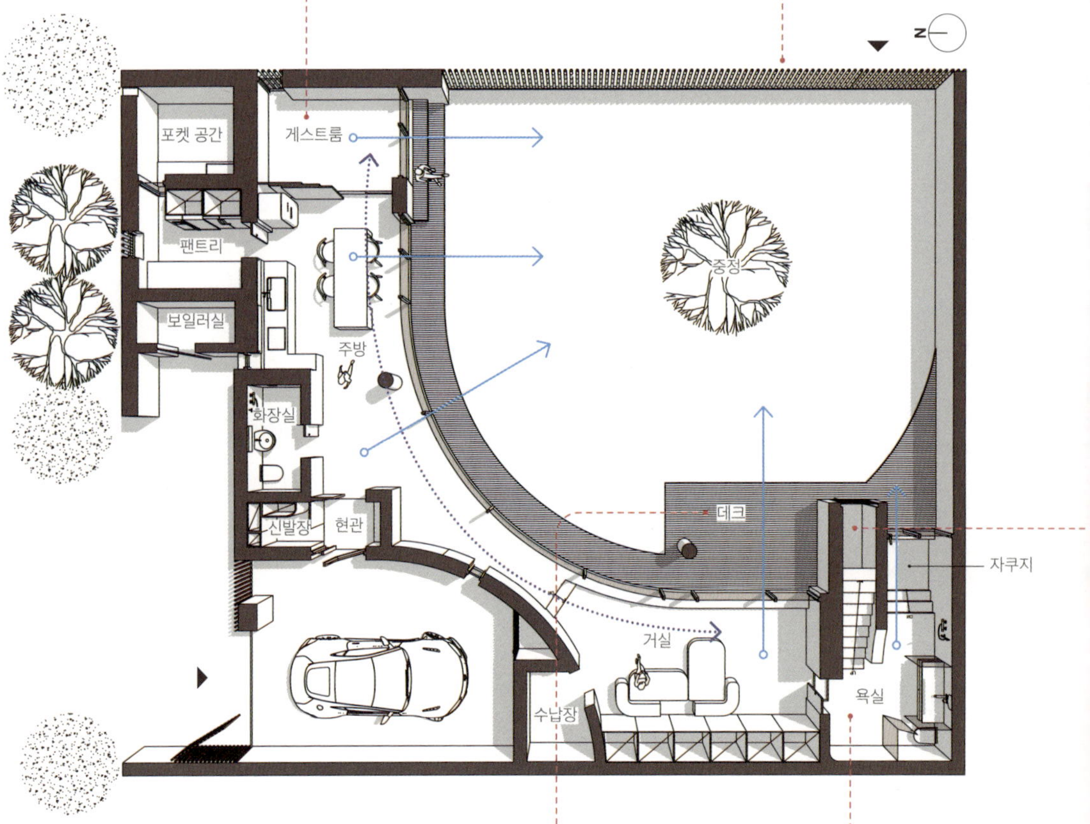

❸ 데크·캐노피
2층에 위치한 삼각 형태의 침실이 관입된 형태로, 1,900mm의 낮은 천장고로 아늑함을 더했다.

❹ 욕실
선큰 욕조가 있는 욕실은 집의 가장 안쪽에 위치한다. 슬라이딩 도어를 닫으면 2층의 침실과 함께 이 집의 가장 은밀한 공간으로 구획된다.

KEY POINT

- **구성원** : 40대 후반 부부(딩크족)
- 중정과 내부 공간의 유기적 공간 구조
- 구운 대나무담장을 이용한 내부화된 마당
- 집 전체가 하나의 동선으로 연결되는 개방형 구조

❻ 포켓 공간
팬트리와 연결된 외부 공간으로, 손빨래를 할 수 있는 다용도의 야외 개수대가 있다.

❼ 옥상 데크
2층 침실을 통해 접근할 수 있는 곳으로, 음식을 말리거나 일광소독 등 다용도로 쓸 수 있는 공간이다.

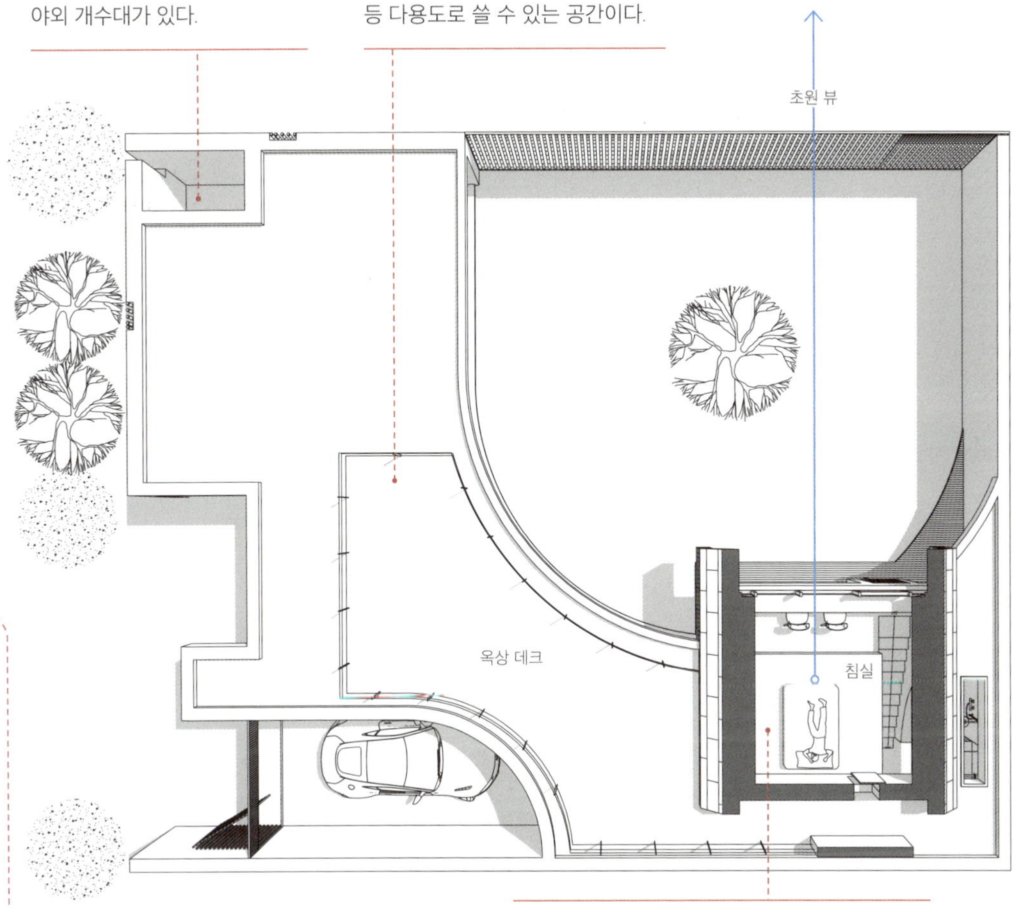

초원 뷰

옥상 데크

침실

❺ 창고
2층으로 올라가는 실내 계단 하부에는 중정에서 사용하는 창고를 두었다.

❽ 침실
좌식으로 활용되는 박공지붕의 공간. 2층 높이에서 외부를 멀리 관망할 수 있다. 정면으로만 응시할 수 있는 큰 창이 있고, 주변으로부터 시선을 차단해 포근함을 살렸다.

1 구운 대나무담은 은은하게 안과 밖으로 시선을 열어준다.
2 대지를 전체적으로 활용하는 중정형 배치 구조
3 마당을 감싸 안는 실내 공간들의 배치
4 박공지붕 형태의 프라이빗한 2층 침실 공간

5 곡선으로 연속된 실내 공간의 개방감
6 단 차이를 둔 거실과 실내로 관입된 2층 침실
7 2층 침실로 연결된 계단 및 개방 구조의 욕실
8 열린 주방과 슬라이딩 도어를 이용한 가변 공간인 다도실
9 창문과 연결된 침실 한쪽의 작업 공간

HOME 02

땅을 감싸 안은 듯 지형의 레벨을 이용한 주택

위치 : 강원 강릉시 사천면　**지역지구** : 계획관리지역
대지면적 : 710㎡　**연면적** : 155.25㎡　**규모** : 지상 1층 + 다락

부모님 집을 설계한 후 다시 우리를 찾아온 건축주의 두 번째 시골 주택. 오각형의 대지 형상을 따라 건물을 배치하고, 아늑하고 안전한 마당을 갖기 위해 중정형 주택을 계획했다. 동쪽의 부모님 집과의 관계를 고려해 중정형이지만, 'ㅁ'자가 아닌 한쪽이 열린 'ㄷ'자 형태의 배치가 되었다. 외부에서 바라볼 때 대지를 가득 채운 집의 볼륨이 자칫 주변과 어울리지 않고 위화감을 줄 수 있어 좁은 도로와 접해 있는 별채는 최대한 낮고 완만한 경사를 가진 지붕으로 도로 폭에 맞게 설계했다. 각각의 공간은 툇마루와 평상을 통해 내외부를 긴밀하고 유기적으로 연결해 주고 언제든지 시선을 교차하며 집 안 어디에서도 서로의 존재를 느낄 수 있다. 주방은 집의 중심에 위치한다. 집의 모든 곳에 닿을 수 있는 구조로, 마당에서 노는 아이를 지켜볼 수 있고 별채에서 일어나는 일도 확인할 수 있으며 내부도 모두 볼 수 있다. 거실은 주방 위쪽으로 놓인 복층의 구성으로 주방과 자유로운 의사소통이 가능하다. 식탁 앞쪽에는 스탠드 형식의 계단을 구성해 수납을 돕고 마당의 툇마루와 연속되어 외부 공간으로 확장성을 더한다. ●

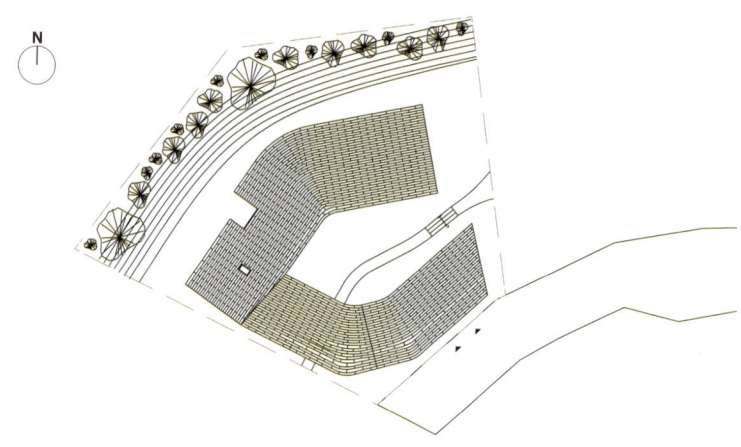

PLAN

1F 155.25m²   **ATTIC** 17.99m²

❶ 현관
후정을 바라보며 실내로 진입할 수 있게 디자인하여 개방감을 확보했다.

❷ 욕실
건식 세면대를 두어 여러 사람이 사용하기에도 편리하게 구성하였다.

❸ 주방, 식당
마당으로 크게 개방된 폴딩 도어를 통해 중정과 연계된다. 식당이 선큰이라 성인이 섰을 때 마당과 시각적으로 같은 높이에 올 수 있도록 하였다. 수납공간으로 활용되는 두 개의 너른 단은 가족이 어우러져 놀 수 있는 무대가 되어준다.

❹ 손님방
본채 깊숙한 곳까지 들어오지 않고 편히 기거할 수 있도록 현관을 기준으로 왼쪽은 손님방. 오른쪽은 가족을 위한 영역으로 구분했다.

❺ 아이방
어린 자녀를 위해 안방과 쉽게 접근할 수 있는 곳에 배치했다.

❻ 별채(작업실) & 필로티 공간(차고)
차고에서부터 비를 맞지 않고 별채를 거쳐 현관으로 진입할 수 있게 동선을 구성했다. 본채와 별채를 잇는 필로티 공간은 아이를 위한 그네와 아웃도어라이프를 즐기는 아빠를 위한 화로 등이 설치되어 있다.

KEY POINT

- **구성원** : 50대 중반 부부와 초등학생 딸
- 아이가 안전하게 뛰어놀 수 있는 너른 마당
- 주방이 중심이 되어 어디에서나 세 식구가 함께할 수 있는 공간
- 단층 구조로 처마와 툇마루를 구성하여 땅과의 접점 최대화

❼ 다락

아이가 좋아하는 장소 중 하나. 방과 후 과제를 하거나 책을 읽거나 낮잠을 자는 등 다양한 활동이 이뤄진다. 다락에서 중정 마당을 바라보기도 하고 아래 주방에서 요리하는 엄마와 소통의 공간이 되기도 한다.

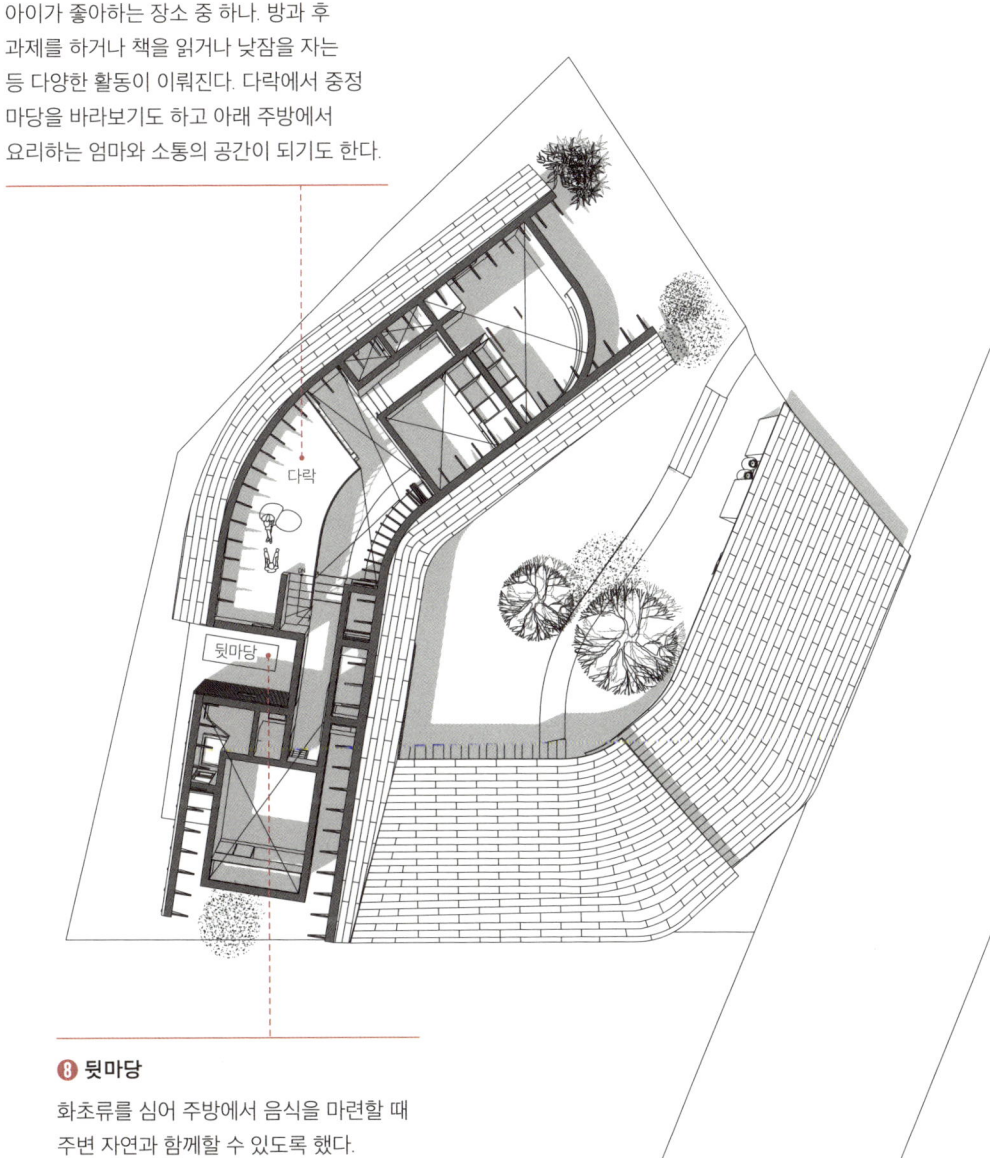

❽ 뒷마당

화초류를 심어 주방에서 음식을 마련할 때 주변 자연과 함께할 수 있도록 했다.

1 주출입구 캐노피 아래에서 보이는 마당의 전경
2 철재, 목재, 벽돌을 이용한 입면
3 회랑에 설치된 지안이를 위한 그네
4 부부 침실에는 싱글 침대 두 개를 배치했다.

5 선큰 주방과 다락이 하나의 공간으로 연결된다.
6 마당과 주방의 단차를 이용, 계단형 수납공간을 두었다.
7 별동은 게스트룸이나 취미 공간으로 사용한다.
8 다락에서도 마당과 소통이 가능하다.

대지의 경사를 적극 활용한 스킵플로어 하우스

HOME 03

위치 : 제주 제주시 봉개동   **지역지구** : 생산녹지지역
대지면적 : 980.23㎡   **연면적** : 171.54㎡   **규모** : 지상 3층

이 집의 대지는 북쪽을 바라보고 있다. 채광에 불리한 북향이라는 단점을 전면의 개구부를 최소화하여 상징적인 입면을 구성하는 장점으로 풀어내기로 했다. 집으로 들어서면 긴 복도를 마주한다. 다른 집과의 차이점은 그 어떤 실도 현관에서 보이지 않는다는 것이다. 복도를 따라가면 안방과 욕실이 있고, 코너를 돌면 수돗가를 가진 테라스를 만난다. 계단을 오르면 주방과 거실로 들어가게 된다. 경사지라 공간의 레벨이 달라지는데, 현관과 안방, 욕실은 가장 낮은 위치에, 지면에서 1.5m 정도 위에 거실을 두어 주변 풍광을 더 적극적으로 볼 수 있게 했다. 'ㄱ'자로 꺾인 주택 형태는 순차적인 레벨로 이어져 2층에 스킵플로어 공간을 만들었다. 1층 거실에서 이어진 2층 가족실은 한 사람은 반 층 아래로, 또 한 사람은 반 층 위로 진입해 각각의 영역을 구성한다. 가족이 주로 생활하는 공간은 서로 마주할 수 있는 구조로 계획하였다. 아이들은 긴 복도를 따라 들어와 주방, 거실을 지나쳐야 2층으로 올라갈 수 있다. 어른들은 거실로 가기 위해 복도에서 계단을 오른다. 마당과 2층 테라스에는 실내와 소통할 수 있는 큰 창들이 나 있다. 이러한 요소 하나하나가 가족의 마주침을 일으킨다. ●

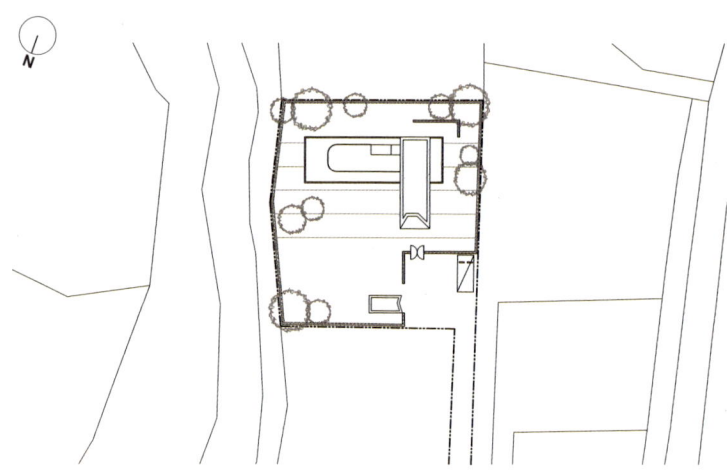

PLAN

1F 110.2m²   **2F** 42.41m²   **3F** 8.93m²

❶ 거실
긴 통로를 통해 거실에 다다르면 극적인 개방감을 느낄 수 있다. 3개 면으로 열린 창을 통해 제주의 자연을 실내로 끌어들인다.

❷ 주방, 식당
거실과 함께 주방과 식당을 스튜디오 타입으로 배치하여 가족의 주생활 공간으로 활용한다.

❸ 침실
파우더룸과 드레스룸을 같은 동선상에 배치하고, 직출입이 가능한 옥외 공간도 연결해 사용자의 편의를 배려하였다.

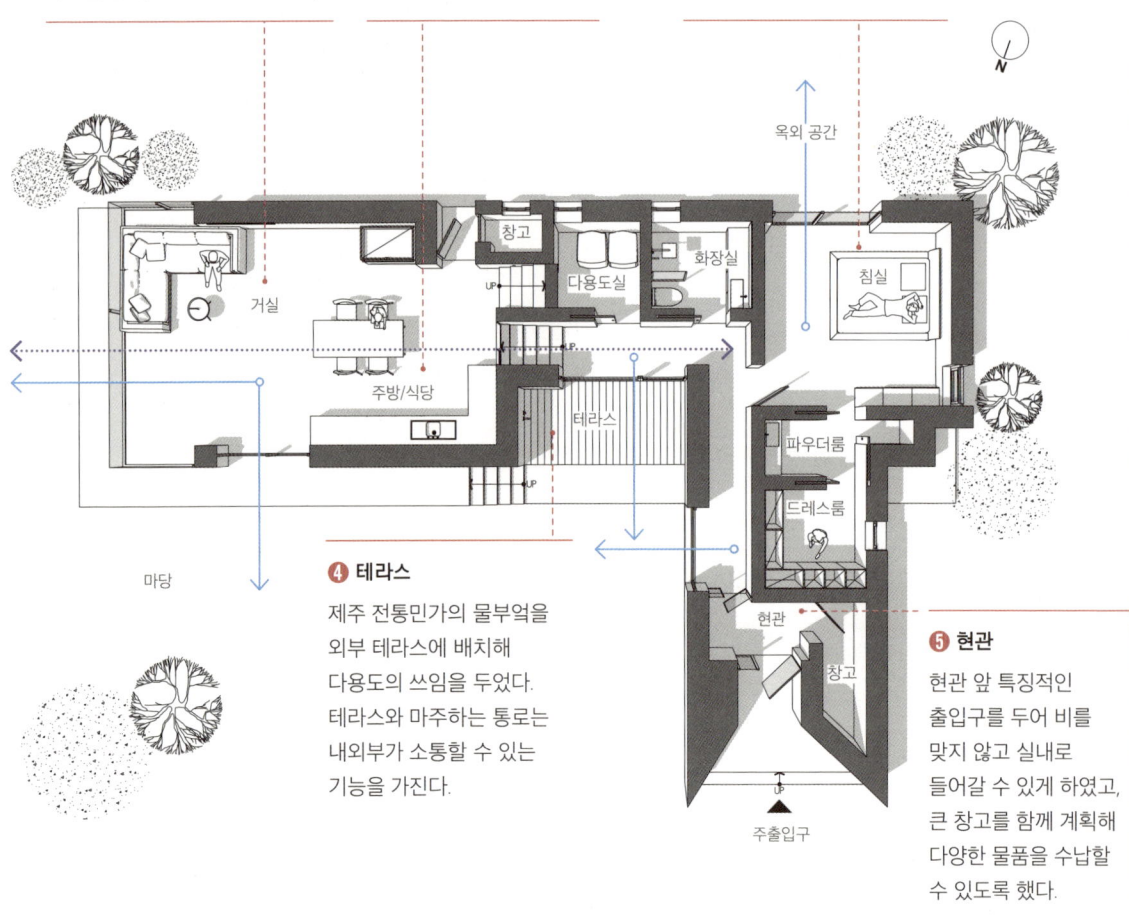

❹ 테라스
제주 전통민가의 물부엌을 외부 테라스에 배치해 다용도의 쓰임을 두었다. 테라스와 마주하는 통로는 내외부가 소통할 수 있는 기능을 가진다.

❺ 현관
현관 앞 특징적인 출입구를 두어 비를 맞지 않고 실내로 들어갈 수 있게 하였고, 큰 창고를 함께 계획해 다양한 물품을 수납할 수 있도록 했다.

KEY POINT

- **구성원** : 부부, 아들, 딸
- 육지에서 오래 살다 제주에 정착한 네 식구를 위한 집
- 경사지를 이용한 실내외 공간의 다양한 레벨의 구조
- 복도를 따라 구성된 실들의 완급 조절, 가족 구성원의 마주침을 의도한 구조

❻ 놀이 공간

3층의 일부 공간에는 2층과 단차를 활용한 스킵플로어 놀이 공간을 두었다.

❼ 작은 거실

두 아이의 방으로 연결되는 장소로, 아이들의 함께 사용할 수 있는 취미 공간이 되어준다. 1층의 거실보다 좀 더 프라이빗하지만, 데크와 이어져 옥외 활동에 용이하다.

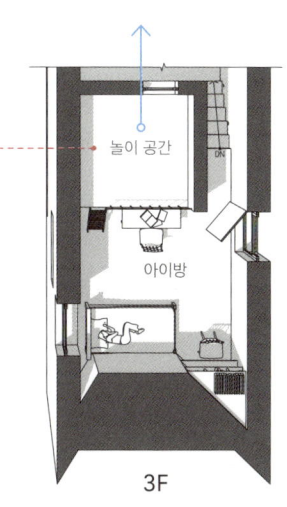

3F

❽ 데크

거실을 사이에 두고 양쪽으로 놓여 제주의 각기 다른 풍경을 감상할 수 있다.

❾ 아이방

그리 넓지 않은 면적임에도 불구하고 양옆으로 크게 열린 창으로 넓은 개방감을 가진다. 특히 동쪽 창 앞에는 윈도우시트를 계획해 채광이 좋고, 거실을 볼 수 있는 작은 창도 마련했다.

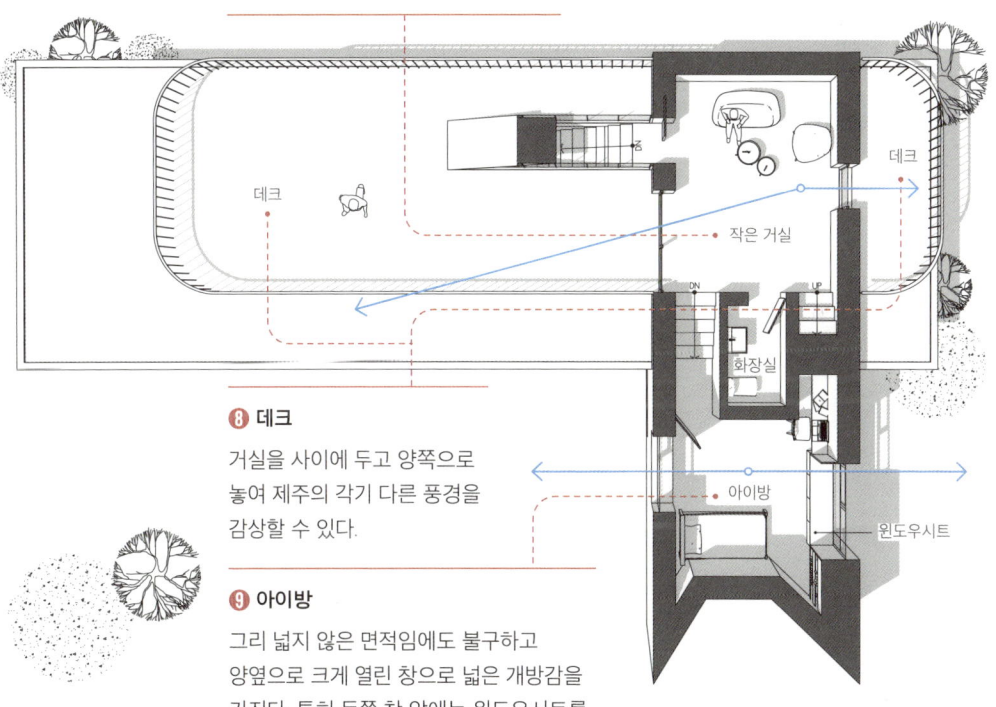

1 경사지를 따라 각 공간이 다양한 레벨을 갖는다.
2 프라이버시 확보를 고려한 개구부들의 크기 조절
3 아래층과의 단차로 만든 놀이 공간
4 2~3층 사이 중층을 활용한 아이들을 위한 작은 거실

5 거실을 따라 만들어진 콘크리트 툇마루
6 측면으로 뚫린 창에 의해 복도가 좁아보이지 않는다.
7 코너창을 두어 거실에서의 개방감을 극대화했다.
8 실내와 마당을 연계한 다용도의 물부엌

(HOME 04)

퇴임한 노부부와 주말에 방문하는 아들 가족을 위한 전원주택

위치 : 충북 충주시 금가면   **지역지구** : 생산관리지역, 특화경관지구
대지면적 : 694㎡   **연면적** : 227.2㎡   **규모** : 지상 2층

대지는 남한강 수평선을 따라 길이 방향으로 석축 위에 놓여 있다. 정면에는 강줄기를 따라 조성된 자전거 도로와 전망대가 있어 지나가는 사람과의 시각적 간섭에 대한 고려가 필요했다. 대지 특성상 출입구의 위치에 따라 공간적인 특성을 달리할 수 있었는데, 주진입의 공간과 외부로부터 선택적으로 열리고 닫힐 수 있는 앞마당, 시각적·공간적으로 확장성을 부여한 뒷마당, 안방과 관계하는 가장 은밀한 안마당 등에 의해 내부 공간은 외부와 긴밀하게 연계되고, 20%의 건폐율 안에서 건축 공간은 더욱 확장되어 대지 전체를 아우르는 개방감을 가진다. 주거 공간에서 가장 중요한 요소 중 하나는 마당이라 생각해 9.5m 길이의 전동 슬라이딩 도어를 설치하고 전면 마당과 남한강을 극적으로 연결해 주는 통로를 만들었다. 이 공간은 뒷마당부터 거실을 거쳐 앞마당을 지나 자연을 실내로 유입하는 공간의 깊이를 더한다. 마당뿐만 아니라 2층으로 오르는 계단을 통해 시각적인 전이가 이루어지고 남한강을 관망하기 위한 커다란 창을 마주하게 된다. 박공지붕에서 오는 공간감도 무척 다채롭다. 만곡된 용마루의 형태가 실내에 그대로 투영되면서 공간들이 부드럽게 얽히는 느낌을 준다.

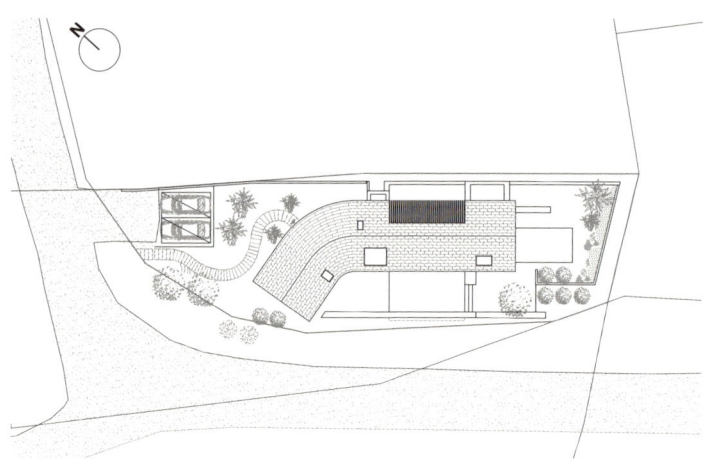

PLAN

1F 138.34m²   **2F** 88.86m²

❶ **전동 슬라이딩 도어**
남한강 뷰를 바라보되, 전면 자전거 도로와의 시선 차단을 위해 담 일부를 간살 형태의 전동 슬라이딩 도어를 제작하였다.

❷ **주방, 식당**
앞마당, 뒷마당과 하나의 너른 공간으로 인식될 수 있게 창을 통하여 시각적 확장성을 부여했다.

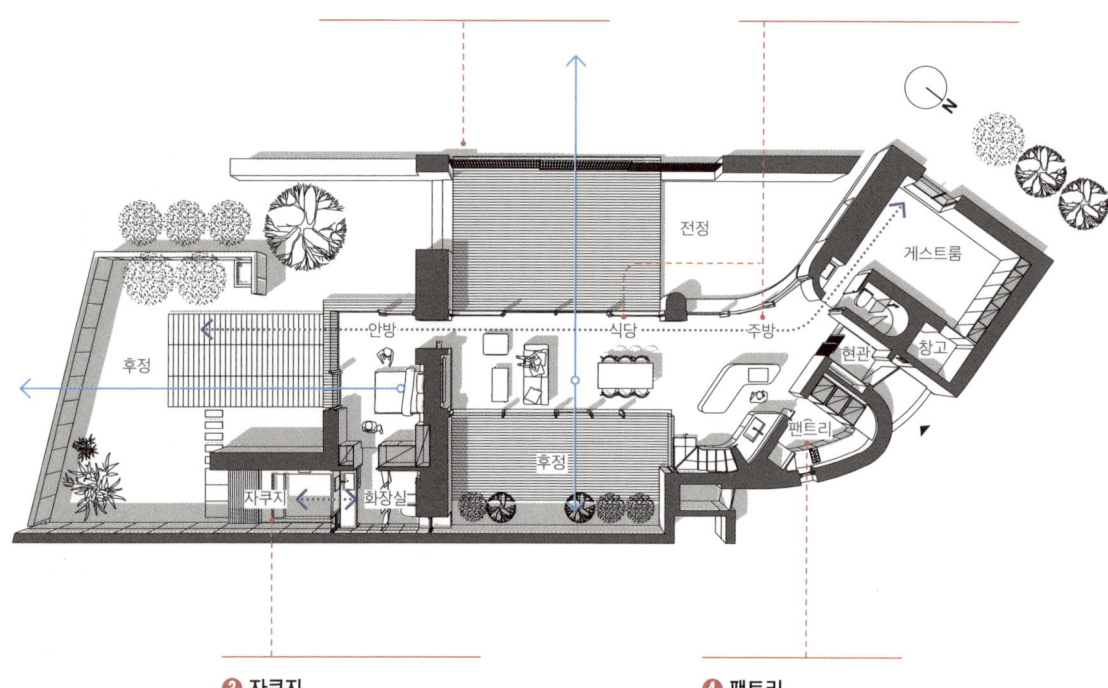

❸ **자쿠지**
후정 쪽에 자리해 주변으로부터 완벽히 차단된 프라이빗한 공간이다.

❹ **팬트리**
현관 가까이 팬트리를 설치하여 수납공간을 확보했다.

KEY POINT
- **구성원** : 노부부(+주말에 방문하는 아들 내외와 손주)
- 외부 시선을 막아주면서도 개방적인 공간 구조가 요구되는 특수성
- 20%밖에 되지 않는 건폐율에 따라 긴 대지 형태와 어울리는 조닝 고려
- 1층은 공용 공간 및 평소 노부부가 기거하는 공간, 2층은 주말에 방문하는 아들 가족의 공간

❺ 게스트룸
남한강을 배경으로 후정을 바라볼 수 있게 통창을 두어 개방감을 가진 다용도 공간을 만들었다.

❻ 침실
계단을 올라 돌아서 진입하는 코너에 배치해 프라이버시를 고려하였다. 침대 옆 삼각형의 통창을 통해 아름다운 주변 풍광을 즐길 수 있다.

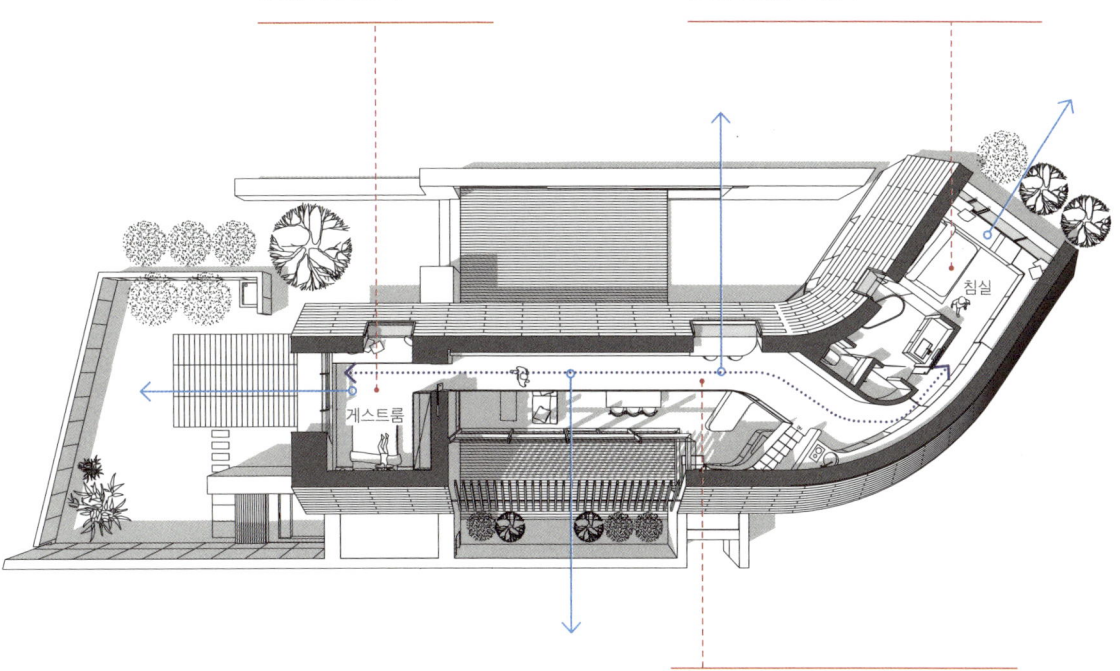

❼ 복도
전경을 바라보며 업무를 할 수 있게 복도 한쪽에 작업대를 마련했다. 후면 쪽에는 외부의 시선을 차단하면서도 밖을 볼 수 있는 루버를 설치하였다.

1 석축 위 길다란 박공지붕의 집과 벽돌담이 조화롭다.
2 진입 마당에서 주출입구가 바로 보이지 않는다.
3 거실과 전정 그리고 정면의 담을 통한 차경을 의도했다.
4 가장 안쪽의 후정은 가족을 위한 프라이빗한 공간이 된다.

5 같은 바닥 레벨을 통해 후정, 거실, 전정이 하나로 연결된다.
6 공간과 닮은 유선형의 계단이 자연스러운 동선을 유도한다.
7 경사지붕과 바닥의 사이에는 수납공간을 설치하였다.
8 개방적인 욕실은 침실을 거쳐 전경으로 시선이 확장된다.

(HOME 05)

화재로 전소된 집에서
새롭게 바뀐 경사지붕 주택

위치 : 강원 고성군 토성면   **지역지구** : 계획관리지역

대지면적 : 817㎡   **연면적** : 199.44㎡   **규모** : 지상 2층

고성 원암리 주택은 화재로 전소된 집을 새로 짓는 프로젝트였다. 비와 눈이 많이 내리는 지역 특성상 경사진 지붕으로 지어졌고, 두 개의 휘어진 지붕이 교차하며 외부에서 바라볼 때는 특별한 존재감으로, 내부에서는 그 형상대로 재미난 실내 공간이 만들어지게 하였다. 마당을 1층 대부분 공간에서 경험할 수 있게 하고자 전형적이지 않지만, 넓은 면적의 툇마루를 계획하였으며 그것이 마당의 질서를 완성케 한다. 안방과 거실, 주방 그리고 부속되는 작업 공간까지 하나의 생활 영역으로 묶어 각 실을 배치하였으며, 아이들 방과 게스트룸은 출입구와 계단이 위치한 중심 공간에서 살짝 비켜나게 계획했다. 2층의 서재 공간은 두 개의 경사진 지붕이 만나며 재미있는 공간감을 가지고, 1층 거실과 열린 공간으로 마주하고 있어 집 안 어디서나 가족과 소통할 수 있게 되어 있다. 이 집에서도 보여주듯 지붕의 다양한 형태적 쓰임은 외관뿐만 아니라 실내에서도 사는 이들에게 많은 영향을 줄 수 있다. ●

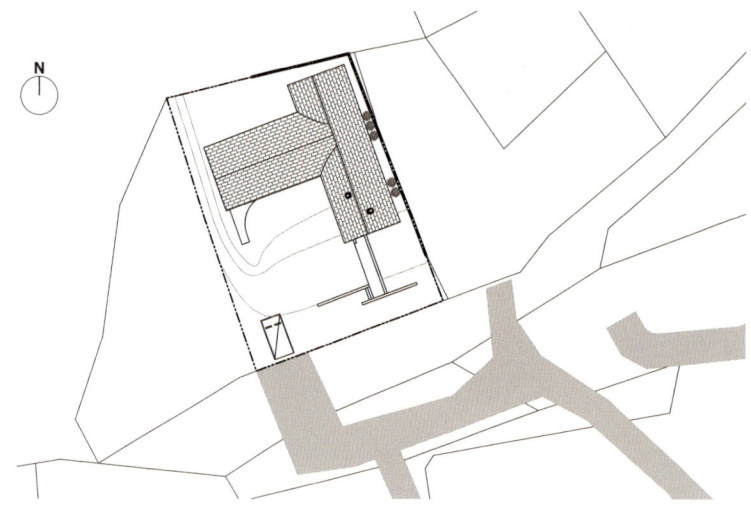

PLAN

1F 143.63m²   **2F** 55.81m²

❶ 침실 2
가족들이 방문하였을 때 사용할 수 있는 별도의 침실을 마련해 다용도로 활용할 수 있다.

❷ LDK
집의 중앙에 주방과 식당 그리고 거실을 스튜디오 타입으로 두어 실내에서의 공간감을 확보하였다.

❸ 게스트룸 1
현관과 가까운 곳에 배치하여 주침실과 서로 프라이버시 침해를 받지 않게 했다.

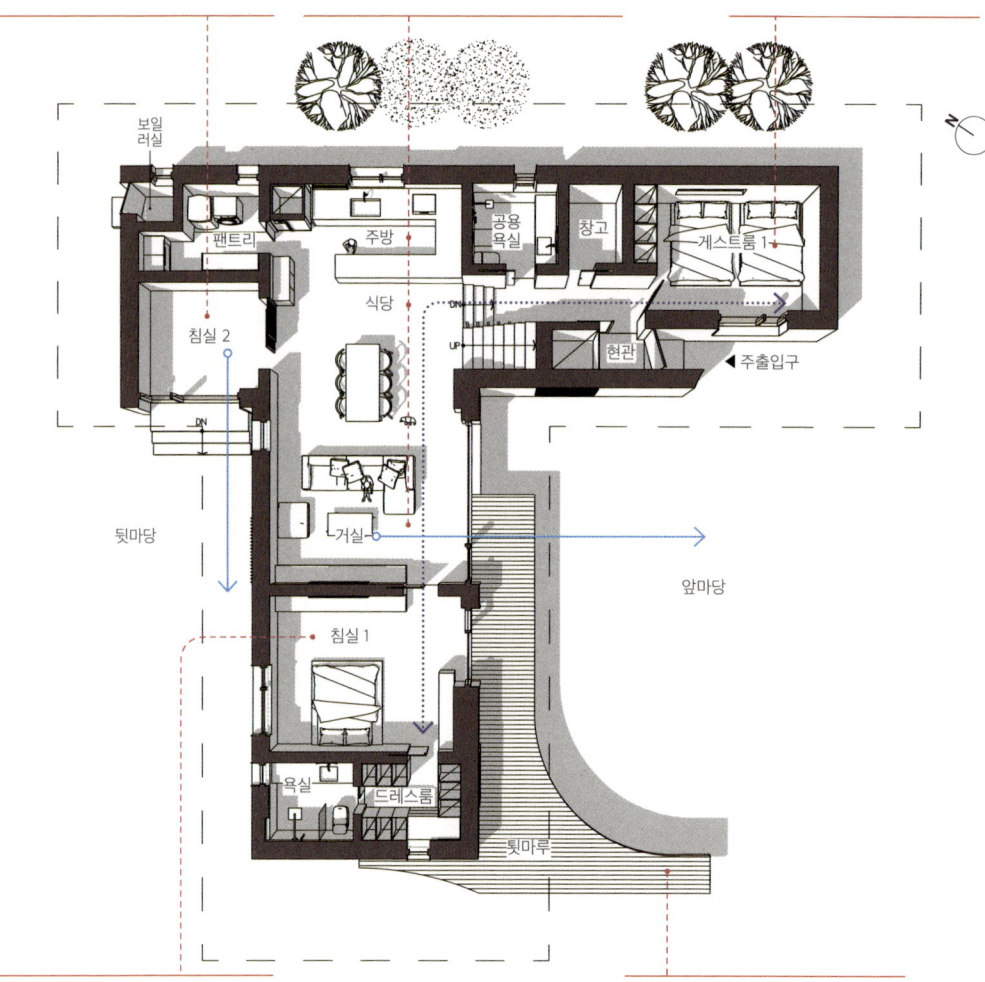

❹ 침실 1
메인 침실로, 툇마루로 직출입 할 수 있는 통창을 두어 앞마당으로 쉽게 접근이 가능하다.

❺ 툇마루
깊은 처마를 만들어 너른 공간에서 언제든 비를 피해 외부 활동을 하도록 배려해 주었다.

KEY POINT

- **구성원** : 부부
- 깊은 처마 아래 다용도로 활용할 수 있는 너른 툇마루
- 역동적인 지붕 형태와 다채로운 실내
- 앞뒤 마당과 자유로운 소통이 가능한 공간

❻ 서재

천장이 있는 서재는 건축주의 취미실로 활용한다. 거실과 시각적으로 연결되어 있어 개방감은 물론, 아래층과도 소통할 수 있다.

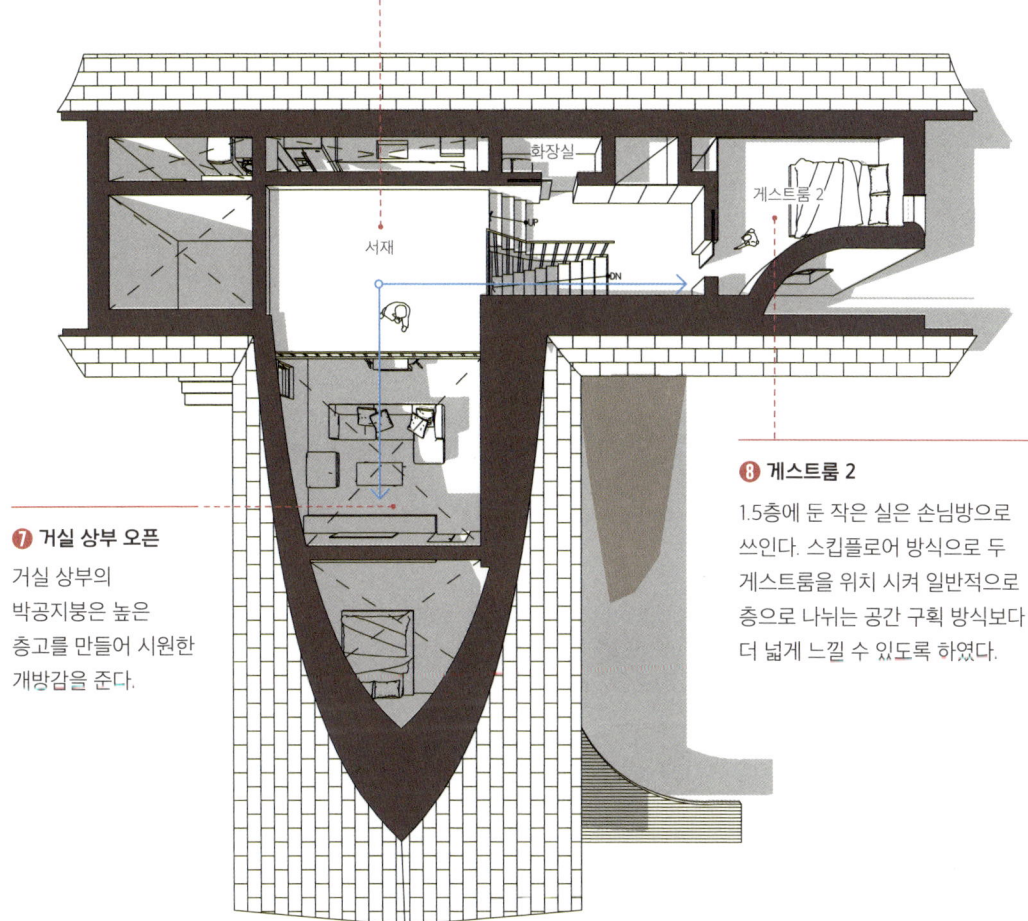

❼ 거실 상부 오픈

거실 상부의 박공지붕은 높은 층고를 만들어 시원한 개방감을 준다.

❽ 게스트룸 2

1.5층에 둔 작은 실은 손님방으로 쓰인다. 스킵플로어 방식으로 두 게스트룸을 위치 시켜 일반적으로 층으로 나뉘는 공간 구획 방식보다 더 넓게 느낄 수 있도록 하였다.

1 깊은 처마 아래 툇마루가 지붕선과 수평을 유지한다.
2 거실 밖 툇마루와 너른 앞마당의 모습
3 유려한 곡면의 지붕선은 입면에 부드러운 인상을 준다.

4 거실과 다락은 하나의 공간으로 이어진다.
5 후정과 연계된 침실은 건축주의 취미 공간으로 사용된다.
6 다양한 경사도의 지붕선이 다채로운 실내를 만든다.

(HOME 06)

자연을 배경으로
프라이빗한 중정을 품은 집

위치 : 경기 화성시 산척동   **지역지구** : 제1종전용주거지역, 지구단위계획구역

대지면적 : 296㎡   **연면적** : 195.65㎡   **규모** : 지상 2층 + 다락

건축주 직영공사를 통해 성공적인 결과물을 얻는 이례적인 사례의 주택이다. 경기도 화성시 산척동 택지개발지구의 한 필지에 지어진 집으로, 건물 뒤쪽에는 낮은 야산이 위치하고 있어 주택과 공간적으로 연계할 수 있는 방법을 찾아야 했다. 외부로부터의 시선을 최대한 가리고 싶다는 건축주의 요구 조건과 뒤편의 야산을 실내 공간으로 끌어드리기 위한 건축가의 의도가 자연스럽게 이 집의 배치를 구성하게 되었다. 뒤쪽의 자연은 필요해 의해 개폐가 가능한 피벗힌지도어(pivot hinge door)를 활용한 1개 층 높이의 문을 두었다. 도로 측이 남측임에도 불구하고 프라이버시를 위해 창을 두지 않았지만, 개방된 중정과 후정 덕분에 실내 모든 곳곳이 밝은 공간이 될 수 있었다. 1층은 가족이 함께 생활할 수 있는 거실과 식당 마당이 어우러져 구성되어 있고, 2층은 자녀를 위한 옥외 데크와 다락이 있어 각자의 사생활을 지킬 수 있도록 배치하였다. 중정 형태의 공간임에도 때로는 개방적이면서 아늑한 공간으로 완성되었다. ●

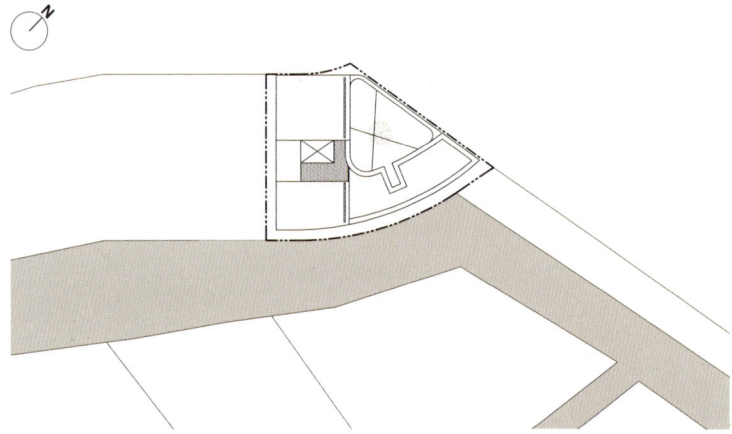

PLAN

1F 119.92m²   **2F** 75.73m²   **ATTIC** 71.4m²

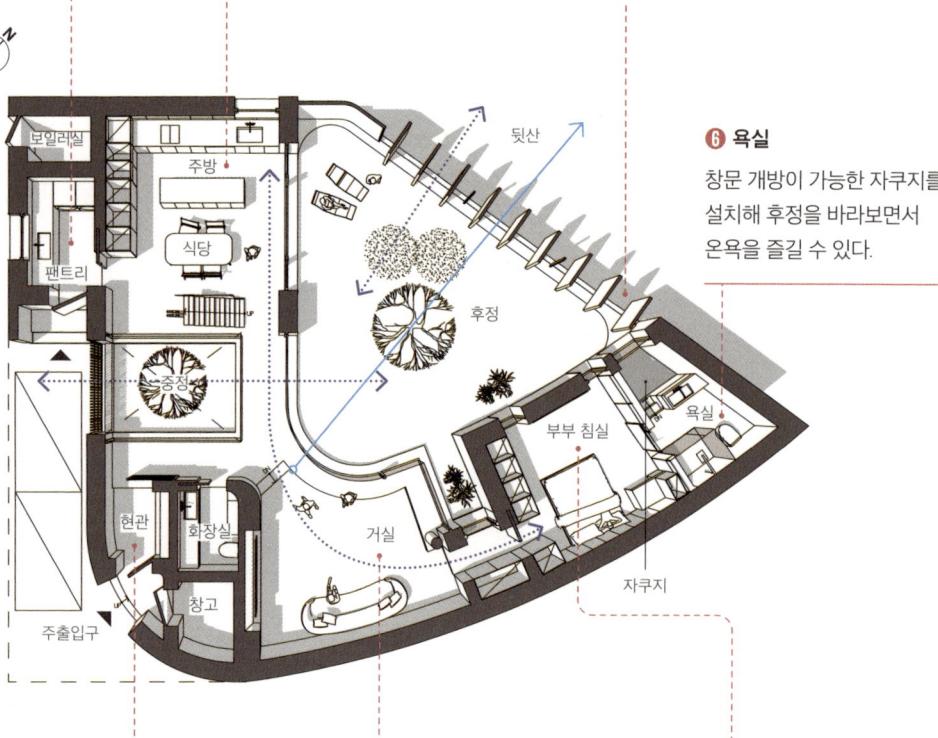

❶ 팬트리
주차장에서 직출입할 수 있는 동선을 두어 물건 이동이 용이하도록 했다.

❷ 주방
요리를 하면서도 배면에 위치한 야산을 바라보고 자연을 실내로 끌어들일 수 있는 눈높이에 창을 설치했다.

피벗힌지도어를 열면 거실과 후정 뒷산이 하나의 공간으로 확장된다.

❻ 욕실
창문 개방이 가능한 자쿠지를 설치해 후정을 바라보면서 온욕을 즐길 수 있다.

❸ 현관
현관은 필로티 하부를 통해 진입하게 되는데 바로 옆에 창고가 있어 외부에서 쓰는 용품과 물건들을 쉽게 비치할 수 있다. 현관에 들어서면 빛이 가득한 중정을 마주하게 된다. 입구 측면 화장실은 외출 후 바로 씻을 수 있어 편리하다.

❹ 거실
선큰 형태의 거실로, 거실의 천장고를 높이기 위해 의자 높이 정도의 단차를 두었다. 그 단 차이를 이용하여 창 쪽으로 긴 벤치를 만들 수 있었다.

❺ 부부 침실
거실과 면해있는 침실의 프라이버시 확보를 위해 후정의 일부가 연장된 포켓 정원을 두었다. 그 틈으로 빛이 새어 들어오게 하고 수납공간을 놓아 공간 활용성을 높였다.

KEY POINT

- **구성원** : 부부, 아들 1, 딸 1
- 층과 공간으로 명확히 구분한 가족 구성원 간의 프라이버시
- 실내, 정원 그리고 외부 자연이 유기적으로 연결될 수 있는 배치
- 피벗힌지도어를 활용한 개방감과 차경

❼ 화장실
자녀 전용 화장실로, 욕실 앞에 건식 세면대가 있어 두 사람이 함께 사용하기에도 무리가 없다.

❽ 아들 방
윈도우포켓시트를 통해 별도의 다락으로 연결된다. 동선상에서 야산 쪽을 향해 통창을 두어 개방감을 최대한 확보했다.

❾ 공용 공간
중정과 면해 따스한 빛이 드는 공간. 책을 읽거나 사색을 즐길 수 있는 장소가 된다.

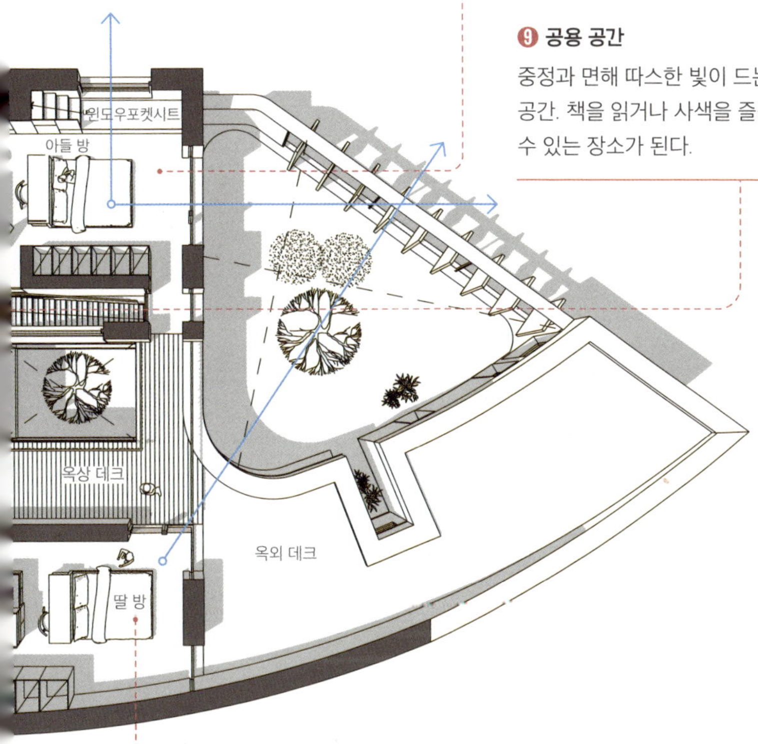

ATTIC

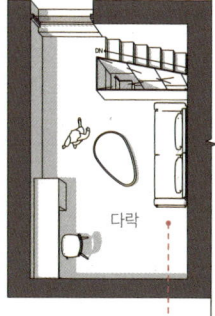

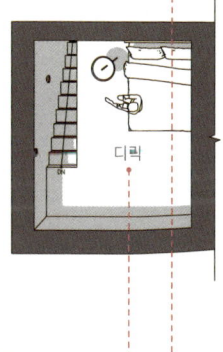

❿ 딸 방
옥상과 옥외 데크에 연결되어 다양한 야외 활동을 할 수 있다. 아들 방과 마찬가지로 후정을 거쳐 산 풍광을 그대로 관망할 수 있는 멋진 뷰를 갖는다.

⓫ 다락
자녀들을 위한 별도의 공간으로, 취미생활과 독서가 가능한 아지트이다. 공용 공간에서 이어지는 다락은 게스트룸으로 활용할 수 있다.

1 모든 공간이 중정을 향해 열려 쉽게 접근이 가능하다.
2 현관 앞 포켓 조경 공간을 통해 실내로 빛이 유입된다.
3 중정에는 뒷산으로 개폐가 가능한 목재 도어를 두었다.
4 선큰 거실에서는 뒷산의 자연을 차경할 수 있다.

5 거실 단차를 이용해 너른 벤치를 놓았다.
6 식당과 면한 계단은 철골 구조로 경량화시켰다.
7 다락 계단과 연계해 윈도우포켓시트를 둔 아들 방
8 뒷산으로 열린 창을 통해 풍광을 들인 다락

(HOME 07)

우리네 보통 가족들을 위한 집

위치 : 경기 양주시 어둔동   **지역지구** : 제1종일반주거지역, 지구단위계획구역
대지면적 : 496㎡   **연면적** : 192.75㎡   **규모** : 지상 2층

아파트에 살던 가족은 두 딸의 대학 졸업을 기점으로 삶의 방식을 바꾸고자 서울 근교의 땅을 찾았다. 오각 형태의 토지는 보강토 옹벽으로 구획되었으나 도로 레벨에 맞춰 자연스럽게 안착해 있었다. 도시에서 오래 생활한 건축주는 안전에 대한 염려가 가장 컸다. 이것은 자연스레 집의 외피를 형성하게 했으며 외부에서 볼 때 대지 전체를 꽉 채우고 있는 집처럼 보이게 만들었다. 대신 높은 담이 아닌 주차장 위에 지붕을 계획해 담과 지붕 사이 틈을 통해 마을 풍경으로 소통의 여지를 남겨 두었다. 현관을 통해 진입했을 때 양쪽으로 자녀 영역과 부모 영역이 나누어지는데, 이는 훗날 자녀들이 출가한 후 잘 쓰이지 않을 공간을 대비함이기도 하다. 자녀 영역의 복도엔 공용 드레스룸과 파우더룸을 두고, 각 방을 좌식으로 툇마루와 방바닥의 높이를 일치시켜 마당과 긴밀히 연결될 수 있게 했다. 방 위쪽 다락은 가족이 모이는 공간이자 부부의 취미방이며 옥상 테라스와 연결된다. 아주 큰 삼각형 슬래브가 30°쯤 들린 거실 측창은 부족한 빛을 보충해 주고, 높은 층고로 풍부한 공간감을 느끼게 한다. 안방과 거실, 자녀방은 외부 툇마루와 바로 연결되는데, 마당을 거실 개념으로 쓰고자 하는 의도로, 자연에 가까운 삶으로 변화하고자 하는 의지이기도 했다. ●

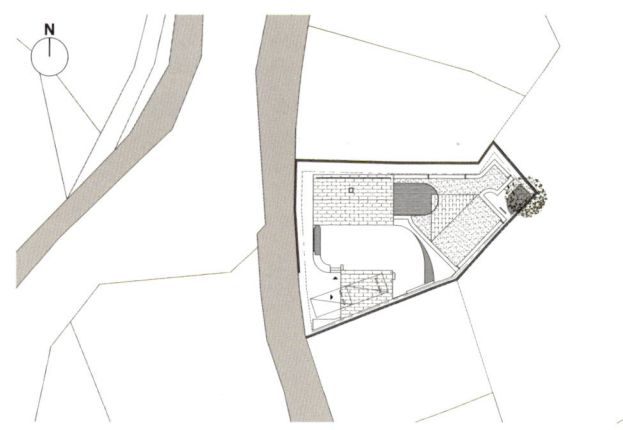

PLAN

1F 167.98m²   **2F** 24.77m²

❷ 주차장

주차장 캐노피는 독특한 형태의 지붕 구조체로 디자인해 담과 지붕 사이의 틈으로 답답함을 줄였다. 특히 대지 경계선을 따라 설치된 낮은 담은 외부 시선을 적절히 가려주며 아늑한 마당 느낌을 갖게 한다.

❶ 안방

처마가 있는 너른 데크가 연결되어 있어 언제라도 마당으로 나와 외부 공간을 즐길 수 있다.

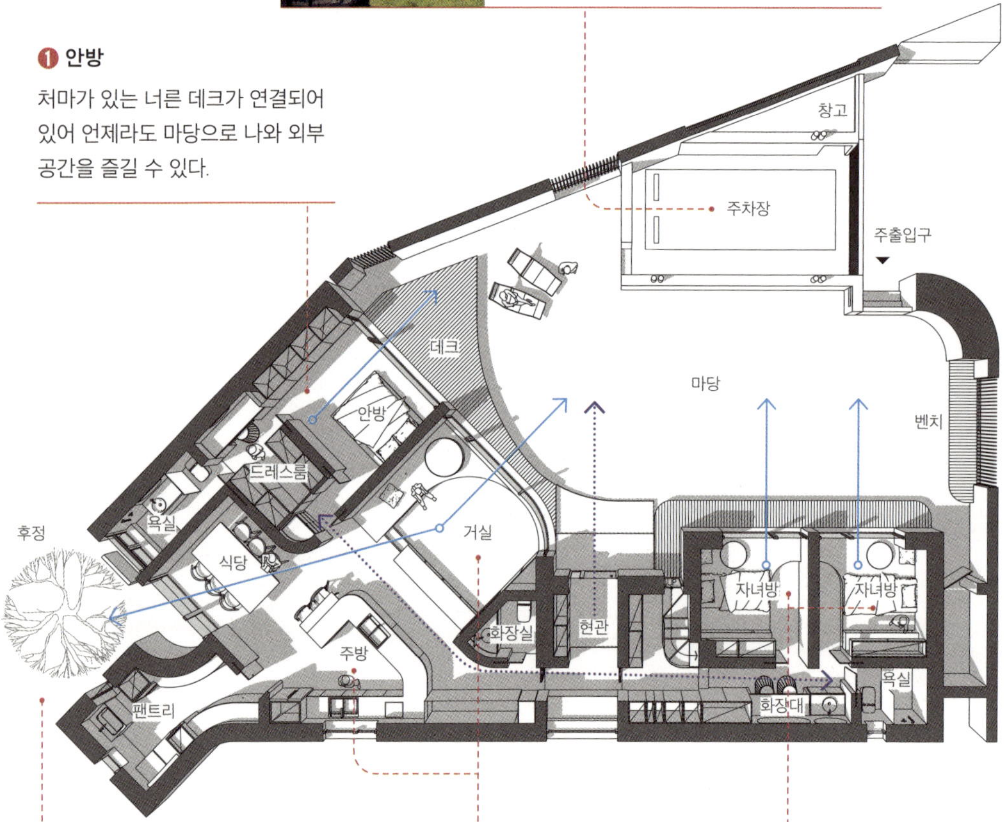

❹ 후정

식당과 욕실에 면해있는 단풍나무 공간은 평상과 함께 편안한 휴식의 장소를 제공한다.

❺ 주방, 거실

이 집의 중심이 되는 곳으로, 선큰 공간을 두고 단차를 이용해 두 공간을 분리했다.

❻ 자녀방

자녀들이 출가할 경우 관리와 편의를 위해 현관을 기준으로 공간을 한 곳으로 몰아 별도의 영역으로 두었다. 바닥 레벨과 툇마루 높이를 맞춘 좌식 공간으로, 공간의 확장감을 주었다.

KEY POINT

- **구성원** : 부부, 딸 2
- 외부에서의 시선을 차단한 안전한 집
- 주변의 맥락을 고려한, 낮고 떠 있는 삼각 형태의 외관
- 자녀들의 출가를 고려한 부모들의 영역과 자녀들의 영역 구분
- 모든 실과 면해 있어 자유롭게 오갈 수 있는 마당

❼ 천창
거실과 주방 위의 천창은 실내에 개방감과 풍부한 공간감을 제공하며 자연광이 깊숙이 유입될 수 있게 한다.

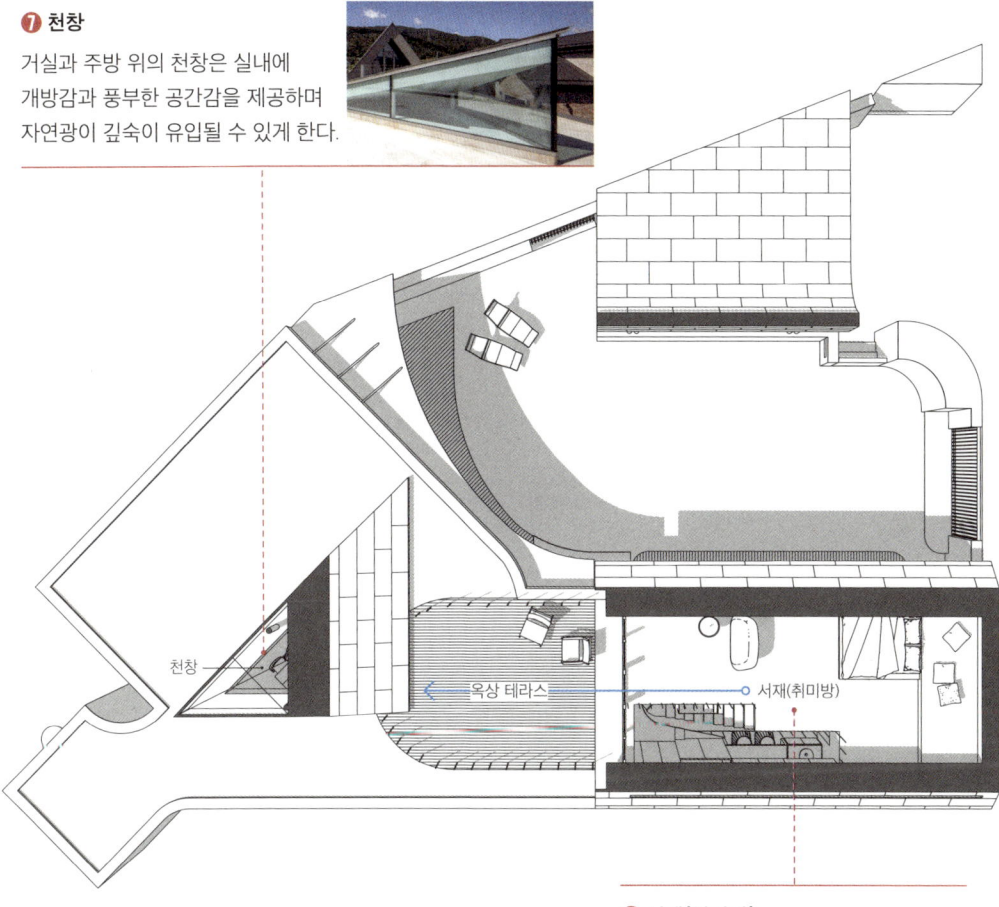

❽ 서재(취미방)
가족이 모여 즐길 수 있는 특별한 공간. 옥상 테라스와 연결되어 밤하늘의 별과 원경을 프라이빗하게 바라볼 수 있다.

1 주변 마을과 어울리는 낮고 작은 볼륨의 주택
2 분절된 입면 소재가 편안한 인상을 준다.
3 집의 배치는 전체적으로 마당을 감싸 안는 형태를 취했다.
4 길로부터 물러나 안전하게 진입할 수 있는 주출입구

5 천창이 있는 선큰 거실과 주방은 마당과 연결된다.
6 자녀 공간은 루버문을 통해 구획되고 시선이 이어진다.
7 2층은 가족들이 함께 사용하는 취미 공간이다.
8 취미 공간 서쪽에 아름다운 풍경을 즐기는 옥외 데크가 있다.

(HOME 08)

부부와 유기견 9마리가
함께 사는 집

위치 : 제주 서귀포시 남원읍　　**지역지구** : 도시지역, 제1종전용주거지역

대지면적 : 1,080㎡　　**연면적** : 114.29㎡　　**규모** : 지상 1층 + 다락

산들거리는 제주 바람을 맞고 있는 대지, 나지막한 경사를 따라 흐르는 삽상한 활기가 이곳저곳에 스며있는 곳. 신흥리 주택은 초등학교 동창 사이인 남편과 아내 그리고 각자의 사연이 있는 9마리의 유기견이 함께 어울려 살 집이다. 대지는 낮은 경사를 가지고 있어 남쪽으로는 넓게 펼쳐진 제주 귤나무밭을 한눈에 바라볼 수 있다. 부부는 각자의 공간과 9마리의 강아지와 함께 생활할 수 있는 너른 공간을 원했다. 따라서 건축 공간을 다양한 레벨을 갖는 외부와 긴밀하게 연결될 수 있도록 하고, 각기 다른 생활에 대한 프라이버시를 확보할 수 있도록 세 갈래의 공간 구조를 생각했다. 남편을 위한 공간, 아내를 위한 공간, 강아지와 부부가 함께 만날 수 있는 공간으로 나눠진 세 영역은 만곡된 각각의 용마루가 만나면서 내외부에 아름다운 공간감을 자아낸다. 대지의 높낮이를 이용해 외부에도 강아지집을 마련하였고 무릎이 좋지 않은 건축주를 위해 편하고 낮은 경사도의 계단도 만들었다. 집 주변으로는 부부가 손수 가꾼 조경과 함께 강아지와 산책할 수 있는 다양한 동선들을 만들어 집과 외부 공간이 서로 유기적으로 연결될 수 있도록 하였다.

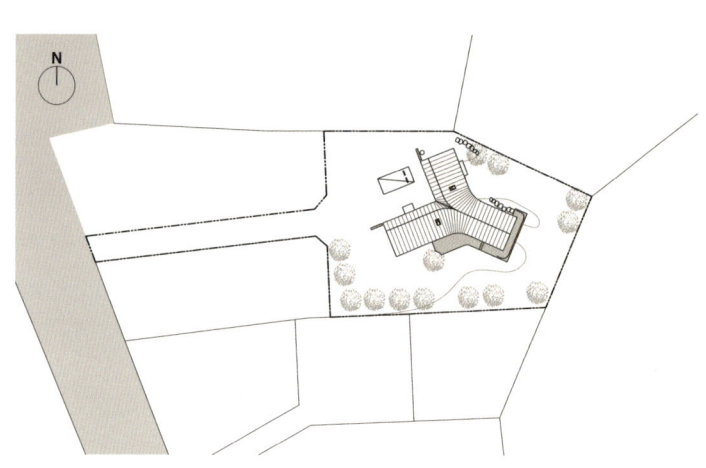

PLAN

1F 121.96m²   ATTIC 27.71m²

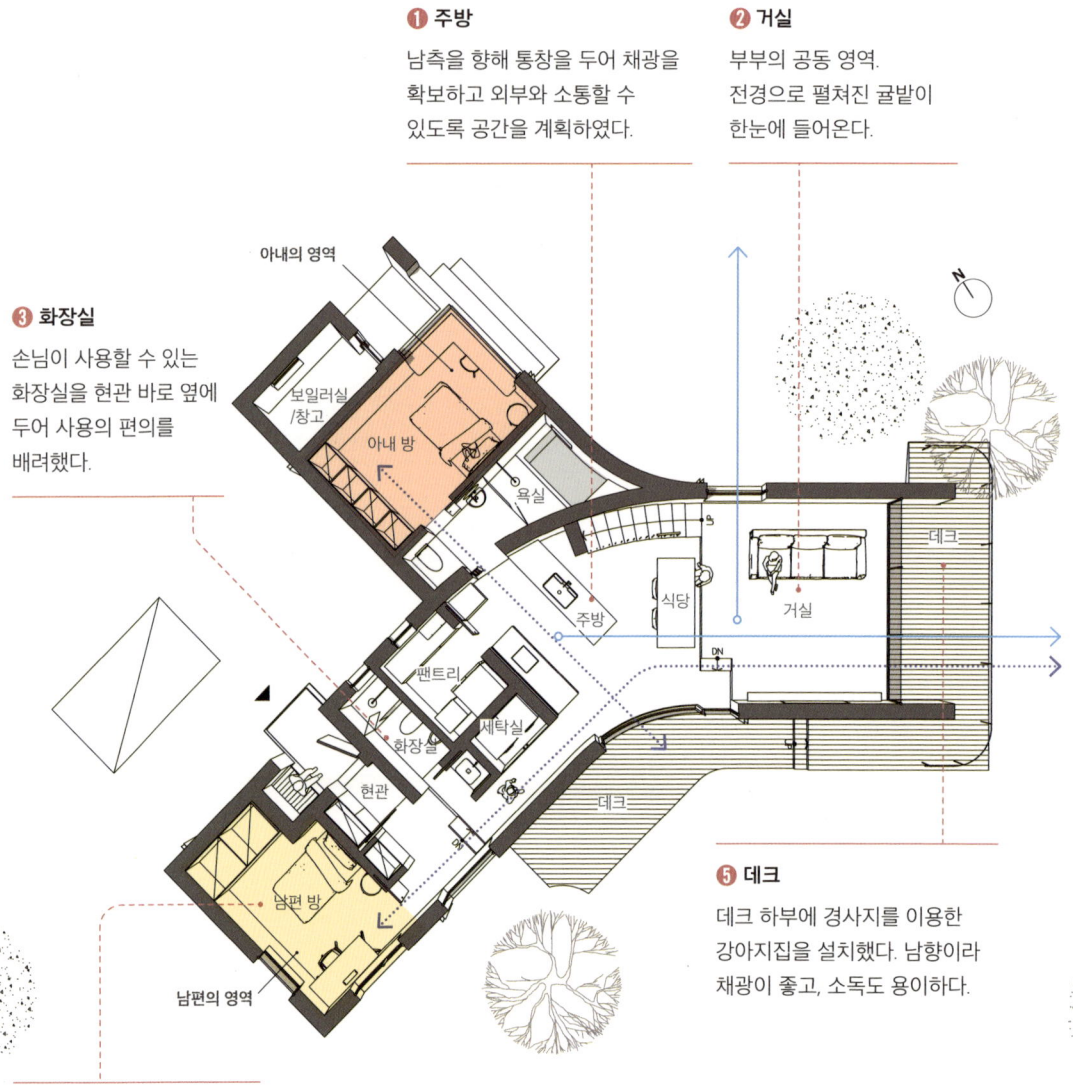

❶ **주방**
남측을 향해 통창을 두어 채광을 확보하고 외부와 소통할 수 있도록 공간을 계획하였다.

❷ **거실**
부부의 공동 영역. 전경으로 펼쳐진 귤밭이 한눈에 들어온다.

❸ **화장실**
손님이 사용할 수 있는 화장실을 현관 바로 옆에 두어 사용의 편의를 배려했다.

❹ **남편 방**
외부 활동이 잦은 남편을 위해 현관과 가까운 곳에 침실을 배치했다.

❺ **데크**
데크 하부에 경사지를 이용한 강아지집을 설치했다. 남향이라 채광이 좋고, 소독도 용이하다.

KEY POINT

- **구성원** : 부부, 9마리 반려견
- 함께 시간을 보낼 거실을 중심으로, 부부 각자의 생활 공간이 구분된 평면
- 주택 내외부 반려견을 위한 요소 계획
- 대지 높이차를 이용한 산책로

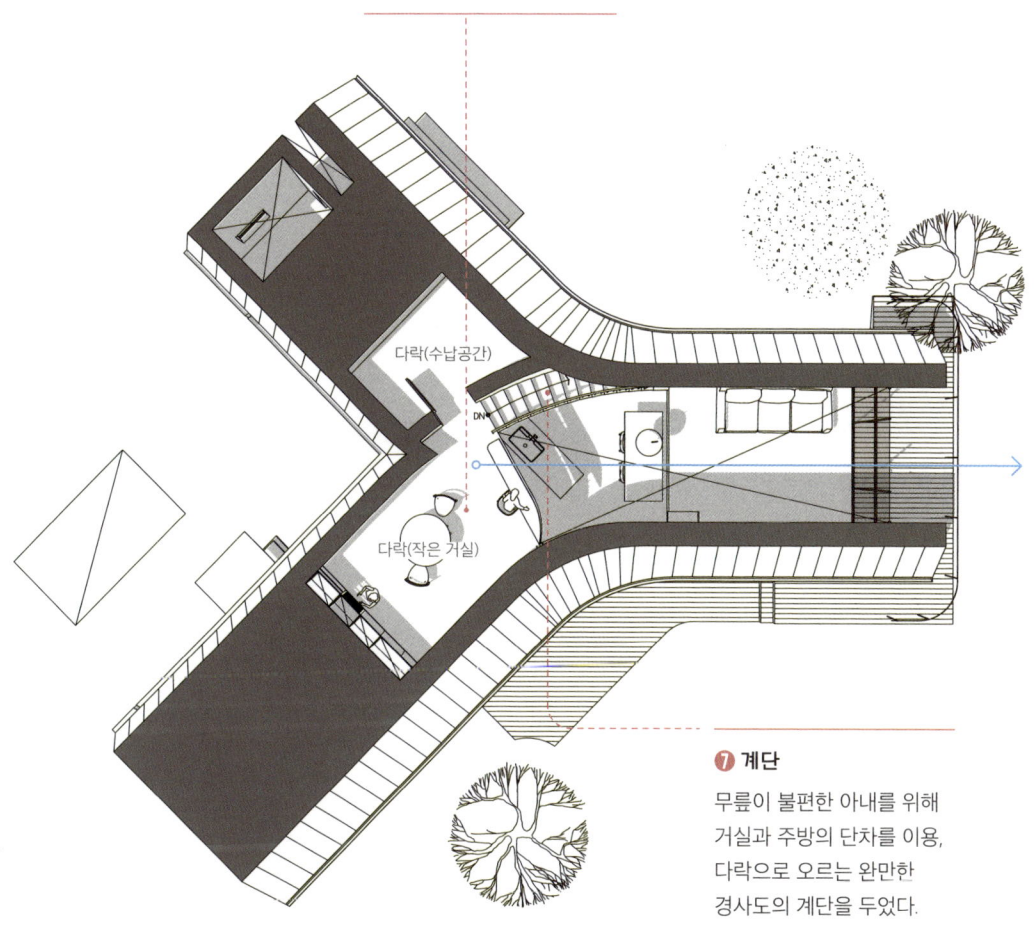

❻ 다락
취미생활을 할 수 있는 작은 거실과 수납공간을 두어 다용도의 장소로 사용한다.

❼ 계단
무릎이 불편한 아내를 위해 거실과 주방의 단차를 이용, 다락으로 오르는 완만한 경사도의 계단을 두었다.

1 주변과 어우러진, 경사를 활용한 편안한 단층 구조
2 공간의 성격에 따라 삼발이 형태로 매스를 나눴다.
3 안쪽 마당으로 가기 위해 조성된 주진입구
4 만곡된 지붕선과 거실의 내부 구조가 잘 어울린다.

5 대지의 단차를 이용해 하부에 강아지집을 두었다.
6 실내에 노출된 지붕선이 아름다운 공간감을 준다.
7 주방과 거실의 높이 차이를 활용하여 식탁을 놓았다.
8 집 안 곳곳에는 차경을 위한 창호를 설치했다.

(HOME 09)

아웃도어 라이프를 즐기는
부부를 위한 필로티 주택

| **위치** : 강원 동해시 평릉동 | **지역지구** : 도시지역, 제1종전용주거지역 |
| **대지면적** : 338.50㎡ | **연면적** : 87.28㎡ | **규모** : 지상 2층 + 다락 |

아파트에서 줄곧 살아왔다는 부부는 그들만의 삶을 담아낼 수 있는 주택을 바랐다. 야외 활동을 즐기고 친구들과의 소통을 중요시하는 남편과 집에서 온전히 휴식을 취하길 원하는 아내의 바람을 모두 챙겨야만 했다. 특히 반려견이 뛰어놀 수 있는 안전한 마당과 짜임새 있는 공간을 요구하였다. 집의 근본은 외부의 화려함보다 삶이 묻어나는 공간의 깊이에 있다고 생각하기 때문에, 경사지붕의 조형 요소를 그대로 간직하면서 내외부에 다양한 공간을 두어 가족 간의 유대, 주변 환경과 긴밀한 호응이 가능한 구조를 만들었다. 1층 주방과 식당은 사랑방의 성격이다. 손님을 초대하고 요리를 좋아하는 부부를 위한 공간으로, 후정과 긴밀하게 연결된다. 1층 주방과 2층 거실은 하나의 공간으로 트여있지만, 1개 층 높이 차이로 자연스레 구분된다. 1층에서 다락까지 연장된 천장은 공간을 좀 더 넓어 보이게 하고, 전면 동해를 향해 뚫린 창이 시각적인 확장을 경험하도록 한다. 다락은 여러 가지 취미 활동을 할 수 있는 아내의 개별 공간으로 사용된다. 이러한 구성은 가족 간의 프라이버시를 명확히 확보하면서도 공용 공간에 대한 활용성을 가질 수 있다.

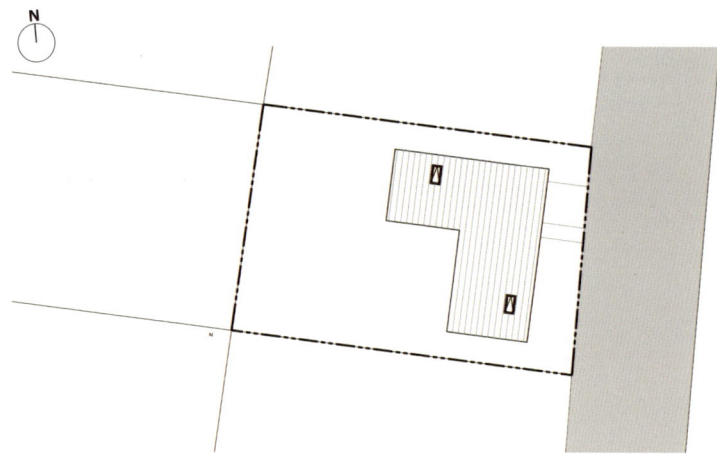

PLAN

1F 33.13m²   **2F** 54.15m²   **ATTIC** 12m²

❶ **전정(앞마당)**
담이 없는 전면 마당으로, 늘 열려 있어 이웃과 담소를 나누고 적극적으로 주변과 소통할 수 있다.

❷ **주방, 식당**
손님이 왔을 때 함께할 주방과 식당 공간을 입구와 가장 가까운 곳에 두고, 외부 데크 및 후정과 직출입이 가능하게 하여 동선의 편의를 배려했다. 2층 거실과 동선이 교차하는 공간에 넓은 창을 배치해 개방감과 확장감을 주었다.

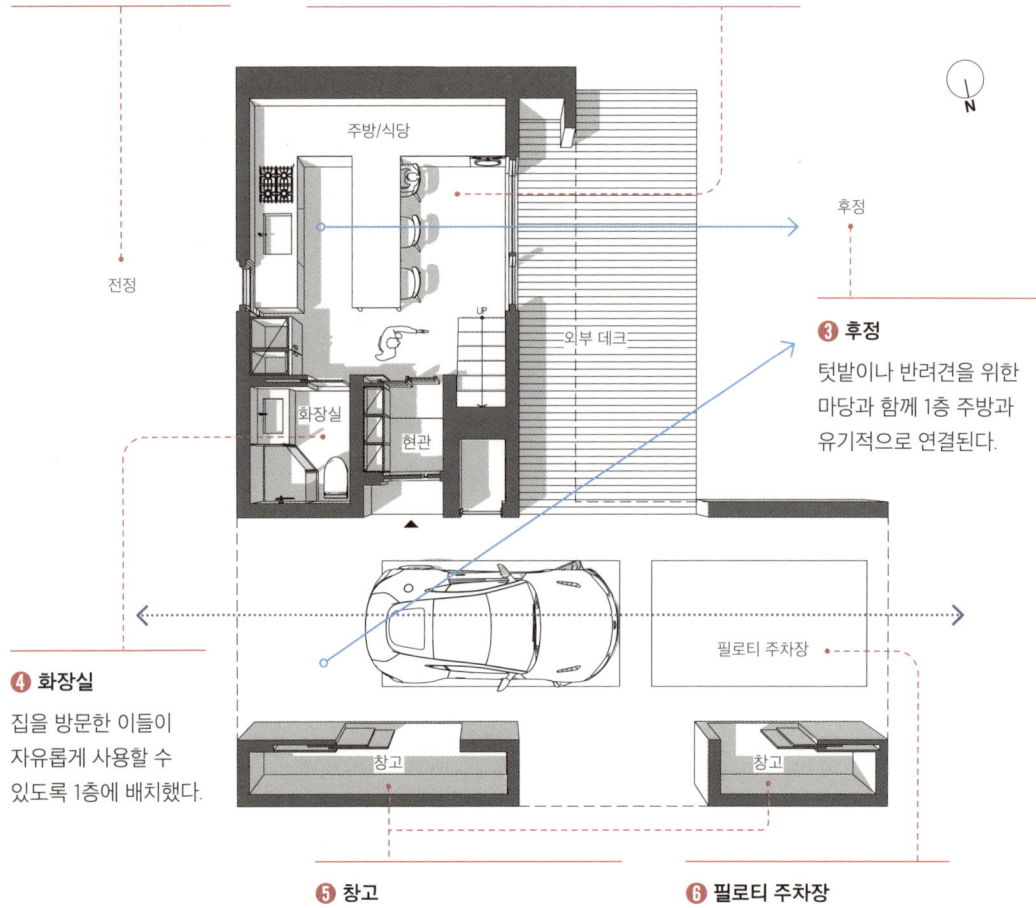

❸ **후정**
텃밭이나 반려견을 위한 마당과 함께 1층 주방과 유기적으로 연결된다.

❹ **화장실**
집을 방문한 이들이 자유롭게 사용할 수 있도록 1층에 배치했다.

❺ **창고**
주차장 측면에 캠핑용품을 적치하거나 보관할 수 있는 2개의 큰 창고를 마련했다. 창고는 필로티 구조를 위한 기둥의 역할도 겸한다.

❻ **필로티 주차장**
비나 햇빛을 피해 주차와 차량 관리는 물론, 손님 혹은 마을 사람들과 모임을 즐길 수 있는 공간이다.

KEY POINT

- **구성원** : 초등학교 교사인 젊은 딩크 부부와 반려견
- 집에 손님을 초대하기 좋아하는 부부의 성향을 반영한 공간 구조
- 필로티 구조를 활용한 공간(차량 관리, 캠핑)과 주변과 소통하는 세 개의 마당
- 언덕 위 단독주택 필지 내 간결한 조형성과 재료

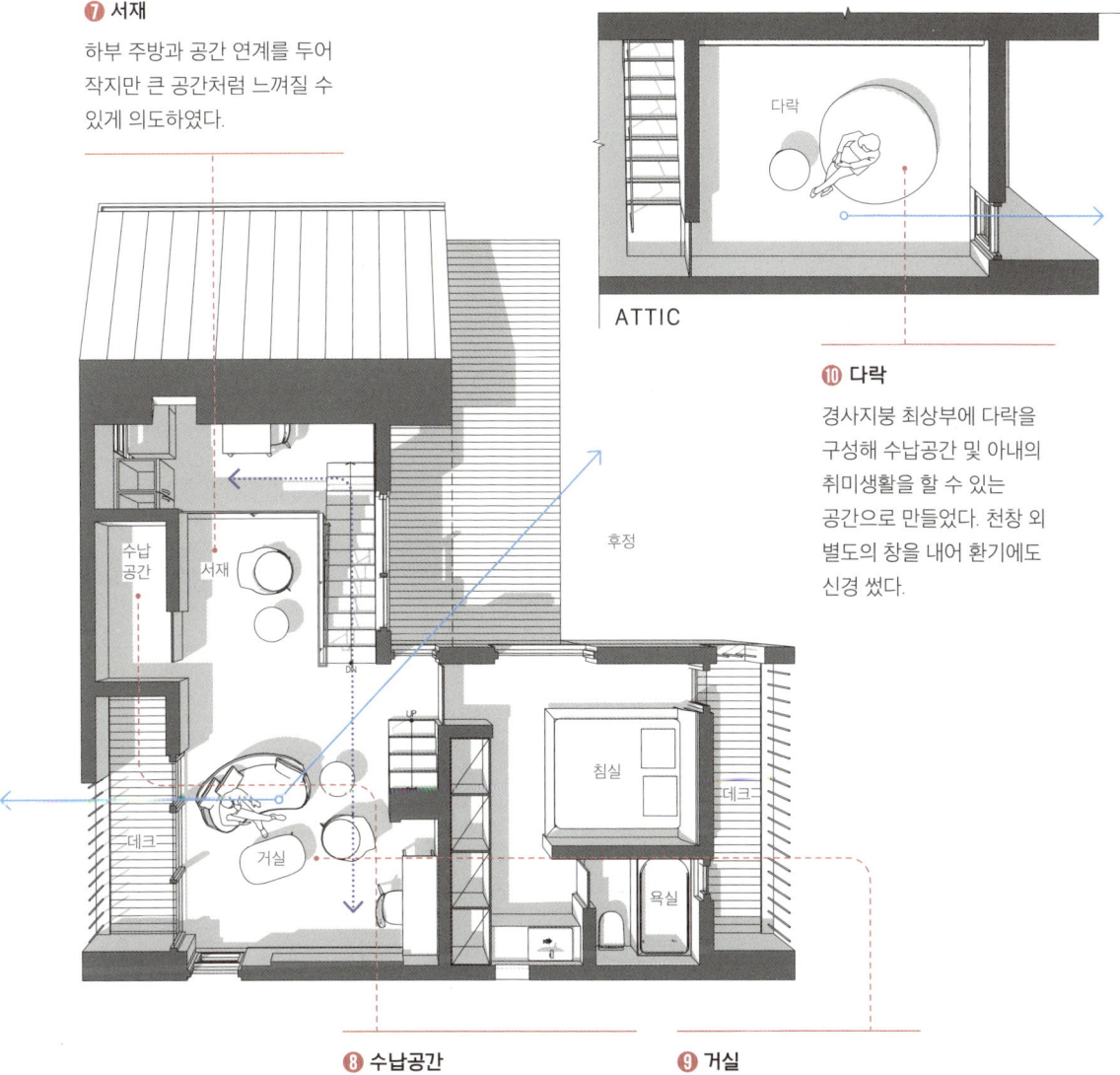

❼ 서재
하부 주방과 공간 연계를 두어 작지만 큰 공간처럼 느껴질 수 있게 의도하였다.

❿ 다락
경사지붕 최상부에 다락을 구성해 수납공간 및 아내의 취미생활을 할 수 있는 공간으로 만들었다. 천창 외 별도의 창을 내어 환기에도 신경 썼다.

❽ 수납공간
집 안 곳곳에 수납할 수 있는 장소를 마련해 공간 활용이 가능하도록 했다.

❾ 거실
옥외 데크를 배치해 거실 정면에서 동해를 바라볼 수 있다.

1 태양광 패널의 설치 경사와 맞춘 지붕의 각도
2 손님을 맞는 주방 역시 큰 창을 통해 후정과 이어진다.
3 2층에서도 후정과의 시선 교차를 고려했다.
4 높은 층고와 천창 등으로 개방감이 느껴지는 내부 공간

5 1층과 2층은 지붕선을 따라 하나의 공간으로 연결된다.
6 2층 거실에서는 원경으로 펼쳐지는 동해안을 즐길 수 있다.
7 각 공간은 시야가 열려 있어 좁지 않은 느낌이 든다.
8, 9 서재뿐 아니라 다락에서도 1층 주방까지 시선이 확장된다.

동해 시선재

(HOME 10)

농가주택에 대한 선입견을 탈피한 집

| **위치** : 충북 충주시 복탄리 | **지역지구** : 생산관리지역, 수변경관지구 |
| **대지면적** : 1,326㎡ | **연면적** : 149.67㎡ | **규모** : 지상 2층 |

서울에서 지내다 주말에 집으로 오는 자녀들의 의견을 반영해 건축주는 가족들의 바람이 담긴 집을 만들고자 했다. 처음 대지에는 두 개의 주택과 두 건물 사이 창고가 있었다. 하나는 개량한옥 형태의 공간, 또 하나는 평지붕 형식의 양옥집이었다. 건축주는 그중 개량한옥을 철거하고 그 위치에 새로운 공간을 설계해주길 원했다. 따라서 채광이나 마당을 활용에 효과적인 기존 구옥의 방향대로 긴 장방형 매스를 구상하고, 창고로 쓰던 공간을 철거해 남한강 뷰 및 뒤편 자투리 마당을 활용할 수 있게 했다. 주택은 유리박스의 투명한 온실, 사람들이 오가는 반외부의 출입구 겸 통로, 가족의 생활 공간 등 3개의 켜로 구성된다. 1층은 부부 침실과 공용 공간을 위주로, 주방과 거실 사이 통로를 통해 구옥과 연결된다. 거실은 주방보다 40㎝ 높이고, 전면 큰 창을 통해 외부 데크로 나갈 수 있다. 2층은 건축주의 열린 작업실과 딸들의 방으로 이루어져 있으며, 경사지붕의 장점을 살려 다락 형태의 공간을 가진다. 옥외 브릿지가 구옥 옥상과 연결되어 있는데, 이는 또 하나의 마당이 된다. 기존 구옥은 화장실을 확장하고 세탁실과 다용도실 등을 계획해 동선과 수납공간의 부족함을 보충했다. ●

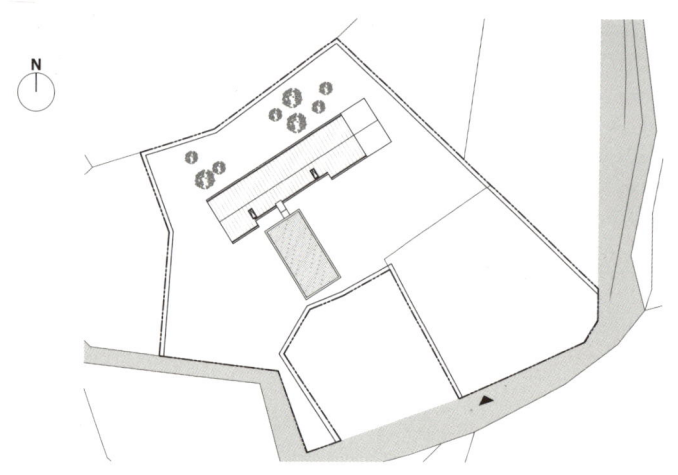

PLAN

1F 121.96m²   **2F** 27.71m²

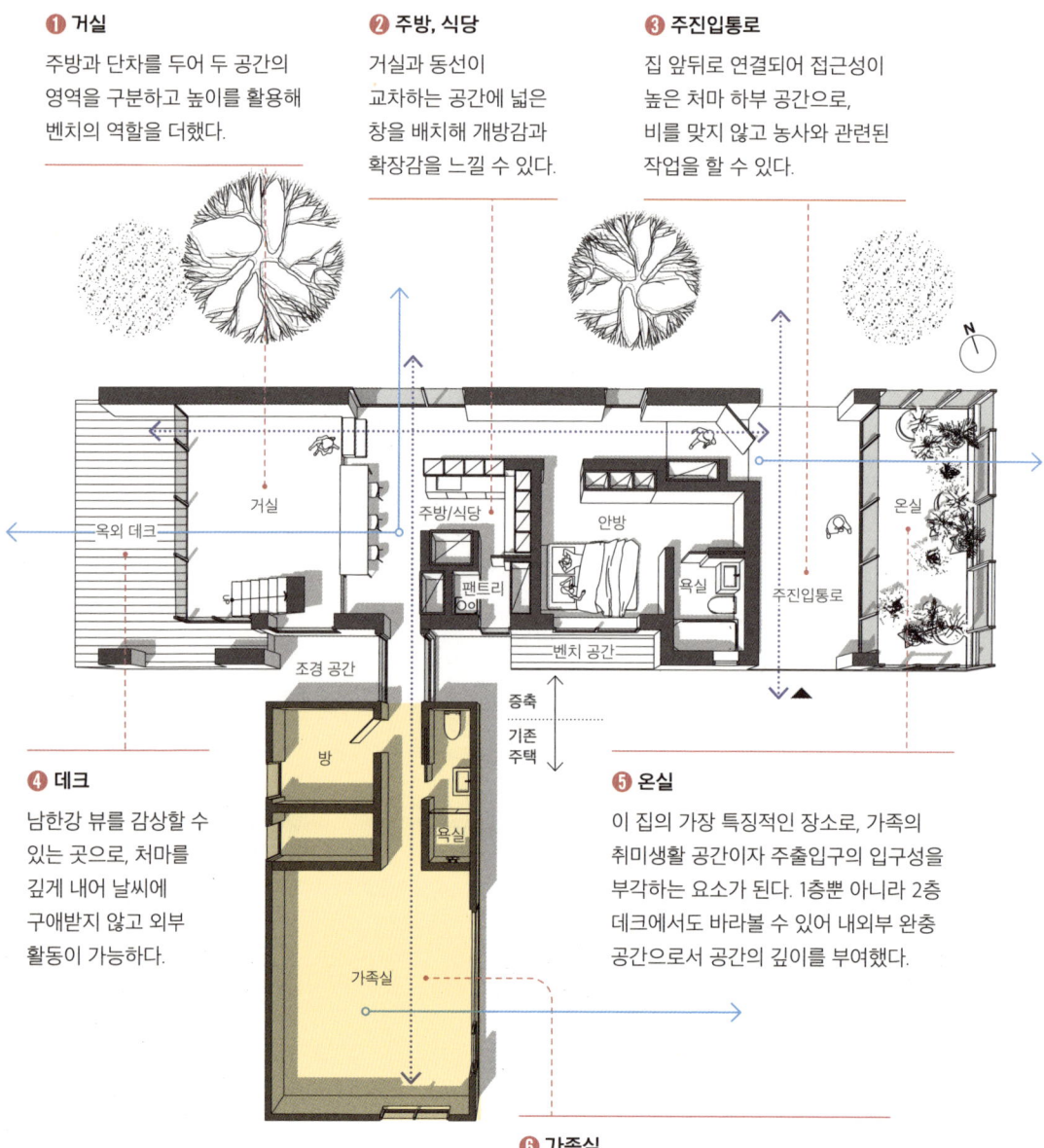

❶ 거실
주방과 단차를 두어 두 공간의 영역을 구분하고 높이를 활용해 벤치의 역할을 더했다.

❷ 주방, 식당
거실과 동선이 교차하는 공간에 넓은 창을 배치해 개방감과 확장감을 느낄 수 있다.

❸ 주진입통로
집 앞뒤로 연결되어 접근성이 높은 처마 하부 공간으로, 비를 맞지 않고 농사와 관련된 작업을 할 수 있다.

❹ 데크
남한강 뷰를 감상할 수 있는 곳으로, 처마를 깊게 내어 날씨에 구애받지 않고 외부 활동이 가능하다.

❺ 온실
이 집의 가장 특징적인 장소로, 가족의 취미생활 공간이자 주출입구의 입구성을 부각하는 요소가 된다. 1층뿐 아니라 2층 데크에서도 바라볼 수 있어 내외부 완충 공간으로서 공간의 깊이를 부여했다.

❻ 가족실
기존 주택에서 거실로 사용하던 공간. 영화를 보거나 제사를 지내는 등 가족의 행사를 위해 여유 있는 공간으로 만들었다.

KEY POINT

- **구성원** : 부부, 자녀(딸 2, 아들)
- 구옥과 신축 건물의 연결과 조화
- 다양한 화초를 키울 수 있는 어머니를 위한 온실
- 가족 간의 소통을 고려한 내외부 공간의 연속성

❼ **작은 거실**
자녀방과 이어진 프라이빗한 장소로, 전면으로는 개방감이 확보되어 답답함을 덜었다.

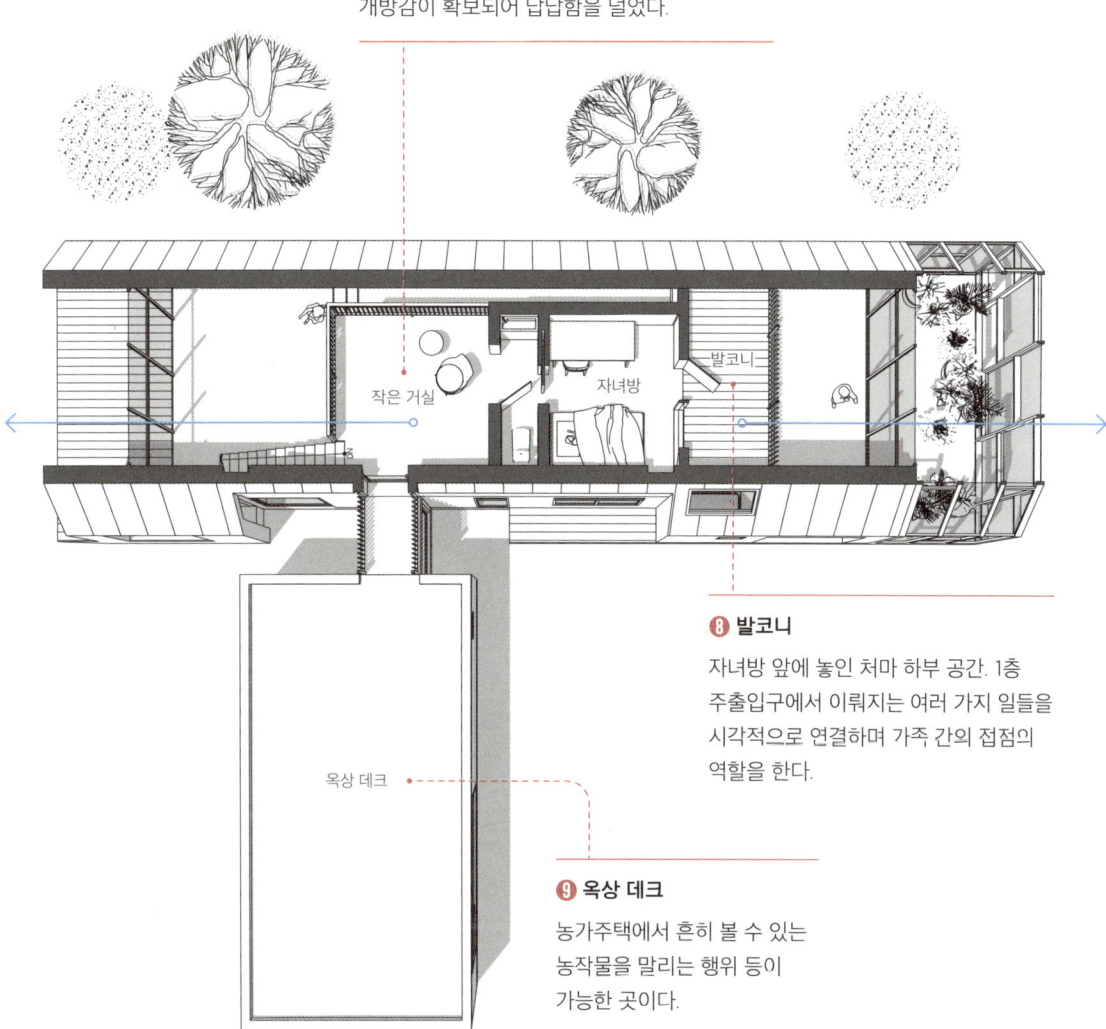

❽ **발코니**
자녀방 앞에 놓인 처마 하부 공간. 1층 주출입구에서 이뤄지는 여러 가지 일들을 시각적으로 연결하며 가족 간의 접점의 역할을 한다.

❾ **옥상 데크**
농가주택에서 흔히 볼 수 있는 농작물을 말리는 행위 등이 가능한 곳이다.

1 전면으로 펼쳐진 남한강 조망을 위해 통창을 적용하였다.
2 증축 건축물의 주출입구는 마당을 가로질러 진입한다.
3 주출입구와 면한 온실이 건물에 색다른 인상을 준다.
4 온실과 현관 사이 공간은 활용성이 높은 전실이 된다.

5 2층까지 오픈된 천장이 개방감을 더한다.
6 거실은 주방과 단차를 두고 배치했다.
7 지붕선이 그대로 드러난 2층 방

8 싱크대 앞 큰 창을 통해 채광과 주변 경치를 담았다.
9 2층 방 앞 내부 테라스에서도 온실을 볼 수 있다.

(HOME 11)

프라이버시와 마당을 함께
즐기는 도심 속 주택

위치 : 서울 강남구	지역지구 : 제3종일반주거지역
대지면적 : 457.9㎡	연면적 : 522.29㎡	규모 : 지하 1층, 지상 2층 + 다락

이 지역의 터줏대감인 건축주는 오랫동안 살던 주택을 철거하고 프라이버시 확보가 용이한 주택을 짓길 원했다. 서울 도심 한복판이기 때문에 주변에는 7~8층 이상의 높은 빌딩들이 건축주의 대지를 에워싼 상황이었다. 기존의 집은 남쪽에 마당을 두고 북쪽에 건물이 지어진 전형적인 남향집의 배치를 하고 있었고, 낮과 밤을 가리지 않고 쏟아지는 주변 빌딩에서의 시선을 가리기 위해 가족들은 항상 블라인드를 치고 지냈다고 했다. 따라서 본인이 소유하고 있는 대지를 온전하게 이용하고 언제나 편안한 복장으로 마당을 거닐 수 있는 집을 만들고자 거대한 박공지붕의 형태를 취한 매스를 대지 중앙에 두고, 길게 드리워진 처마를 대지 주변을 감싸고 있는 담과 그 높이를 조율하여 내부 공간에서는 대지 전체로 시선이 확장되지만, 주변의 빌딩에서 쏟아지는 시선은 실내 공간에 닿지 않도록 설계하였다. 집의 실내 모든 공간이 마당과 후정과 밀접하게 연결되어 있어 언제든지 집 안에서 산책을 할 수 있다. ●

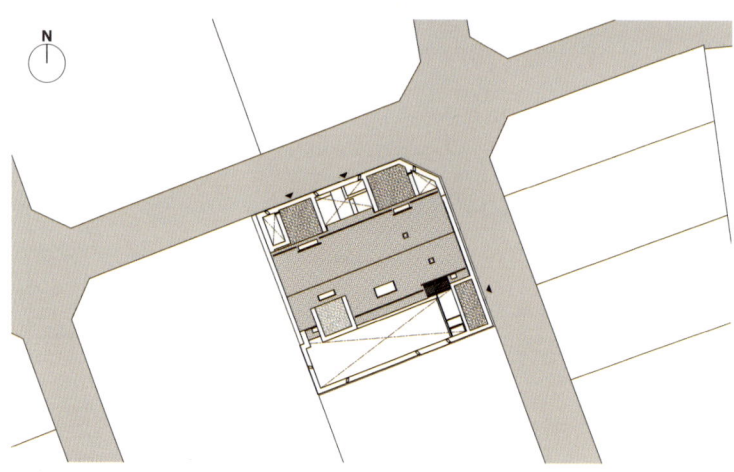

PLAN

B1F 132.94m²   **1F** 185.01m²
2F 89.68m²   **ATTIC** 23.8m²

❶ 주차장
별도의 출입구를 만들어 큰 물건들의 반입이 쉽도록 했다.

❷ 워크샵
개인적인 취미 공간으로, 슬라이딩 도어를 설치해 처마 아래 외부 휴식 장소로 공간이 확장될 수 있게 배려해 주었다.

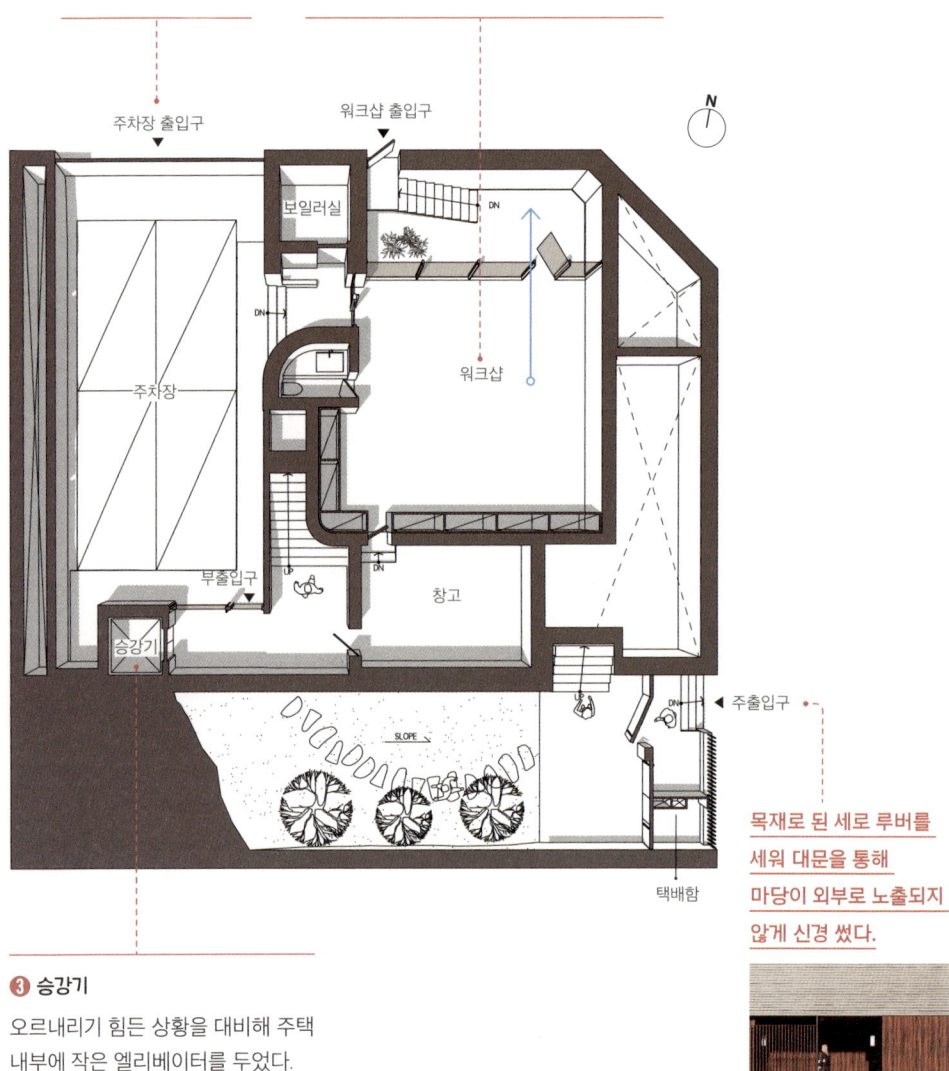

목재로 된 세로 루버를 세워 대문을 통해 마당이 외부로 노출되지 않게 신경 썼다.

❸ 승강기
오르내리기 힘든 상황을 대비해 주택 내부에 작은 엘리베이터를 두었다.

KEY POINT

- **구성원** : 노부부, 아들
- 주변 높은 빌딩의 시선을 차단한, 프라이버시를 고려한 외부 디자인
- 거대한 박공지붕을 이용한 사생활 확보와 실내 공간의 개방감
- 노년을 대비해 승강기 설치 및 편리한 동선의 공간 구조

❹ 식당, 팬트리
후정 옆에 자리해 조경을 바라보며 식사가 가능하다. 팬트리 옆으로 상부가 오픈된 포켓 마당을 만들어 장독대를 놓거나 물건을 적치할 수 있게 했다.

❺ 후정
벤치가 있어 차를 마시며 휴식을 취할 수 있다. 좁은 슬릿을 통해 근처 근린공원으로 시선이 확장된다.

❻ 아들 방
외부 출입이 많은 아들의 방은 주출입구 바로 근처에 배치하였다.

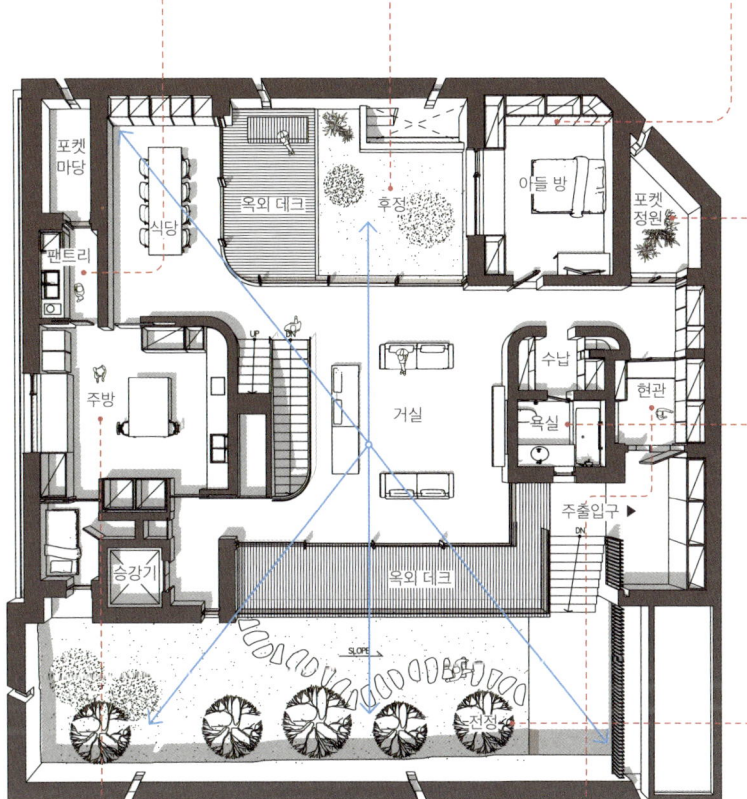

주진입을 하면서 마주하게 되는 초록 공간

❼ 욕실
욕실 입구 통로에 별도의 수납공간을 두어 비품들을 보관할 수 있도록 했다.

❽ 주방
아일랜드 구성으로 여유 있게 주방 이용이 가능하도록 했다. 주방에는 식당과 거실로 연결되는 두 개의 동선이 있어 필요에 따라 활용할 수 있다.

❾ 주출입구, 현관
내부로 들어와 바로 보이는 한쪽 면에 가구를 일렬로 놓아 일체화된 입면이 되게 하였다. 입구 앞에는 정원 도구나 외부 집기를 수납할 수 있는 별도의 공간이 있다.

한적한 산책이 가능한 다양한 레벨을 갖는 정원

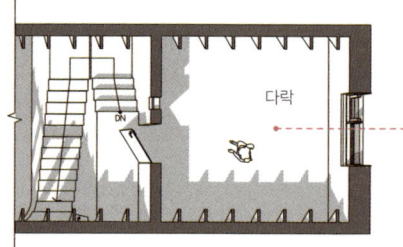

⑬ 다락

게스트룸이자 손자, 손녀를 위한 놀이 공간. 침실로 활용되기도 한다. 삼각형 단면을 가지고 있는 공간으로, 바닥에 상향등을 매립하여 서까래의 멋진 구조미를 느낄 수 있다.

ATTIC

⑩ 아내 방

상부에 천창을 설치해 밝은 공간이 되었다. 드레스룸을 방 안쪽에 만들어 옷 정리가 쉽다.

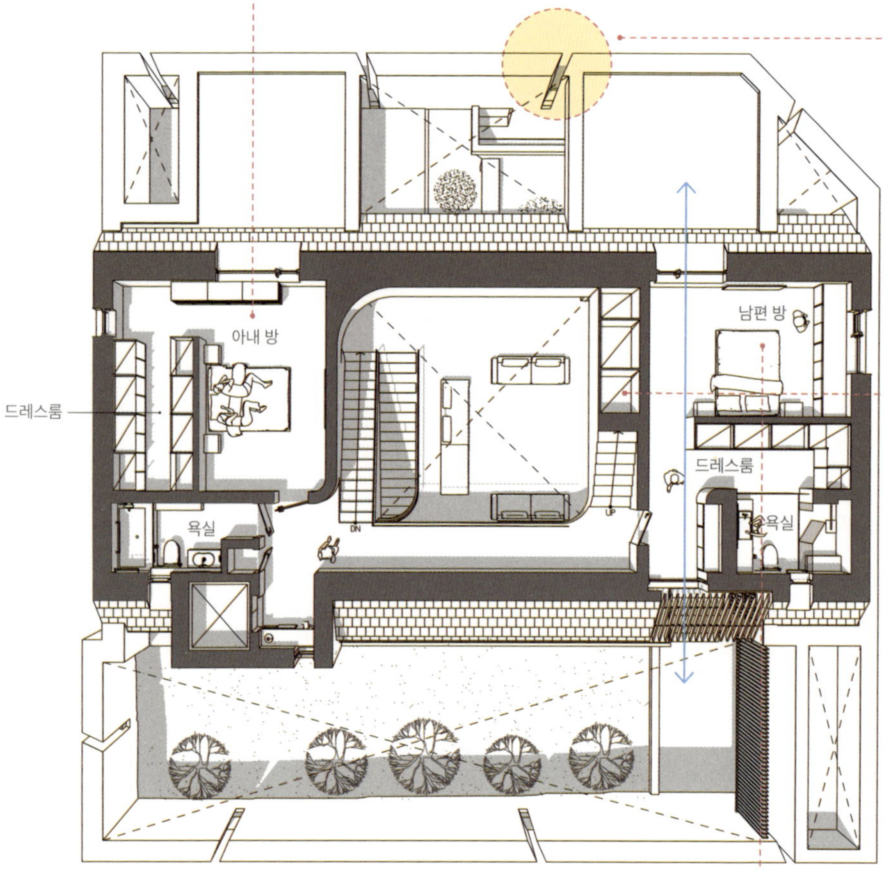

바람길을 만들어 상쾌한 바람이 중정과 후정으로 소통될 수 있도록 하고, 틈을 통해 외부로 시선이 열릴 수 있게 했다.

⑫ 수납공간

다락으로 오르는 계단의 하부 공간은 남편 방의 수납공간으로 활용한다.

⑪ 남편 방

방 안의 창 높이에 맞춘 선반은 탁자로도 쓸 수 있다. 드레스룸과 연결된 욕실을 배치해 불필요한 동선을 줄였다. 남측에 면한 창에는 루버를 두어 시선을 차단하면서도 개방감을 주었다.

1 내부에서는 중정과 후정을 한눈에 바라볼 수 있다.
2 거실 상부는 개방감을 위해 3층 높이까지 열었다.
3 목구조의 깊은 지붕이 주변 시선을 차단한다.
4 지붕선 덕분에 아늑한 공간감이 전해지는 3층

(HOME 12)

중정을 두고
서로 마주 보는 두 집

위치 : 인천 남동구 논현동 | **지역지구** : 제1종전용주거지역, 지구단위계획구역
대지면적 : 347.80㎡ | **연면적** : 279.93㎡ | **규모** : 지상 2층

도담가는 각자 아파트에 살 때도 친밀했던 두 가족이 마음에 드는 땅을 발견하면서 집을 짓기로 결심하고 완성한 주택이다. 가족 구성원들이 어떤 집을 원하는지 들어보니 공통으로 바란 건 넓은 중정 마당이었다 따라서 집의 형태도, 예산도 모든 것을 중정에 맞췄다. 7×7m, 약 15평 규모의 중정을 가운데 배치한 뒤 'ㄱ'자 모양의 집 두 채가 이를 감싸는 형태로 디자인했다. 양쪽 집 거실이 중정을 사이에 두고 마주 보는 구조다. 두 집의 주방이 만나는 지점에는 공동 창고를 놓아 김치냉장고, 청소기, 건조기 등 같이 쓰는 가전을 보관했다. 형태상으로는 듀플렉스 하우스이지만, 가족 구성에 따라 두 채가 약간씩 다르다. 초등학생 아들이 둘 있는 동생네는 1층에 부부 침실과 거실, 2층에 두 아이들의 방을 뒀다. 언니네는 현관문을 열면 바로 보이는 주방 싱크대 위로 중정을 향해 긴 창이 나 있다. 아이가 마당에서 뛰노는 모습을 보기 위함이다. 그리고 2층에는 책과 LP로 채워진 남편 작업실과 아이방이 배치됐다. 2층에선 두 집이 테라스로 연결되고, 그 가운데 마치 정거장처럼 만날 수 있는 게스트룸이 있다. 손님이 자고 가기도, 가족이 모여 영화를 보기도 하는 자유로운 공간이다. 이처럼 도담가는 두 채의 집이 긴밀하게 연결된 마을 안의 마을이라고 할 수 있다. ●

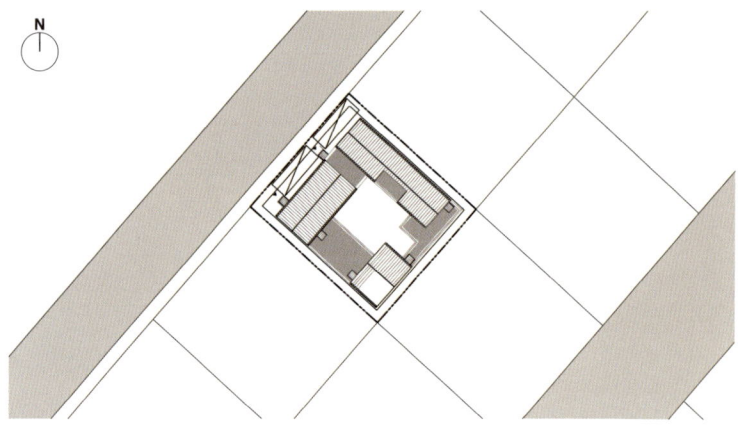

PLAN

1F 164.76m²   **2F** 115.17m²

❶ 계단실
2층으로 쉽게 접근 가능하도록 현관과 가까운 곳에 연결 계단을 두었다.

❷ 공용 창고
김치냉장고, 청소기, 건조기 등 두 집이 같이 쓰는 가전을 둘 수 있는 창고로 공간 활용도를 높였다.

❸ 동생네 주방, 식당
주방과 식당은 중정으로 시선의 교차를 최소화하여 프라이버시 확보가 가능하게 했다.

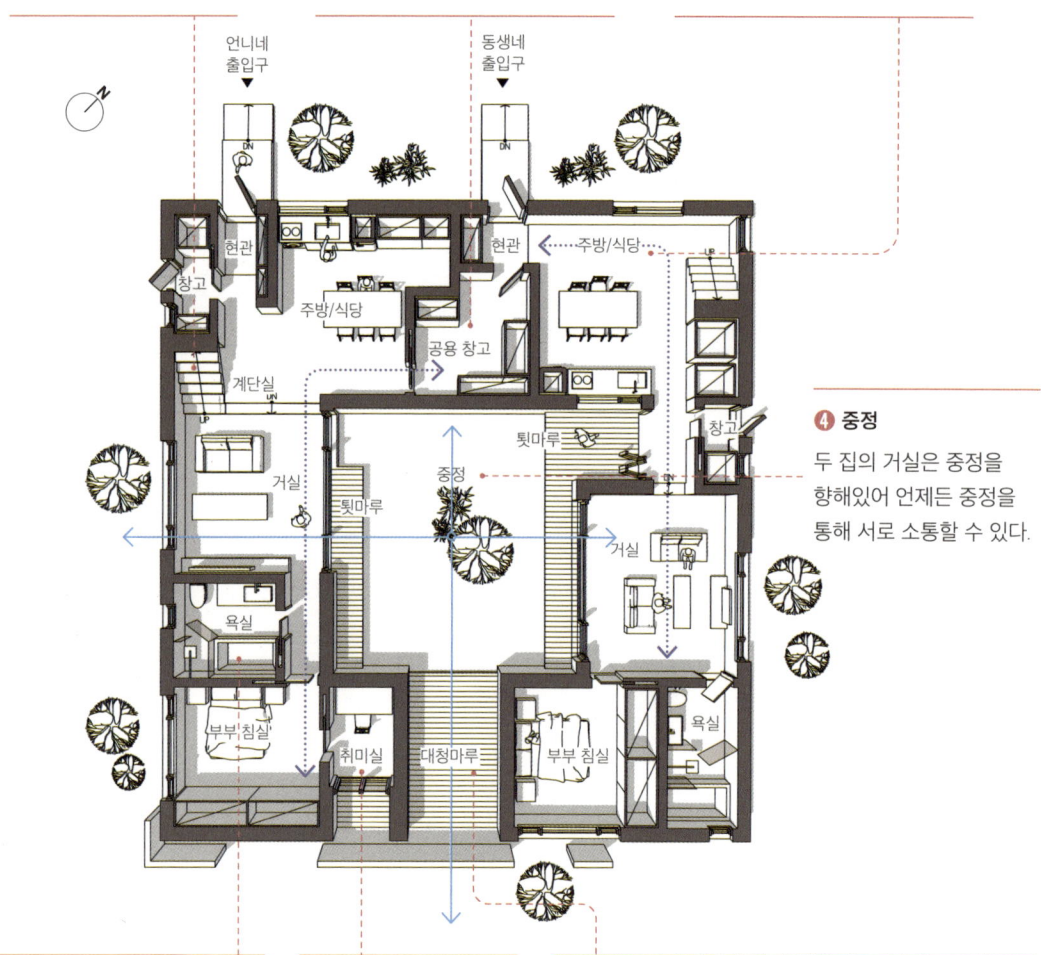

❹ 중정
두 집의 거실은 중정을 향해있어 언제든 중정을 통해 서로 소통할 수 있다.

❺ 욕실
욕실에서 나왔을 때 중정을 통해 반대편 집에서 보이지 않도록 문 앞의 벽으로 차폐를 하였다.

❻ 취미실
침실에 면한 곳에 독서를 즐기는 남편을 위한 취미 공간을 두었다.

❼ 대청마루
대청마루 앞으로 낮은 담을 두어 주변 대지로부터 시선이 적절히 걸러질 수 있도록 했다. 대청마루는 건물 사이의 바람골이 되어 시원한 바람을 맞을 수 있다.

KEY POINT

- **구성원** : 부부, 자녀
- 각자 결혼해 가정을 꾸린 자매가 함께 모여 지은 집
- 가족 모두 공통적으로 원한 넓은 중정 마당
- 1, 2층에서 두 집이 서로 연결되는 동선 구성

❽ 옥외 데크
옥외 데크를 통해 깊숙이 들어오는 빛이 중정을 더욱 쾌적하고 밝은 공간으로 만들어준다. 이곳에선 1, 2층 간의 소통도 가능하다.

❾ 아들 방 1, 2
두 자녀를 위한 침실을 나란히 두고 2층 옥외 데크를 자유롭게 오갈 수 있도록 하였다.

❿ 데크
친척 관계인 두 집의 자녀들은 시시때때로 데크를 통해 서로의 안부를 묻는다.

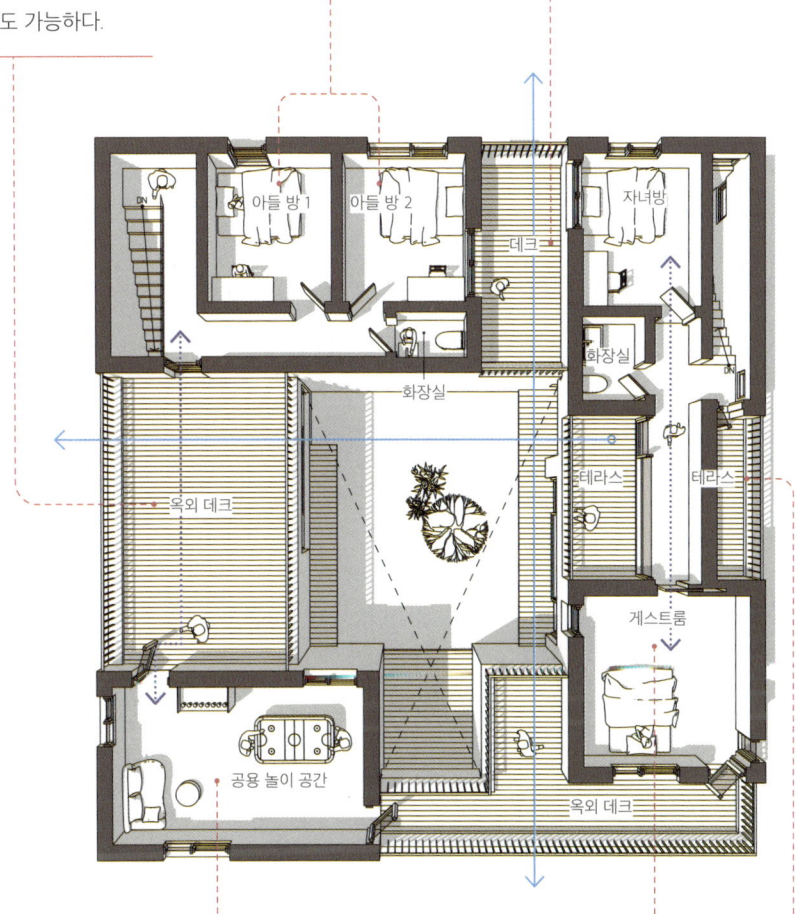

⓫ 공용 놀이 공간
두 가족이 모여 가족 간 친목을 다질 수 있도록 만든 장소. 함께 게임을 하거나 영화를 볼 수 있는 곳이다.

⓬ 게스트룸
다른 공간과 완벽히 별도로 구획된 곳에 두어 더욱 프라이빗하게 사용할 수 있다.

⓭ 테라스
일부 테라스에는 실외기를 놓을 수 있는 별도의 공간을 두었다.

1 두 집 모두 현관과 주방을 가까이 두어 손님 응대가 편하다.
2 집 안의 모든 공간이 중정과 면해 언제든 출입이 가능하다.
3 2층 취미 공간을 통해 옥상 데크로 연결된다.
4 마당 곳곳에는 사이 공간을 이용한 휴식 공간을 두었다.

5 측창을 이용하여 계단실 채광을 확보했다.
6 거실과 중정은 통창을 통해 이어진다.
7 서로 시선이 열려 있는 1, 2층의 옥외 데크
8 공간들 틈 사이로 중정에는 햇살이 가득 들어온다.

(HOME 13)

노부부를 위한
마당 있는 소박한 단층집

위치 : 강원 강릉시 사천면	**지역지구** : 계획관리지역
대지면적 : 640㎡	**연면적** : 87.31㎡	**규모** : 지상 1층

몸이 불편한 아버지의 통원을 위해 대학병원 근처에 딸이 마련해준 소박하고 낮은 집. 집에서 필요한 가장 합리적이면서도 최소의 면적으로 설계한 곳이다. 오랜 투병 생활로 지쳐있던 부모님에게 여유 있는 마당을 선물하여 자연스럽게 운동할 수 있게 했고, 텃밭에서 직접 키운 채소를 먹으며 식이요법을 진행할 수 있도록 집 안 곳곳에 부모님을 위한 많은 배려를 담았다. 화려하진 않지만, 전통가옥의 요소인 대청마루를 현대적인 가옥에 적용하여 실내 그리고 실외 활동이 더욱 다채로워질 수 있도록 하였다. 특히 대청마루에는 거실과 주방을 인접시켜 언제든 부모님이 식사하며 휴식을 취하고 안과 밖을 오가며 담소를 나눌 수 있는 편안하고 안락한 공간이 될 수 있게 했다. 외부에는 부뚜막과 텃밭으로 일상 속 작은 즐거움을 더했다. 실내에 머무는 시간보다 외부에서 활동할 수 있는 여건을 만들어 심리적 안정감을 준 것이다. 노년의 건축주에게 단층의 편안한 구조는 무장애 공간을 만들기 위해 반드시 필요한 방식이었다. 넓은 대지면적을 가지고 있지만, 집은 최소한의 실로 구성하여 공간 효율성을 높였다. 또한, 실내외 생활이 유기적으로 연결될 수 있도록 하는 대청마루와 함께 각 공간의 다양한 역할도 고민했다. ●

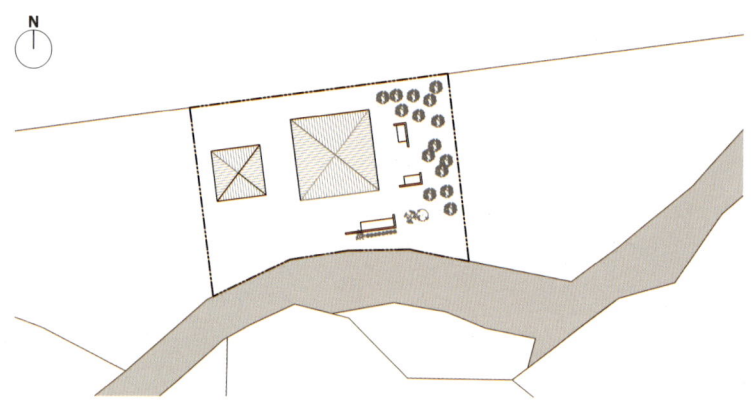

PLAN

1F 62.31m²   **GARAGE** 25.00m²

❶ 침실
따뜻하고 밝은 공간을 원했던 부모님의 요구로 침실을 남측에 배치하였다. 드레스룸, 욕실을 침실과 같은 동선에 두어 편리하게 각 공간을 사용할 수 있다.

❷ 주방, 식당
요리를 하는 동안 아내는 툇마루와 거실에 뚫린 통창을 통해 마당에서 전원생활의 즐거움에 빠진 남편을 바라볼 수 있다.

❸ 다도실
자녀나 손녀가 찾아왔을 때 사용할 수 있는 여유 공간으로, 평상시에는 부부가 함께 차를 마실 수 있는 다도실로 쓴다.

KEY POINT
- **구성원** : 노부부
- 투병 중인 아버지가 어머니와 함께 편안하게 머물 수 있도록 마련한 집
- 넓은 대청마루와 텃밭이 있는 마당
- 부모님이 사용하시는 만큼 오가기 편리한 내부 동선

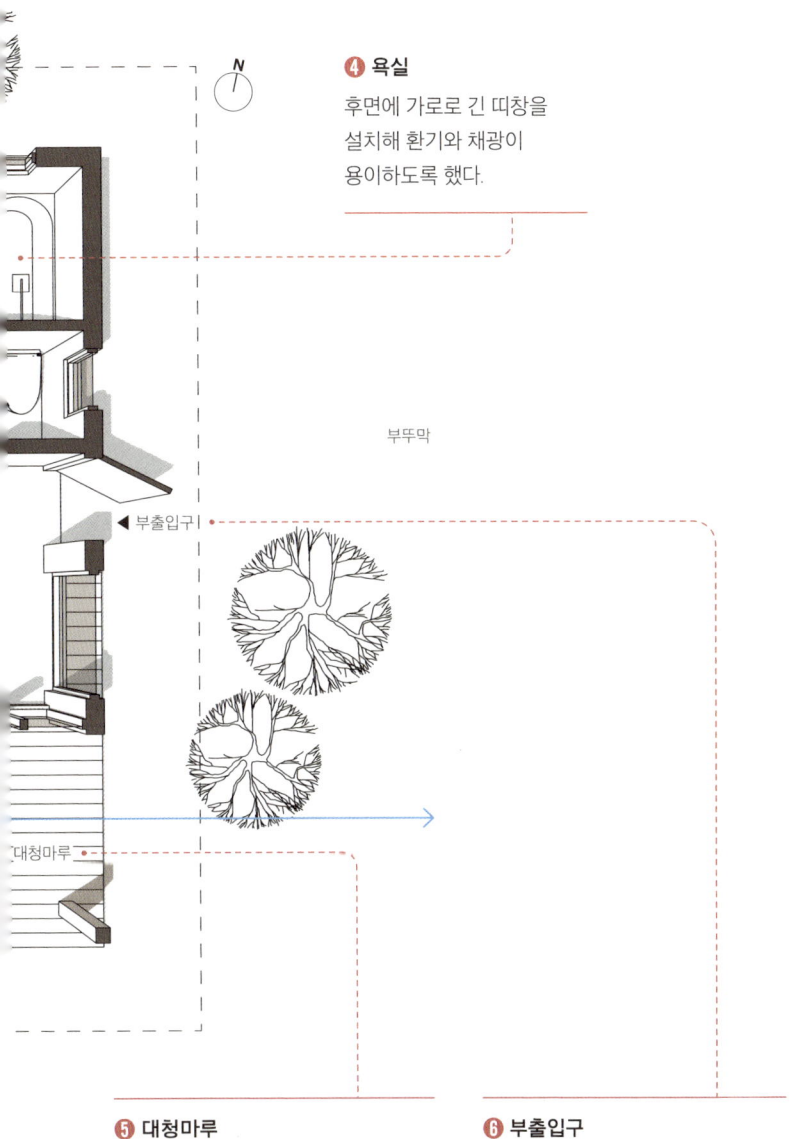

❹ **욕실**
후면에 가로로 긴 띠창을 설치해 환기와 채광이 용이하도록 했다.

❺ **대청마루**
마당에서의 쉼이 더욱 다양해질 수 있는 장소로, 날씨가 좋은 날 앉아 이야기를 나누거나 낮잠을 잘 수 있다.

❻ **부출입구**
마당에서 직출입이 가능하며, 옆에 화장실을 두어 외부 활동 후 사용하기 편리하다.

1 실외와 실내의 완충 공간인 대청마루
2 집 주변, 건축주가 직접 재배하는 작물을 위한 텃밭
3 대청마루에서 바라본 목가적 전경
4 경사 천장을 따라 높아진 주방은 쾌적한 내부를 만든다.

5 주방에 면한 좌식형 거실 공간
6 다도실의 바닥은 단을 높여 공간을 구획했다.
7 요리를 좋아하는 아내를 위한 주방
8 다양한 형태의 창을 통해 실내로 환한 빛이 유입된다.

계획안
HOME 14

부부를 닮아 단단하고
세련된 깊은 처마의 단층집

위치 : 경북 경주시 진현동	**지역지구** : 보전녹지지역	
대지면적 : 596㎡	**연면적** : 108.04㎡	**규모** : 지상 1층

석굴암을 품은 토함산 능선을 따라 길고 넓게 펼쳐진 대지, 자유롭게 굽이도는 논두렁이 이 집의 만곡된 낮은 처마와 그 흐름을 같이 하고 있다. 전원에서 누리는 행복한 중년의 삶을 꿈꾸는 부부는 텃밭에서 채소를 키워 먹고 좋아하는 꽃나무를 키울 수 있는 소박하고 낮은 집을 원했다. 주택단지 필지로 구획되었지만, 완만한 경사면을 따라 드넓게 펼쳐진 논밭을 배경으로 개방감이 큰 대지여서 최대한 모든 실이 정면을 향할 수 있도록 계획하였다. 가로 방향으로 길게 배치된 평면은 자칫 잘못하면 공간의 깊이가 얕아지거나 협소할 수 있지만, 후정을 둔 덕분에 공간이 더욱 확장되어 보인다. 특히 후정은 현관을 통해 실내로 진입하면서 바로 정면으로 볼 수 있는 공간이라 내부화된 조경 공간으로 실내와의 분위기를 독특하게 연출하는 데 효과적인 방식이 될 수 있다. 은퇴 후 제2의 직장에서 새로운 삶의 방식에 적응하고 있는 남편을 위해 집 한쪽에는 취미 공간이자 집무 공간을 두어 옥외 데크와 긴밀하게 연결될 수 있도록 하였다. 또한, 요리와 독서를 즐기는 아내를 위해 너른 주방과 깊은 처마를 가진 전면 데크로 쉽게 접근할 수 있는 동선을 배려해 주었다.

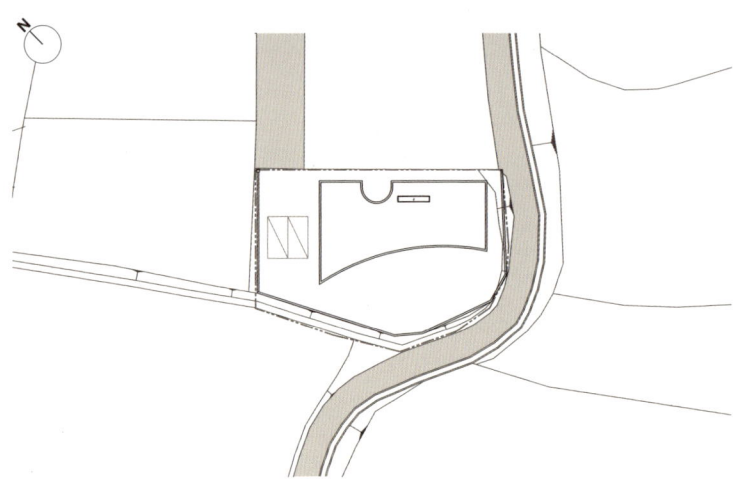

PLAN

1F 108.04m²

❶ 주출입구
만곡된 벽을 따라 주출입구를 설치해 외부에서 문을 열었을 때 실내가 보이지 않도록 했다.

❷ 현관
후정을 바라보면서 실내로 진입하게 된다. 바로 옆에는 다용도의 수납공간을 배치했다.

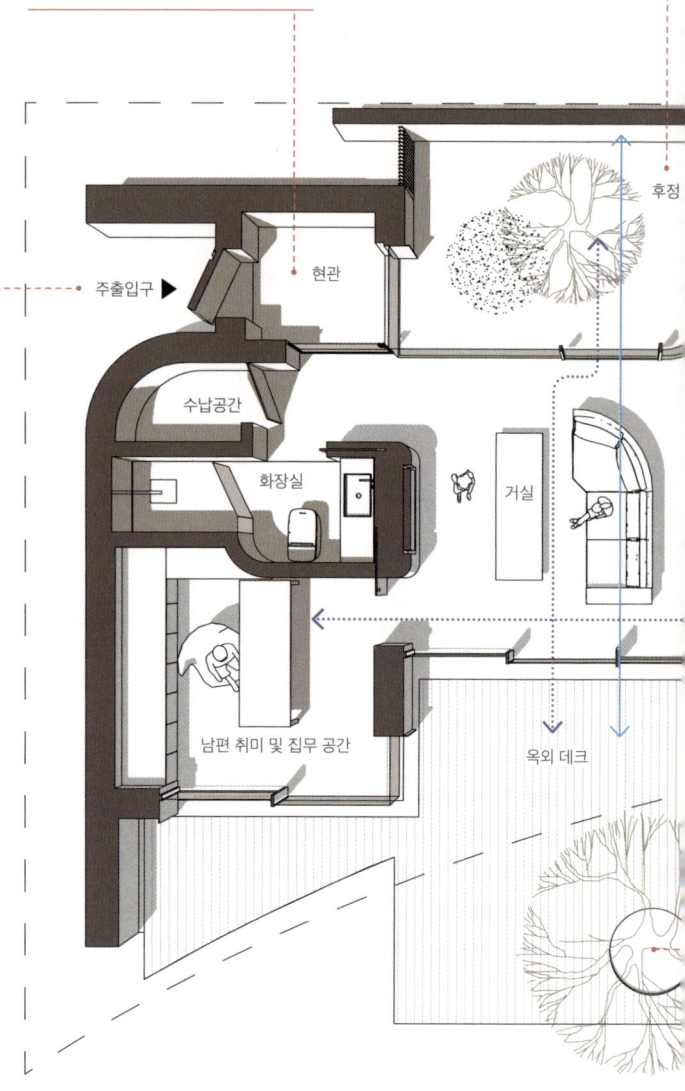

KEY POINT

- 구성원 : 부부
- 행복한 중년의 삶을 위한 전원주택
- 특징적인 형태의 깊은 처마를 이용한 너른 야외 활동 공간
- 남편과 아내 각각을 위한 공간 배치

❸ 후정

후정 천장은 하늘로 열려 있어 충분한 빛을 받아들인다. 주방에서 요리하면서도 후면 통창을 통해 후정을 바라볼 수 있다. 또한, 후정에서부터 거실, 옥외 데크로 시선이 확장된다.

❹ 드레스룸

드레스룸 한쪽에는 건식 세면대를 놓아 사용자의 편의를 더했다.

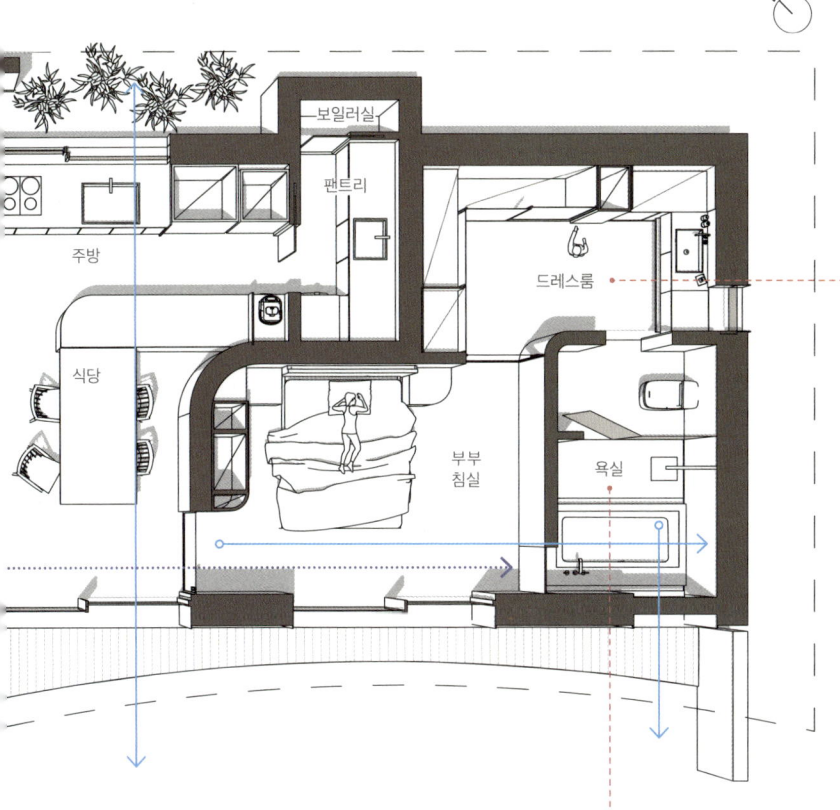

이 집의 시작과 함께할 상징수. 옥외 데크의 일부를 지면에 오픈해 수목을 심을 수 있는 자리를 마련하였다.

❺ 욕실

2m 높이의 벽체 윗부분을 유리로 마감해 공간이 확장되어 보이게 하였다. 욕조에서 온욕을 즐기면서 넓은 창을 통해 원경을 감상할 수 있다.

1 깊은 곡면의 캐노피 아래에서는 다양한 외부 활동이 가능하다. **2** 모든 실이 정면을 향해 실내에서도 자연을 느낄 수 있다.

3 전정과 후정으로 시선이 확장되어 거실이 더욱 넓어 보인다.
4 주방에는 긴 천창을 두어 밝은 공간이 되게 했다.
5 남편 방은 업무를 보거나 독서를 할 수 있는 장소이다.
6 드레스룸과 건식 세면대를 함께 배치해 공간 효율성을 높였다.

계획안

HOME 15

반려견을 배려한 요소를 곳곳에 둔 이층집

위치 : 경기 남양주시 진접읍   **대지면적** : 373.6㎡   **연면적** : 196.57㎡

지역지구 : 도시지역, 자연녹지지역, 제1종전용주거지역   **규모** : 지상 2층 + 다락

각자의 일에 지쳐 항상 여유 있는 삶을 갈망하던 부부와 올해 2살이 된 진도믹스견 육백이를 위한 집이다. 무조건 실외에서 배변하는 육백이를 위해 마음껏 뛰놀 수 있는 공간을 선물하고 싶은 부부의 마음이 고스란히 담긴 공간, 애연가인 남편은 주변의 시선에 개의치 않고 마음껏 끽연할 수 있는 마당을 갖길 원했다. 육백이와 매일 아침저녁으로 배변을 위해 나가야 하는 부담에서부터 심적 자유를 얻고자 하는 마음도 컸다. 언젠가 강아지 펜션에 놀러가 너른 마당에서 자유롭게 뛰어놀며 배변을 하던 육백이를 보며 상당한 충격을 받았다던 부부는 삶의 영역에 강아지를 배려한 공간이 곳곳에 담겼으면 했다. 중정을 면해 강아지 목욕 공간을 두고 실내 놀이 공간을 두는 등 육백이를 위한 편의 공간을 곳곳에 마련했다. 실내 공간에 면한 툇마루에서는 가족들이 편히 앉아 여유로운 시간을 보낼 수 있다. 2층은 온전히 부부를 위해 디자인된 공간이지만, 육백이와 함께 언제든 2층에서도 옥외 계단을 통해 잔디 마당으로 접근할 수 있도록 배려하였다. 중정은 육백이와 가족을 위한 놀이터이자 삶의 배경이 된다. ●

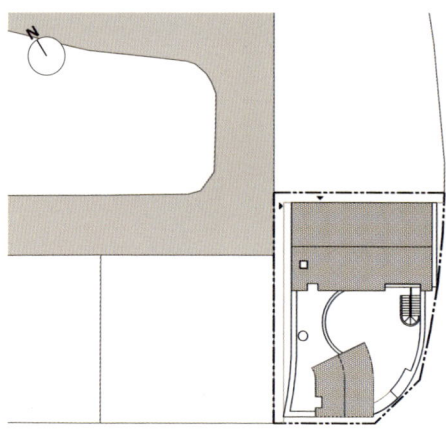

PLAN

1F 126.8m²   **2F** 81.49m²   **ATTIC** 11.6m²

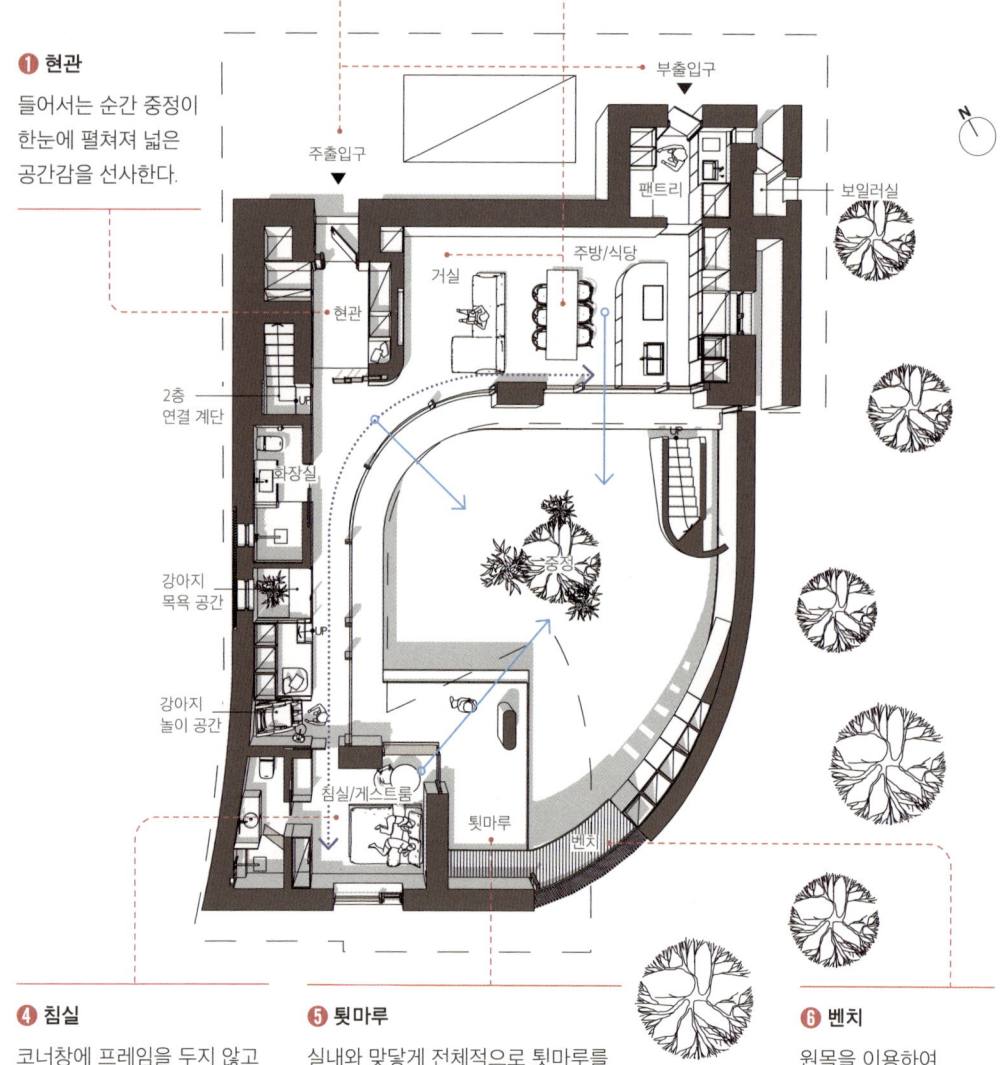

❷ **주출입구, 부출입구**
필로티 공간을 통해 비를 맞지 않고 주출입구와 부출입구로 진입이 가능하다.

❸ **LDK**
채광을 고려하여 남측에 면해 거실과 주방 영역을 배치했다. 주방 옆 팬트리에는 별도의 출입구로 두어 서비스 동선을 만들었다.

❶ **현관**
들어서는 순간 중정이 한눈에 펼쳐져 넓은 공간감을 선사한다.

❹ **침실**
코너창에 프레임을 두지 않고 유리 맞대음으로 시공하면 공간 개방감이 극대화된다.

❺ **툇마루**
실내와 맞닿게 전체적으로 툇마루를 만들어 어디서든 반려견과 외부 공간을 즐길 수 있도록 했다.

❻ **벤치**
원목을 이용하여 콘크리트 바닥보다 따뜻한 촉감을 주었다.

KEY POINT

- **구성원** : 부부, 반려견
- 언제나 반려견과 함께 하고픈 부부의 집
- 애연가인 남편과 반려견이 편하게 즐길 수 있는 넓은 마당
- 공적 공간과 사적 공간의 명확한 구분

❼ 옥외 계단

2층 침실로 연결된, 반려견과 부부가 함께 사용하는 계단. 마당으로 언제든 접근할 수 있어 편리하다.

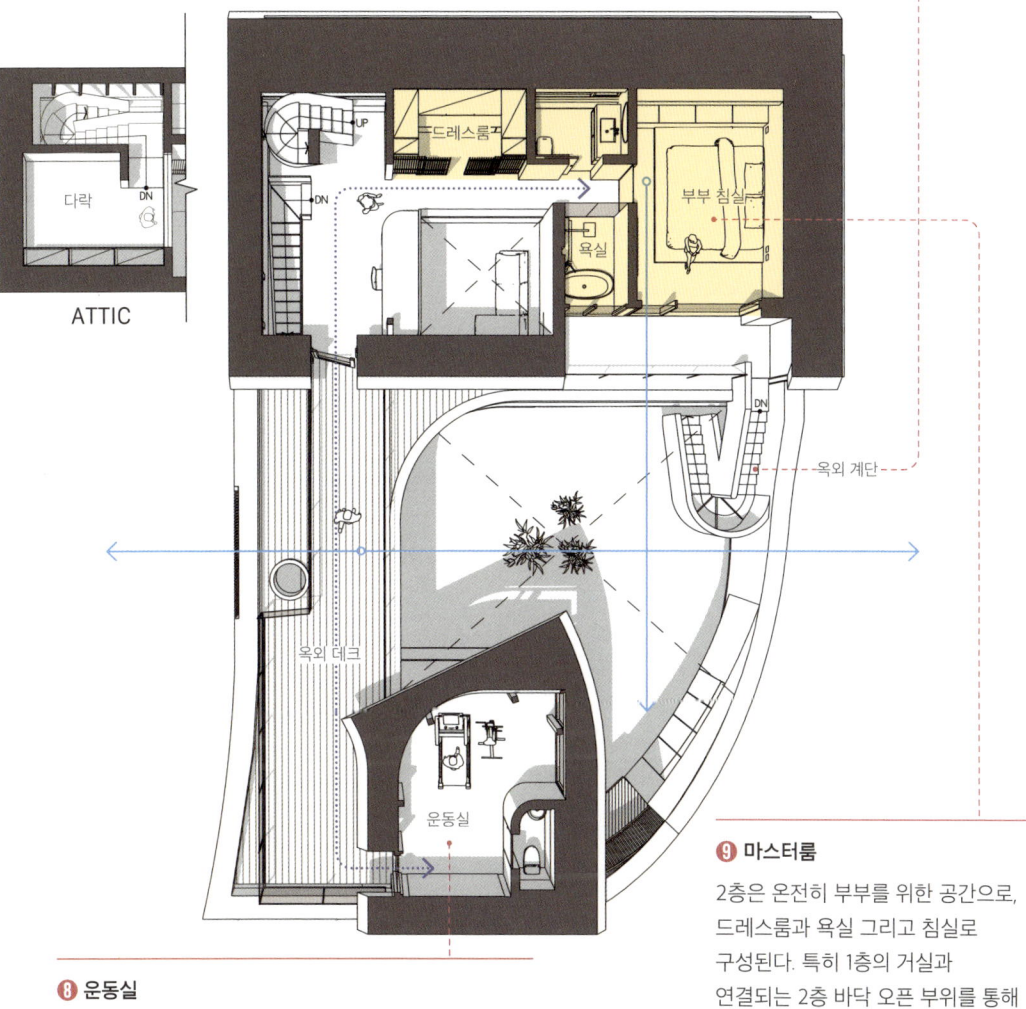

❽ 운동실

3면에 가로 띠창이 있어 개방감이 큰 운동실을 완성했다. 별채의 공간인 운동실은 옥외 데크를 통해 이동하도록 하여 마치 집 외부 헬스장을 가는 듯한 느낌이 든다.

❾ 마스터룸

2층은 온전히 부부를 위한 공간으로, 드레스룸과 욕실 그리고 침실로 구성된다. 특히 1층의 거실과 연결되는 2층 바닥 오픈 부위를 통해 아래층과 소통할 수 있다. 한쪽에 간이 책상을 제작해 부부가 차를 마시거나 독서를 즐길 수 있게 했다.

1 주방에서는 마당으로 언제든 진출입이 가능하다.
2 프라이버시가 확보된 중정과 2층 운동실의 모습
3 집 안 곳곳에는 강아지의 이동 동선을 고려한 통로를 두었다.

4 계단실에 면한 공용 공간은 간이 업무실로 사용한다.
5 통로에서 2층과 입체적으로 시선이 교차된다.
6 2층 운동실에는 눈높이 띠창을 두어 채광 및 환기를 고려했다.
7 침실에는 측창이 있어 은은한 빛이 유입된다.

계획안
HOME 16

별채와 중정으로
새로운 일상을 만든 집

위치 : 제주 제주시 해안동	**지역지구** : 자연녹지지역, 자연취락지구
대지면적 : 645㎡	**연면적** : 235.36㎡	**규모** : 지하 1층, 지상 1층

제주시 해안동은 제주시 중심지와 가깝지만, 도심지와는 다른 여유로운 분위기를 가진다. 중산간로보다 한라산 위쪽에 위치한 대지로, 완만한 경사를 가지고 있어 멀리 바다가 보인다. 도로와 근접한 대지이지만, 도로와 대지 사이에 수령이 오래된 수목들이 심겨 있어 소음과 프라이버시 확보가 가능한 땅이기도 했다. 건축주는 집으로 친구들이나 지인을 초대해 술 한잔 기울이며 담소를 나눌 수 있는 편안한 중정을 갖길 원했다. 그래서 변화무쌍한 제주 날씨에 대응할 수 있는 깊은 처마와 너른 필로티 하부의 공간을 제안했다. 실내의 모든 공간이 중정을 바라보고 있고, 특히 필로티를 통해 내부 중정에서 주변의 시선으로부터는 자유롭지만, 비를 맞지 않고 원경을 즐길 수 있는 공간을 만들었다. 도로와 중정은 약 2m의 높이차를 갖게 되었는데, 자연스럽게 중정에 다다르기 위한 너른 진입 계단을 두어 경사지와 어우러진 조경 공간을 바라보면서 실내로 들어올 수 있게 하였다. 중정 남쪽에 대나무담 너머 해안동 주택은 제주의 전통민가의 공간 구성을 차용하여 안거리와 밖거리의 개념을 적용하였다. 밖거리의 공간은 자녀의 공간이기도 하지만, 자녀가 출가를 하게 되면 게스트룸이나 남편의 공간으로 활용될 계획이다. 경사지를 이용한 다양한 레벨의 외부 공간은 한층 더 내부 공간의 실외 확장을 증폭시킨다.●

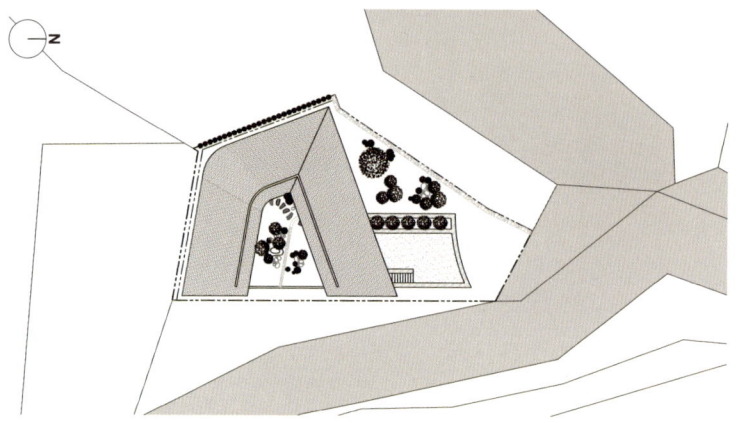

PLAN

B1F 8.16m²   **1F** 227.2m²

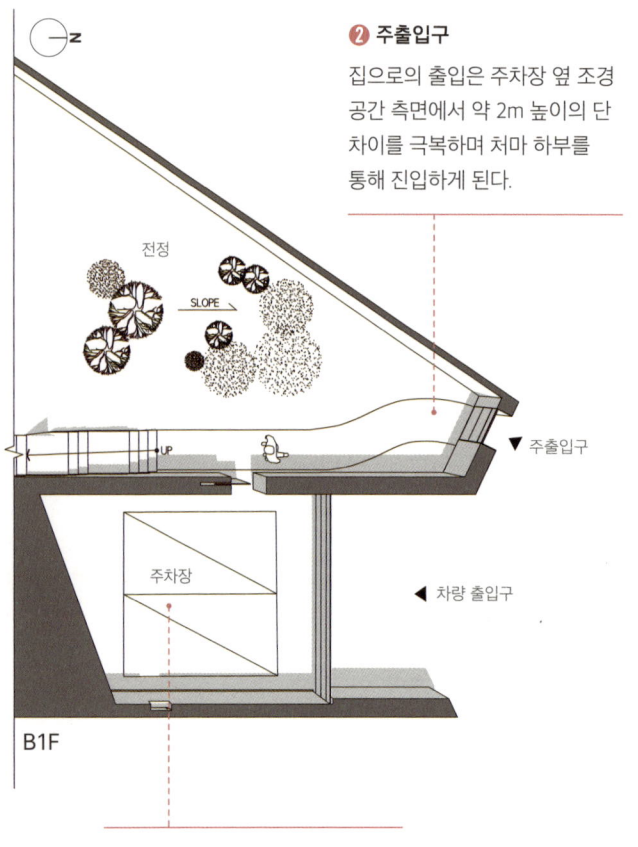
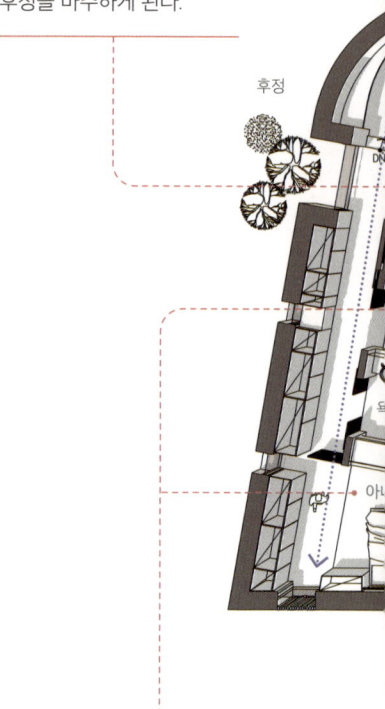

❷ 주출입구
집으로의 출입은 주차장 옆 조경 공간 측면에서 약 2m 높이의 단차이를 극복하며 처마 하부를 통해 진입하게 된다.

❸ 현관
집 안에 들어서면 잘 관리된 후정을 마주하게 된다.

❶ 주차장
자동차를 소중하게 여기는 건축주를 위해 강한 제주의 바람으로부터 안전한 실내 주차장을 마련했다.

❻ 침실
남편 방과 아내 방은 개방적인 욕실을 가운데 두고 두 공간으로 구획이 된다. 북측 벽에는 통로를 맞닿은 충분한 수납공간을 확보하였다.

KEY POINT

- **구성원** : 부부, 아들
- 제주 전통 민가의 안거리와 밖거리의 개념을 적용한 별채를 갖춘 집
- 대지의 형상에 따라 중정을 감싸 안은 건축물의 배치
- 다양한 레벨을 활용한 실내외 공간 구성

④ 거실
측창을 통해 은은한 빛을 실내로 유입시켰다.
선큰형으로 더욱 포근하고 안락한 거실을 만들었다.

⑤ 주방, 식당
주방과 식당은 필로티 하부 공간과 직출입이 가능하다. 거실과 주방에 면한 북측 벽 상부에는 가로로 긴 띠창이 지붕 아래 위치해 채광이 풍부하게 이루어지고 시선이 지붕선을 따라 외부로 확장된다.

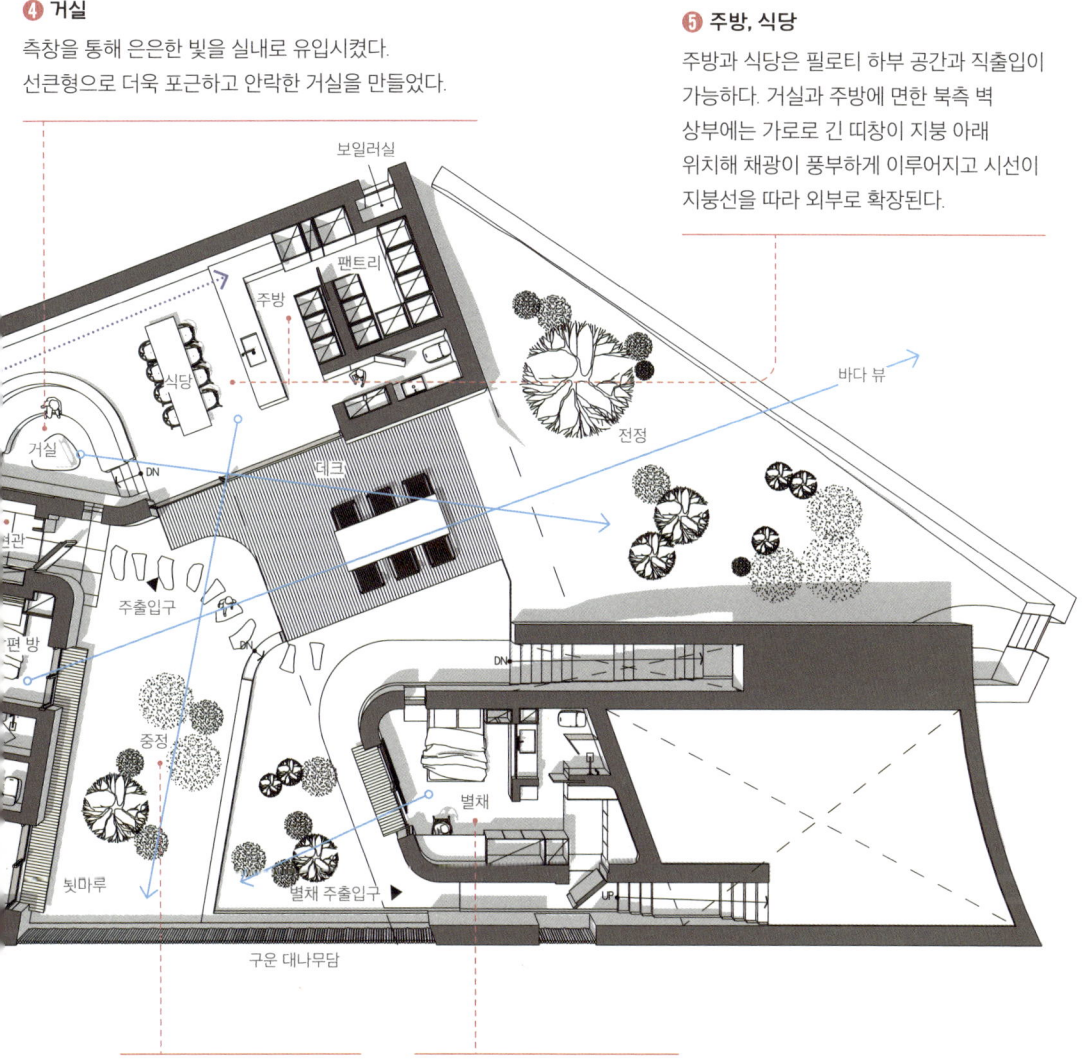

⑦ 중정
두 개의 단으로 이루어진 중정은 각기 다른 레벨에서 중정에 면한 각 실과 자연스럽게 연결된다.

⑧ 별채
질풍노도의 시기의 자녀를 위한 별채 공간. 작은 호텔 객실 정도 크기의 공간으로, 중정을 통해 본채와 소통한다.

1 대지 형상에 맞춰 경사 지형을 따라 매스를 구성하였다.
2 뜬 구조의 벽체를 따라 계단을 오르면 중정에 다다른다.
3 남쪽으로 열린 중정은 구운 대나무를 사용하여 차폐했다.
4 거실 측창을 통해 동쪽의 빛이 실내로 유입된다.

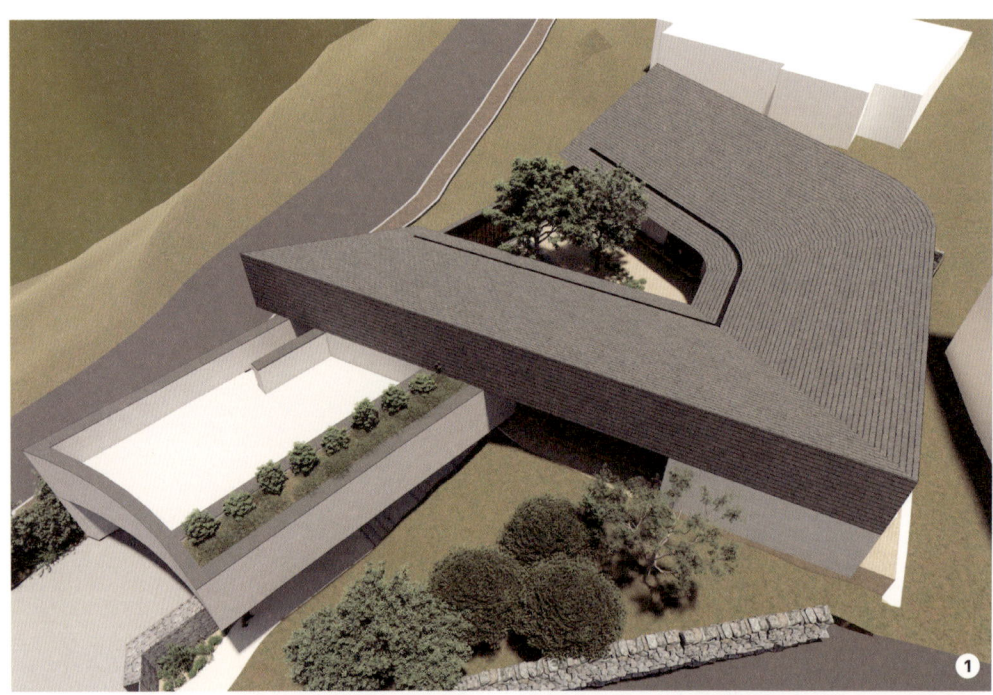

5 식당과 처마 하부의 옥외 데크가 하나의 공간으로 확장된다.
6 수납공간 확보를 위해 침실 한쪽을 전면 수납으로 구성했다.
7 침실은 중정 마당과 툇마루로 서로 연결된다.
8 남편과 아내의 침실 중앙에는 부부 공용 욕실을 두었다.

계획안 HOME 17

고양이 다섯 마리와 함께 하는 중정형 주택

위치 : 경기 화성시 새솔동	**지역지구** : 제1종일반주거지역	
대지면적 : 373.9㎡	**연면적** : 163.26㎡	**규모** : 지상 2층

화성시 새솔동 주택은 고양이 5마리와 건축주 부부가 함께 거주하는 공간이다. 고양이라는 동물 특성상 외부로 자유로이 열리는 공간을 두기엔 무리가 있어 중정형 주택으로 계획하였다. 1층은 중정을 중심으로 순환하는 구조로 구성되었다. 이것은 고양이들이 중정을 통해 외부 활동을 하는 동시에 고양이들에게 집 전체가 하나의 놀이터가 될 수 있게 배려한 것이었다. 주방, 거실, 서재, 게스트룸 등 주로 생활 위주 공간을 1층에 위치시키고, 2층에는 건축주가 프라이빗하게 편히 쉴 수 있는 방을 두었다. 재미있는 점은 고양이와 함께 사는 주택인 만큼 1층 고양이 화장실이 있는 복도에서 2층 집사(건축주) 방으로 바로 연결되는 공중 계단이 있다는 것이다.
특히 커다란 박공지붕이 전체 건축 공간을 덮는 구조로 되어 있기 때문에 내부에는 자연스럽게 그 높이 값을 달리하는 다양한 레벨의 공간 구조가 나타난다. 고양이가 놀이터로 쓸 수 있는 통로들을 집 안 곳곳에 설치하여 사람과 고양이가 공존하는 집의 성격을 더욱 부각시켰다. 이 주택은 집을 사용하는 이가 사람만이 아닌 함께 살아가는 반려동물에게도 있다는 것을, 공간을 통해 보여준다.

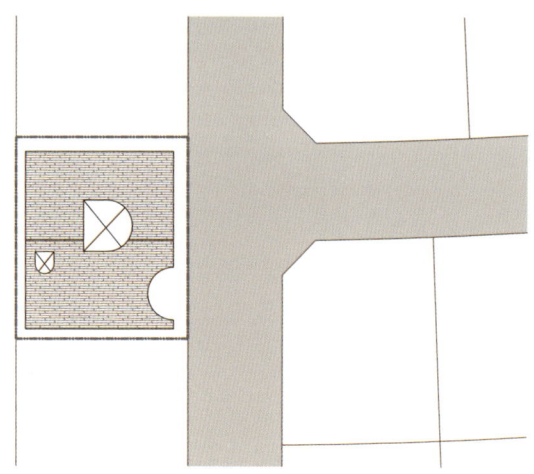

PLAN

1F 133.43m²   **2F** 29.83m²

❶ **고양이 놀이 공간**
고양이 타워 및 스크래처를 비롯하여 제작 가구장 안에 고양이 화장실을 배치해 관리가 용이하도록 하였다.

❷ **게스트룸**
중정과 면해 중정을 통하여 언제나 밝은 빛이 들어올 수 있게 했다.

❸ **드레스룸**
현관 옆에 에어드레서가 있는 작은 드레스룸을 두었다. 자주 입는 옷이나 외투를 걸어놓고 편리하게 이용할 수 있다.

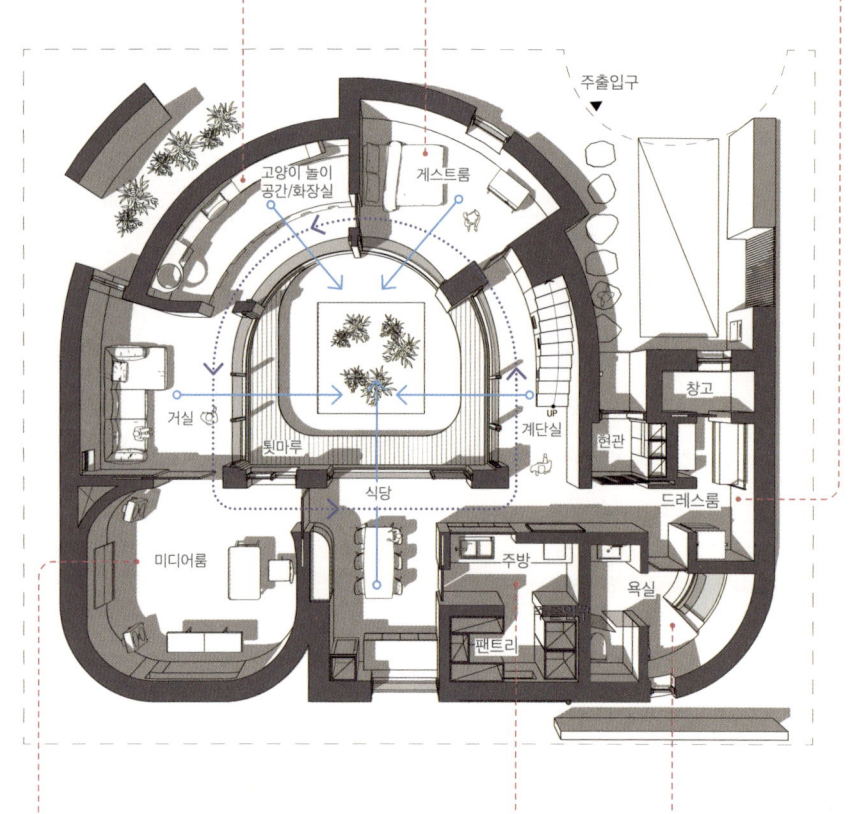

❹ **미디어룸**
영화나 음악을 감상할 수 있는 별도의 미디어룸을 두어 건축주의 취미실로 꾸몄다.

❺ **주방**
폴딩 도어를 설치해 주방을 사용하지 않을 때는 닫아 고양이가 접근하지 못하게 계획하였다.

❻ **공용 욕실**
외출 후 혹은 손님들이 편하게 사용할 수 있게 주공간과 멀리 떨어져 배치했다.

KEY POINT

- **구성원** : 부부, 반려묘 5마리
- 고양이들과 함께 지내기에 무리가 없는 특화된 공간 설계
- 모든 실이 중정을 향해 있는 환상형의 구조

❼ 침실

침실에 고양이 침대를 놓아 함께 휴식을 취할 수 있도록 하고, 고양이 놀이 공간과 연결된 작은 문을 두어 고양이를 위한 동선도 만들어주었다.

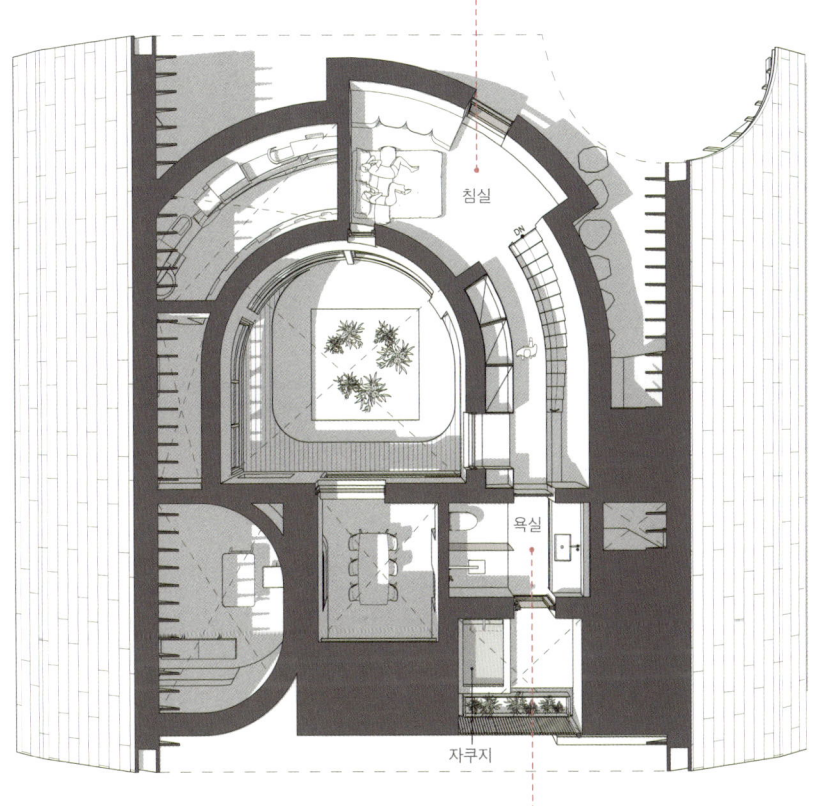

❽ 욕실

고양이가 탈출하지 못하게 욕실은 별도의 영역으로 두었다. 옥외 공간에 자쿠지를 배치하고 외부로부터 오는 시선의 간섭은 목재 루버창으로 해결했다.

1 모든 실은 중정을 향해 개방적인 구조를 가진다.
2 환상형의 동선을 따라 2층으로 오르는 주계단
3 높은 천장고의 공간에서는 대형 펜던트 조명을 이용하여 포인트를 준다.

4 중정은 고양이들의 안전한 야외 놀이터가 된다.
5 고양이 전용실로, 화장실과 놀이 공간이 구성되어 있다.
6 홈시어터(A/V룸)는 건축주를 위한 작업 공간으로 함께 사용한다.

계획안
HOME 18

확고한 취향으로 쌓아 올린
라이프스타일을 담은 맞춤 주택

| **위치** : 경기 가평군 북면 | **지역지구** : 제1종일반주거지역 |
| **대지면적** : 1,488㎡ | **연면적** : 457.72㎡ | **규모** : 지상 2층 |

대지는 가평 자라섬을 지나 20여 분 북쪽으로 더 들어가면 있는 한적한 시골 마을 어귀에 자리 잡고 있다. 남한강의 지류인 목동천을 앞에 둔 양지바른 땅이다. 도시 생활에 염증을 느꼈던 건축주는 자연에서 맑은 공기를 마시면서 가족과 함께 강아지를 키울 수 있는 집을 원했다. 마당이 커야 했고 주택 안에 놀이 공간과 운동 시설도 함께 갖추길 바랐다. 1층은 마당을 중심에 두고 출입구를 비롯한 공용 공간과 게스트룸이 위치해 내부화된 공간을 만들고, 2층에서는 담 너머 주변으로 시선이 열릴 수 있도록 했다. 길을 지나는 사람과의 시각적 마주침이 이루어지지 않도록 1층과 2층의 매스를 서로 교차시켜 시선을 차단했고, 원경으로는 시선을 막힘없이 뚫어 개방감을 높였다. 동갑내기인 부부는 친구 같은 사이지만, 각자의 영역을 존중해 2층 공간을 운동실이 딸린 남편의 영역과 드레스룸이 함께 있는 아내의 영역으로 구분했다. 화초를 키우는 걸 좋아하는 아내를 위해 후정과 중정을 두어 실내에서 언제든 접근이 가능하게 하고, 반려견 두 마리가 마음껏 뛰어놀 수 있는 마당을 만들었다. 항상 운동을 생활화하는 남편의 라이프스타일을 반영하여 스크린골프장과 9m 길이의 수영장도 두었다. 또한, 햇살이 좋은 날 일광욕을 즐길 수 있는 옥상 데크도 마련했다. ●

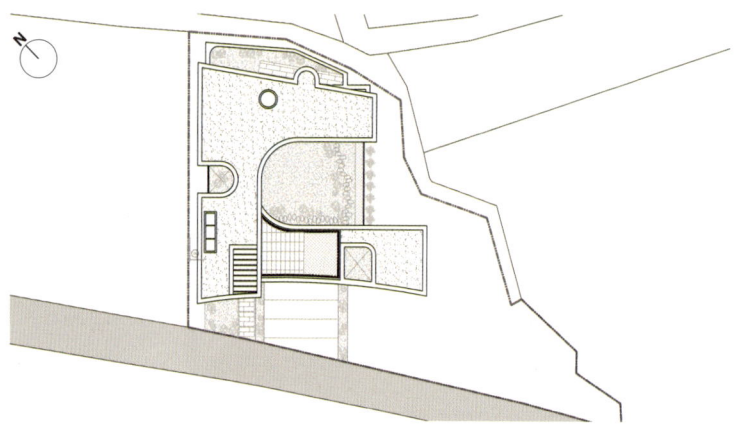

PLAN

1F 251.43m²   2F 206.29m²

❶ 게스트룸
창 앞에 툇마루를 놓아 처마 아래 휴게 공간을 두었다. 내부는 한식 창호와 함께 좌식 공간의 개념으로 꾸몄다.

❷ 중정
주택의 모든 곳과 공간적·시각적으로 소통할 수 있는 구심적인 역할을 부여했다. 2층까지 열려 있어 답답한 느낌이 없다.

❸ 선큰 거실
소파를 지면보다 낮게 제작해 영화관으로 활용할 수 있는 공간. 거실 옆 나선형 계단은 천창을 통해 떨어지는 햇살로 극적인 공간감을 가진다.

❹ 취미실
주차장에서 직출입할 수 있는 취미 공간으로, 중정을 통해 실내 깊숙이 빛이 들어와 밝고 쾌적하다.

❺ 대나무담
담장의 마감재인 구운 대나무는 공기 유통이나 빛의 투과가 가능해 환경적 측면에서 좋은 소재이다.

❻ 주방, 식당
식당 앞뒤로 중정과 후정이 면하고 있어 외부로 이동이 편하고 환기도 수월하다.

KEY POINT
- 구성원 : 부부, 자녀
- 반려견을 위한 큰 마당을 갖춘 주택
- 부부 각각의 영역을 구분한 2층 평면 구성
- 골프장, 수영장 등 라이프스타일을 반영한 공간

❼ **수영장**
천창이 크게 오픈되어 환한 채광을 끌어들인 실내 온수풀이다.

❽ **남편 방**
운동을 좋아하는 남편을 위해 침실 바로 옆에 헬스장을 두었다. 드레스룸과 욕실도 함께 배치해 효율적인 동선을 가능하게 했다.

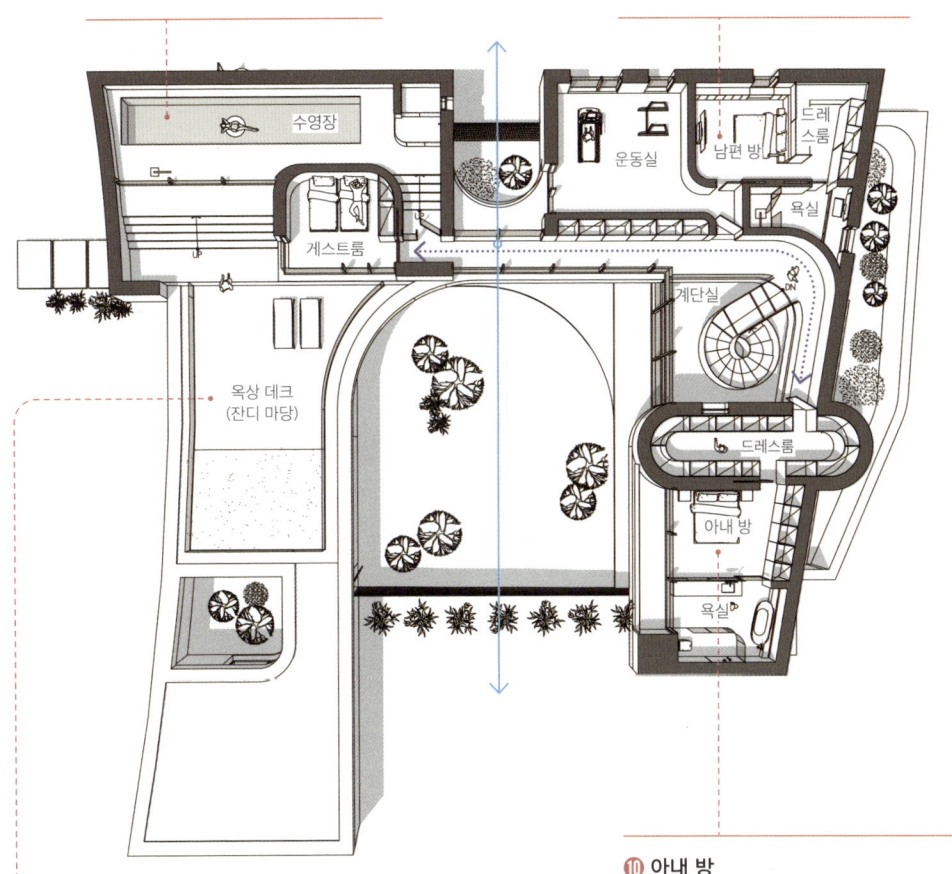

❾ **옥상 데크(잔디 마당)**
수영장 가까이 자리한 데크에는 선베드를 두어 일광욕을 즐길 수 있도록 했다. 안쪽으로 깊이 설치된 창으로 밖에서는 수영장 안쪽이 보이지 않게 배려했다.

❿ **아내 방**
아내만의 단독 드레스룸을 마련한 방으로, 튜브 형태의 공간에 파우더룸을 겸비한 오픈장을 놓아주었다. 방에 딸린 욕실에는 측창을 설치하고 대각선 위로 하늘을 바라볼 수 있게 해 개방감 있는 분위기를 연출했다.

1 주진입은 중정, 후정을 거쳐 2층 하부로 연결된다.
2 거실은 중정을 면한 통창으로 충분한 채광을 확보했다.
3 주방은 후정과 중정을 향해 개방적인 구조를 갖는다.
4 선큰 거실은 음향 장비를 갖춰 홈시어터 역할을 한다.

5 계단을 오르면 부부 공간으로 각각의 동선이 나뉜다.
6 운동을 좋아하는 아내를 위한 천창이 있는 소형 수영장
7 침실과 욕실은 유리로 공간을 구획해 개방감을 주었다.
8 곡면 벽들이 서로 중첩되며 안과 밖의 경계를 넘나든다.

계획안 HOME 19

도심에 자리한
바람과 빛이 통하는 중정집

위치 : 인천 연수구 동춘동 | **지역지구** : 자연녹지지역, 소로2류(폭 8~10m)
대지면적 : 479.3㎡ | **연면적** : 317.38㎡ | **규모** : 지하 1층, 지상 2층 + 다락

결혼 30주년을 앞두고 오랜 아파트 생활을 정리하기로 한 건축주는 너른 마당과 함께 프라이버시가 확보된 공간을 원하며, 본인의 취향보다 철저하게 아내와 자녀들의 공간으로 이 주택이 꾸며지길 바랐다. 대지가 단독주택 필지로 구획된 도심지에 있었기 때문에 실내가 마당을 향해 열린 중형형 공간을 만들기로 했다. 경사지임을 고려해 지하에 주차장을 계획했고, 지상층의 중정을 통해 현관으로 진입할 수 있도록 하였다. 주변의 시선을 조금 더 가리기 위해 한국 전통적 요소인 '발'의 특성을 이용하여 건축물 외부에 와이어메쉬 형태의 스테인리스 스크린을 설치해 건축물과 외부 공간과의 은은한 경계를 만들었다. 시각적인 차폐가 가능하면서도 빛이 중정 깊은 곳까지 들어와 밝고 너른 내부를 완성할 수 있었다. 1층은 요리하는 것을 좋아하는 아내를 위해 중정에 면한 너른 주방과 함께 난로(fire place)를 중심에 두고 거실과 연결시켰다. 건너편 부부 침실은 주방과 마찬가지로 중정과 닿되, 통로 및 완충 공간적 성격의 켜를 두어 중정에서 곧바로 침실이 보이지 않게 깊이감을 주었다. 2층은 오롯이 자녀를 위한 공간으로, 거실과 너른 옥외 데크를 배치해 야외 활동도 할 수 있게 배려하였다. 다락은 서재의 역할을 하고, 동시에 공부방 및 취미 생활을 위한 공간으로 활용된다. ●

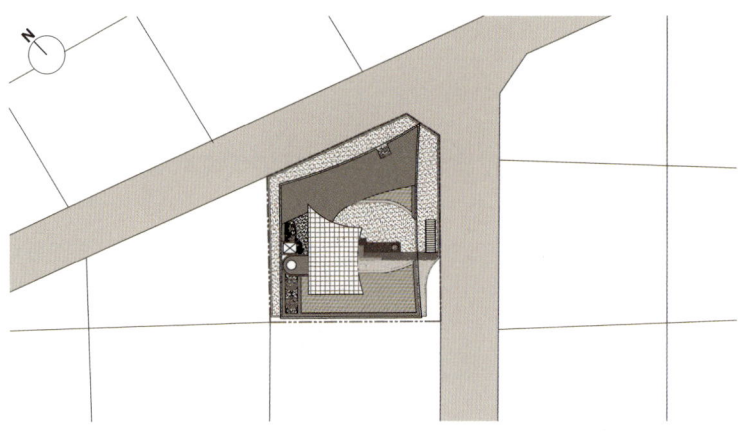

PLAN

B1F 103.81m²   **1F** 184.25m²
2F 111.47m²   **ATTIC** 21.66m²

❶ 부부 침실
침실에는 간단한 업무를 볼 수 있는 간이 책상을 두고, 침실의 한쪽 벽면을 모두 가구로 디자인하여 통일성 있는 실내 공간을 완성했다.

❷ 욕실
부부가 동시에 함께 사용해도 불편함이 없도록 넉넉한 크기의 여유 있는 욕실을 디자인하였다.

❸ 계단실
2층으로 연결되는 계단을 중심으로 공용 공간과 프라이버시 확보가 필요한 부부의 공간을 명확히 구분해 주었다.

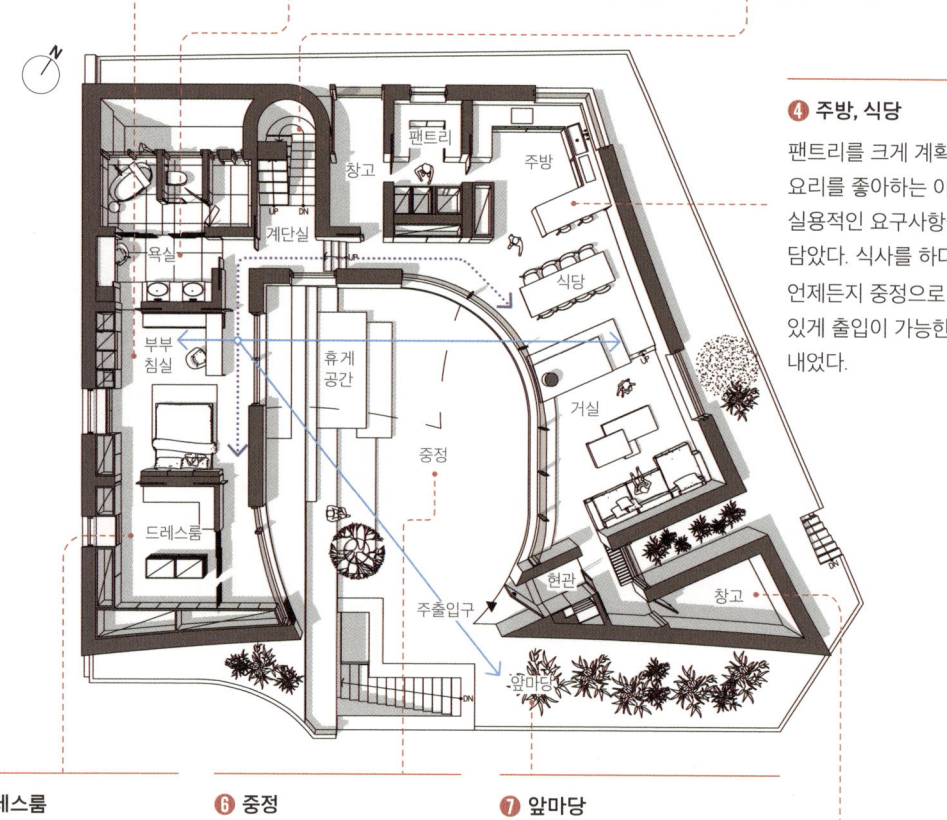

❹ 주방, 식당
팬트리를 크게 계획해 요리를 좋아하는 아내의 실용적인 요구사항을 모두 담았다. 식사를 하다가도 언제든지 중정으로 오갈 수 있게 출입이 가능한 통창을 내었다.

❺ 드레스룸
큰 루버 도어를 설치해 시선을 차단하면서도 가변적으로 활용할 수 있다.

❻ 중정
공용 공간, 부부 침실과 단차를 두어 계단을 이용한 휴식의 장소를 조성했다.

❼ 앞마당
주차장으로 연결된 계단을 통해 지상층으로 올라오면 주변을 관망할 수 있는 앞마당이 있다.

❽ 창고
동선을 고려해 현관 측면에는 많은 짐과 물건을 수납할 수 있는 신발장 겸 수납공간을 두었다.

KEY POINT

- **구성원** : 부부, 아들 1, 딸 1
- 가족의 프라이버시를 고려한 중정형 공간
- 주변 시선 차단을 위해 제작한 외부 스크린
- 네 식구가 소통할 수 있는 넉넉한 공용 공간과 사생활을 지켜줄 사적 공간의 조화

❾ 복도
1층 거실 천장이 2층까지 오픈되어 긴 복도임에도 답답하지 않고, 거실에서는 높은 층고의 개방감을, 2층에서는 1층과 원활한 소통이 가능하다.

⓮ 다락
자녀들의 취미실이자 학습 공간. 2층 미니 거실과 소통할 수 있지만, 오롯이 집중을 위한 공간이기도 하다. 수납장과 책장을 두어 수납의 편의도 고려하였다.

⓭ 창
외부에 면한 창을 안쪽으로 후퇴(set-back)시켜 추후 들어설 옆집에서의 직접적인 시선 간섭을 최소화함과 동시에 개방감을 주었다.

❿ 옥외 데크
캠핑, 일광욕 등 다양한 야외 활동이 가능한 곳. 데크와 면한 욕실 옆 계단을 오르면 다락과 연결된다.

⓫ 미니 거실, 주방
자녀들을 위한 별도의 편의 장소로, 옥외 조경 공간과 중정으로 시선이 열려 있다.

⓬ 자녀방
아들과 딸의 방 모두 크기는 최소화하고 공용 공간에 면적을 할애하여 가족 간의 친목을 위한 공간적 배려를 더욱 신경 썼다.

295

1 바닥의 단차를 이용하여 중정에는 너른 휴게 공간을 두었다.
2 중정을 한눈에 바라볼 수 있는 거실의 통창
3 높은 층고의 거실은 난로를 통해 주방과 공간 구획이 된다.
4 중정에 면한 곡면 유리는 동선의 흐름을 자연스럽게 한다.

5 2층 미니 거실은 편의를 위해 작은 주방과 함께 구성하였다.
6 2층에도 정원을 두어 지상층 같은 분위기를 연출했다.
7 침실 뒤에는 너른 드레스룸을 배치해 수납공간을 확보했다.
8 2층 옥외 데크는 다양한 외부 활동을 위한 공간이다.

TIP 3

주택 건축의 공간 요소

집은 단순한 거처를 넘어 삶의 터전이자 휴식의 공간이며 자아를 표현하는 방법이다. 개인의 라이프스타일과 가치관 그리고 심미적 감각을 반영하는 곳이기에 단순히 기능적인 공간에 대한 설명으로는 집을 표현하기 부족하다. 사람에게 초점이 맞춰 집을 구성하는 몇 개의 공간 요소를 통해 집을 정의해보고자 한다.

1. 마당

사람들이 단독주택을 짓고 살고 싶어 하는 큰 이유 중 하나는 바로 마당이다. 마당은 전통적으로 마치 살아있는 유기체처럼 자연과 삶을 연결하는 중요한 공간이면서도 가족 간의 관계뿐만 아니라 이웃과의 교류와 소통을 통해 공동체 의식을 강화하는 역할을 하기도 하였다. 대부분 사람이 남향집을 선호하는 이유로, 많은 단독주택은 마당을 남측에 배치하고 북측에 주택을 위치시키는 경향을 보인다. 하지만 이러한 배치는 외부로부터의 시선 때문에 프라이버시 확보가 힘들 수 있고 특히 저녁에는 블라인드를 내려야만 하는 불편함을 주어 마당 활용에 제약이 되는 경우가 많다. 그렇다면 마당은 어떻게 계획하는 것이 좋을까?

<u>주택의 안전을 확보하는 마당과 담</u>

주택의 프라이버시 확보와 안전은 무척 중요한 요소이다. 외부로부터의 시선은 다양한 형태와 높이의 담을 통하여 시선을 차단하거나 완충할 수 있다. 특히 마당과 함께 계획된 담은 내외부를 더욱 긴밀하게 연결하면서 공간을 풍성하게 만든다. 대지 경계선을 따라 만들어진 담의 일부를 건축 공간과 연결하면 여러 하늘로 열린 포켓 공간들이 만들어지는데, 이는 내부가 실외로 확장되어 더욱 공간이 넓어 보이고 마당을 적극 활용할 수 있게 한다. 이러한 공간에서는 주변 시선을 신경 쓰지 않고 사용할 수 있는 여유 공간이 된다. 주택 주변으로부터 발생하는 소음 역시 마당과 담의 요소를 통해 해소할 수 있다.

<u>마당의 위치에 따른 활용</u>

마당이 면한 향에 따라 그 활용법을 달리 적용해야 한다. 남쪽에 면한 마당은 빛을 이용해 다양한 식물을 심을 수 있고 테이블이나 의자를 두어 휴식을 취할 수 있다. 건축물로부터 뻗어 나온 캐노피를 이용하면 비를 맞지 않는 마당을 만들어 다양한 외부 활동들이 가능하다. 북쪽에 면한 마당은

정적인 분위기를 만들 수 있고 여름철에도 시원하고 쾌적한 공간이 된다.
하지만 자칫 습한 공간이 될 수 있으므로 환기가 잘 될 수 있는 구조를 만들어
주는 게 중요하다. 동서향의 마당은 오전 및 늦은 오후의 강한 햇빛이 들어오는
시간대를 피하면 툇마루 등을 이용한 요가 공간이나 독서 공간 등으로
활용하면 좋다.

실내로 가기 위한 여정으로서의 마당

마당에 들어서는 방법은 대지의 형상과 레벨과 관계가 깊다. 대지의
높이차를 이용하면 마당으로 진입하는 방법과 마당의 성격을 다채롭게
만들어낼 수 있다. 주택의 안과 밖은 명확히 구분되어야 하는 성격의
공간이지만, 현관문을 통해서 안과 밖의 경계를 짓기보다 집으로 찾아가는
여정 안에서 마당과 함께 실내로 들어가는 공간의 깊이를 준다면 매력적인
마당을 만들 수 있다.

각기 다른 성격의 공간을 구획하는 중정

상가주택은 보통 최대로 건폐율과 용적률을 적용하기 위해 적층 되는
방식을 취한다. 대지의 크기가 여유가 있다면 중정을 두고 근린생활시설과
주택을 분리하여 계획하는 것도 좋은 방법이다. 완충 공간인 중정을 통해
주택과 근린생활시설의 자연 채광과 통풍이 더욱 수월해지고 조경 요소를 통해

↓ 영평동 주택 : 경사지를 이용한 중정을 사이에 두고 근린생활시설과 주택을 배치함으로써
중정을 공유하도록 하였다.

두 공간이 풍성한 공간감을 가질 수 있게 된다. 특히 중정은 외부로부터 시선이 차단되어 프라이버시 확보에 도움이 될 뿐 아니라 기후 변화에 따른 실내 공간의 보호 측면에서도 좋은 선택이 될 수 있다.

↓ 화담재 : 피벗힌지도어*로 내부에서 마당을 거쳐 자연 요소를 집 안으로 끌어들이는 차경을 만들었다. 북향의 마당이지만, 포켓 마당과 마당을 감싸 도는 통창으로 밝은 공간이 되었다.
↓↓ 강남구 주택 : 밀도가 높은 도심 안쪽에 홀연히 자리 잡은 단독주택이다. 주변의 높은 근린생활시설들에서부터의 시선을 차단하기 위해 깊은 처마를 가진 박공지붕과 일정 높이의 담을 이용하여 내부에서 보아도 프라이버시가 확보되는 마당을 갖게 해주었다.

• **피벗힌지도어** : 문 상단과 하단에 피벗힌지(pivot hinge)라는 특수한 경첩을 설치하여 문을 중심축으로 회전시켜 열고 닫을 수 있는 문

↑↑ 강릉 지안이네 : 마당보다 낮게 위치한 주방은 이 집에서 거실의 역할을 한다. 선큰 거실 및 주방은 다락과 함께 마당에서 노는 자녀와의 시선 교차를 의도하였다. 두 개의 높은 단차이를 이용하여 가구를 매립하고 부족한 수납공간을 확보했다.

↑ 양주 사는집 : 삼각형 천창이 있는 거실은 450mm 높이의 단을 두어 어디서든 걸터앉아 가족들이 담소를 나눌 수 있는 탄력적인 공간이 된다. 이처럼 선큰 거실을 활용하면 거실에 반드시 소파를 두지 않아도 된다.

2. 선큰 거실

선큰 거실은 바닥 레벨을 주변 공간보다 낮게 설계하여 만든 거실을 의미한다. 마치 움푹 들어간 공간처럼 보이기 때문에 '선큰 sunken'이라는 단어를 사용하는데, 주택 공간에서 선큰 거실은 독특한 분위기와 실용적인 장점이 있어 주택 설계에서 많이 사용하는 방법이다. 선큰 거실은 공간을 집 안에 독특하고 흥미로운 요소를 추가하여 공간을 더욱 역동적으로 보이게 하며, 그 공간에 앉은 사람들에게는 더욱 친밀한 분위기를 느끼게 한다.

공간 구획의 역할

선큰 거실은 바닥 높이 차이를 통해 자연스럽게 공간을 구획한다. 벽이나 가구 없이도 공간을 분리하여 넓고 개방적인 느낌을 유지하면서도 각 공간의 기능을 명확하게 구분할 수 있다. 선큰 거실은 넓은 공간에만 적용하지 않는다. 오히려 선큰 거실을 통해 거실 가구를 바닥에 매립하여 더욱 넓게 보이게 할 수 있어서 특히 작은 단독주택에서 더 유용하다.

시선의 확장

선큰 거실은 주변 공간과의 연계를 통해 시각적 확장 효과를 준다. 특히 앞뒤로 시선이 열린 거실의 경우 큰 볼륨의 가구들은 공간의 흐름을 방해하는 요소가 될 수 있어 선큰 거실을 활용하면 좋다. 낮은 거실의 바닥은 천장을 더 높게 보이도록 하고, 주변 공간과 자연스럽게 연결되어 개방적인 느낌을 준다.

수납공간의 확보

선큰 거실의 가구는 선큰 공간의 형태와 크기에 따라 제작해야 한다. 앉는 부분 하부는 수납공간으로도 쓸 수 있어 실내의 부족한 수납을 해결할 수 있다.

선큰 거실 디자인 팁

선큰 거실을 디자인할 때는 공간을 효율적으로 활용하는 것이 무엇보다 중요하다. 넓이가 제한되는 경우, 선반이나 내장 수납공간을 설치하는 것이 좋다. 선큰 거실의 깊이는 45~60cm 정도가 적당하고 최소 3단으로 구성된 18cm 이내 높이의 계단을 둔다. 선큰 공간에 TV를 설치할 때는 눈높이를 고려하고, 소파는 벽면에 기대도록 배치하면 공간을 더 넓게 사용할 수 있다. 가구 제작 시 선큰 깊이와 공간의 분위기에 따라 등받이의 높이를 생각해야 한다. 소파의 너비는 최소 55cm 이상 확보해야 등받이를 두어 편안하다.

주택 건축의 공간 요소

↑↑ 영평동 주택 : 통유리로 연결된 전정과 후정 사이에 위치한 거실은 선큰 거실에 의해 더욱 넓은 공간감을 가진다.

↑ 서광별서 : 선큰 거실은 높은 천장고를 확보할 수 있게 하고, 오픈 타입의 공간에서는 자연스러운 공간 구획의 역할을 한다.

3. 툇마루

툇마루는 한국 전통 가옥에서도 중요한 요소 중 하나다. 주택과 마당, 자연과의 관계를 조율하고 연결하는 중간 공간으로서, 주거 안에서 정서적 안정을 주는 등의 다양한 기능을 수행했다. 최근에는 툇마루를 현대 주택에도 적용한 사례가 늘어나고 있다. 따듯한 햇살을 받으며 여유를 즐기거나 시원한 바람을 맞으며 힐링을 할 수 있는 공간이지만, 공간 활용 및 관리의 어려움 그리고 단열 문제 등이 있을 수 있으므로 설계 시 방향, 크기, 재료, 안전 등을 고려하여 현대적인 생활 방식에 맞게 툇마루를 활용해야 한다.

자연과의 연결

툇마루는 집 안과 마당을 연결하는 중간 공간으로서 자연과의 소통을 촉진한다. 툇마루에서 바라보는 자연 경관은 심신을 편안하게 해주고, 자연과의 교감을 통해 정서적 안정감을 얻을 수 있다. 앉거나 누울 수 있는 공간이므로 목재와 같은 자연 소재 이용하여 마감하는 것을 추천한다. 밖과 연결되는 공간이기 때문에 건축물로부터 돌출되거나 들어가서 만들어진 깊은 처마가 필요하다. 외부에 있지만, 되도록 비가 들이치지 않도록 하고 통풍이 잘되어 목재가 부식되지 않게 관리해야 한다. 외부 목재는 무광 무색인 친환경 오일스테인으로 1년에 1번 정도 도포해준다.

실내 공간의 확장

툇마루는 실내 공간을 확장하는 효과가 있다. 실내와 면한 툇마루 쪽에 통창이나 큰 슬라이딩 창, 폴딩 도어를 두면 바닥이 외부로 확장되어 공간이 더욱 개방적으로 느껴지고 야외 공간 활용성을 높일 수 있다. 특히 좁은 주택에서 효과적으로 이용될 수 있으며, 안과 밖이 자연스럽게 연결되어 공간의 흐름을 만들 수 있다.

다용도 공간

건축물과 외부와 관계하는 공간들에 툇마루를 적용하면 각기 다른 성격의 다용도 공간으로 활용할 수 있다. 예를 들어, 차를 마시며 담소를 나누는 공간으로 활용하거나 작은 테이블을 놓고 식사하는 공간으로 쓸 수 있다. 또한, 책을 읽고 요가나 명상을 위한 공간으로도 사용할 수 있다.

- 청수곶 : 침실과 중정을 연결하는 완충 공간의 역할을 하는 툇마루로, 폴딩 도어를 열면 침실과 중정이 하나의 공간으로 연결된다.
- 양주 사는집 : 너른 마당을 향한 집 모든 공간에 툇마루를 두었다. 깊게 드리워진 처마는 비가 들이치지 않는 휴식 공간을 만들어준다.
- 충주 마당집 : 침실과 후정 사이 외부 공간의 벤치의 역할을 하며 실내 바닥과 같은 높이의 툇마루를 통해 내부가 더욱 넓어 보이는 효과를 줄 수 있다.

↖ 의귀소담 : 실내 대청마루가 실외 툇마루와 연결되어 수공간이 있는 중정으로 확장된다. 폴딩 도어를 이용하면 필요에 의해 극적인 개방감이 가능한 가변적인 공간으로 치환이 가능하다. 한편, 툇마루가 반드시 목재 마감일 필요는 없다. 콘크리트를 데크처럼 만들어 실내와 자연스럽게 연결된 처마 아래의 외부 공간으로 활용할 수 있다.

INDEX. STAY & CAFE LIST

CAFE

(CAFE 01)

어디에도 없을 법한 16.5m의 무주 공간

| 위치 : 경북 포항시 연일읍 | 지역지구 : 도시지역, 자연녹지지역 |
| 대지면적 : 167.99㎡ | 연면적 : 275.49㎡ | 규모 : 지상 2층 |

대지는 전형적인 택지 개발이 이루어진 소나무 숲을 밀어 조성된 상가주택용 필지이다. 3m가 넘는 보강토 옹벽이 산등성이를 따라 쌓여 삭막함을 넘어 '이곳에 카페가 가당키나 할까'라는 의문이 들었고, 사람들이 도보로 찾아오기 힘들거니와 송전탑을 배경으로 펼쳐지는 원경이 이곳 풍경의 전부였다. 따라서 외부 공간과의 관계성에 기대기보다 주어진 범주 안에서 다양하고 독특한 장면을 만들어 갈 수 있는 '자생적 공간'을 의도했다. 도로에 면해 곧바로 연결되는 출입구가 아닌 만곡되어 관입한 특징적인 입면을 구성해 방문객들의 궁금증을 자아내고 인지성을 갖도록 하였다. 담을 따라 아치 형태의 출입문에 다다르면 밖에서 전혀 예상하지 못한, 하늘로 개방된 전정을 맞이하게 된다. 아름다운 수형의 매화나무와 나지막한 조경 요소들이 어우러져 따스함이 충만하다. 전정-실내-후정-원경으로 이어지는 시각적 연계는 넓지 않은 공간임에도 답답함이 들지 않는다. 16.5m에 이르는 실내가 오롯이 외부 공간과 맞닿게 하고자 그 확장을 방해할 수 있는 기둥 등의 건축적 요소는 최대한 배제했다. 1층 천장은 2층으로 이어져 철골보를 활용한 테이블을 만들고 자연스럽게 2층 테라스의 플랫 박스(plat box)를 형성한다.

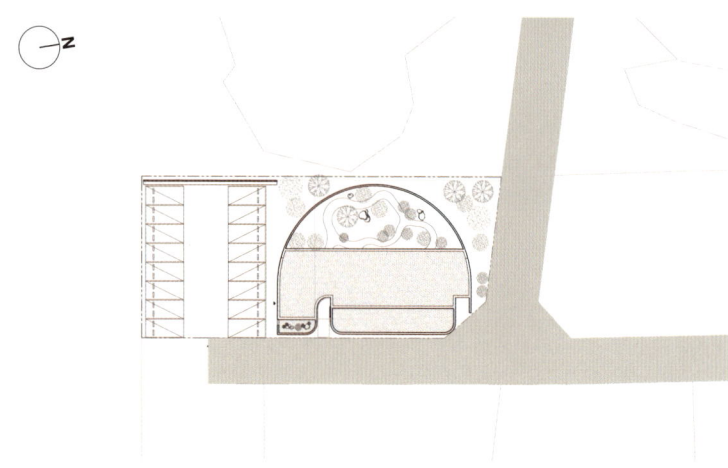

PLAN

1F 142.56m²   2F 132.93m²

❶ 1층 홀
앞뒤로 통창을 두어 좁은 실내 공간의 폭이지만, 공간이 확장되어 보인다. 17m에 가까운 무주(기둥이 없는) 공간을 위해 철골보를 이용하여 개방감을 확보했다.

❷ 계단실
콘크리트로 마감된 나선형 계단에 오르면 태양의 궤적에 따라 천창에서 다양한 빛의 연출이 이루어진다.

❸ 실외기실
기능적인 실은 외부의 벽체를 이용하여 자연스럽게 차폐가 가능하게 디자인하였다.

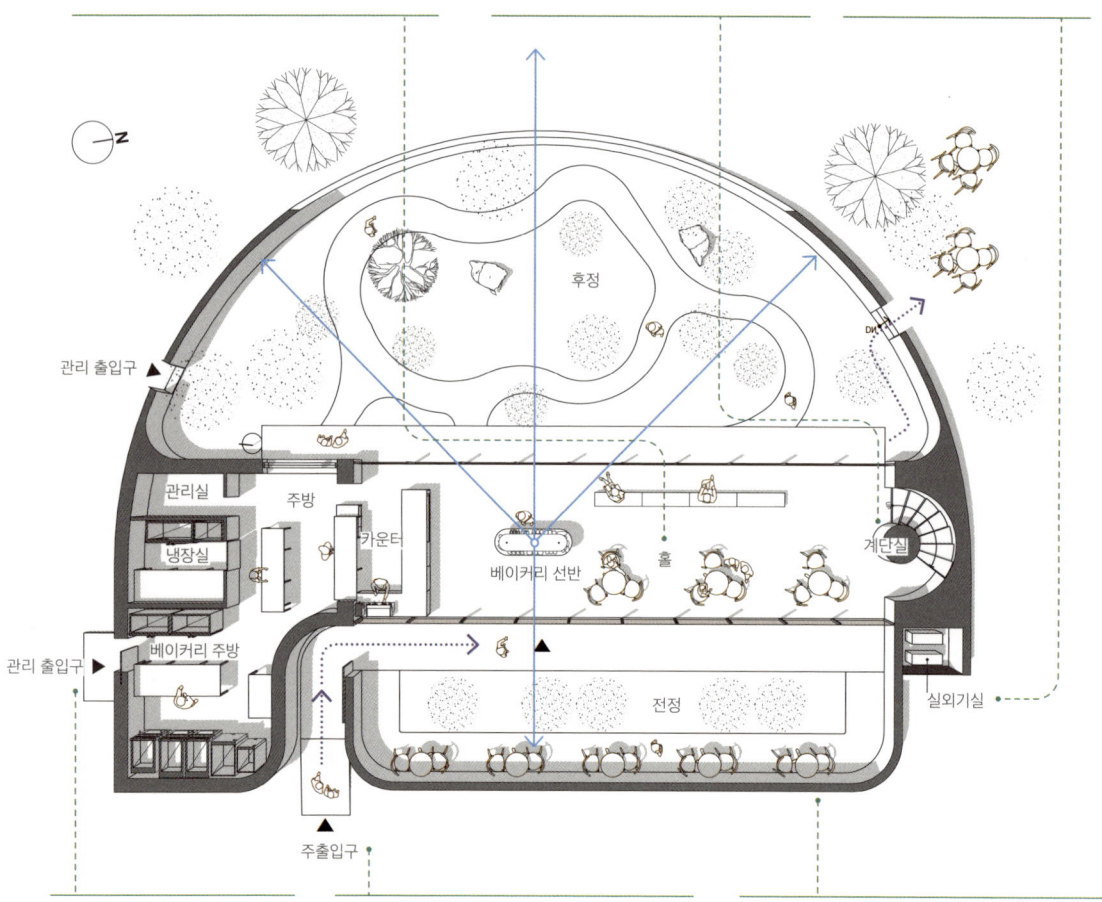

❹ 관리 출입구
주차장으로부터 별도의 출입구를 두어 물품이나 제품 등의 운반할 때 주출입 동선과 간섭이 없도록 했다.

❺ 주출입구
만곡된 벽을 따라 진입하면 하늘로 열린 전정을 마주하게 된다. 출입구를 통해 들어오면 빵을 골라 계산하고 자리로 이동하는 자연스러운 동선이 만들어진다.

❻ 콘크리트 옹벽
외부에서는 옹벽에 의해 실내가 안 보이는데, 이는 새로 들어서게 될 단독주택과 근린생활시설과의 프라이버시 및 소음에 대한 간섭을 최소화하기 위해서였다.

KEY POINT
- 대지 주변에 들어서게 될 주택과 근린생활시설과의 관계성 고려
- 시각적인 교차를 통한 안과 밖의 여유로운 소통
- 바위와 이끼 등 환경적 측면을 생각한 식재 선택

❼ 바테이블
16.5m의 무주 공간을 계획하기 위해 적용한 철골구조를 실내에 노출시켜 테이블로 이용할 수 있게 상판을 디자인하여 적용했다.

❽ 후정
산책을 즐기듯 조경 사이로 거닐 수 있게 조성하였다. 콘크리트 벽체가 곡면을 따라 낮아지는 구간을 통해 원경의 석양 뷰가 펼쳐진다.

❾ 측정(포켓 정원)
옹벽에 뚫린 아치형 문을 통해 실내에서 보이지 않는, 감춰진 측정으로 이어진 통로를 두었다.

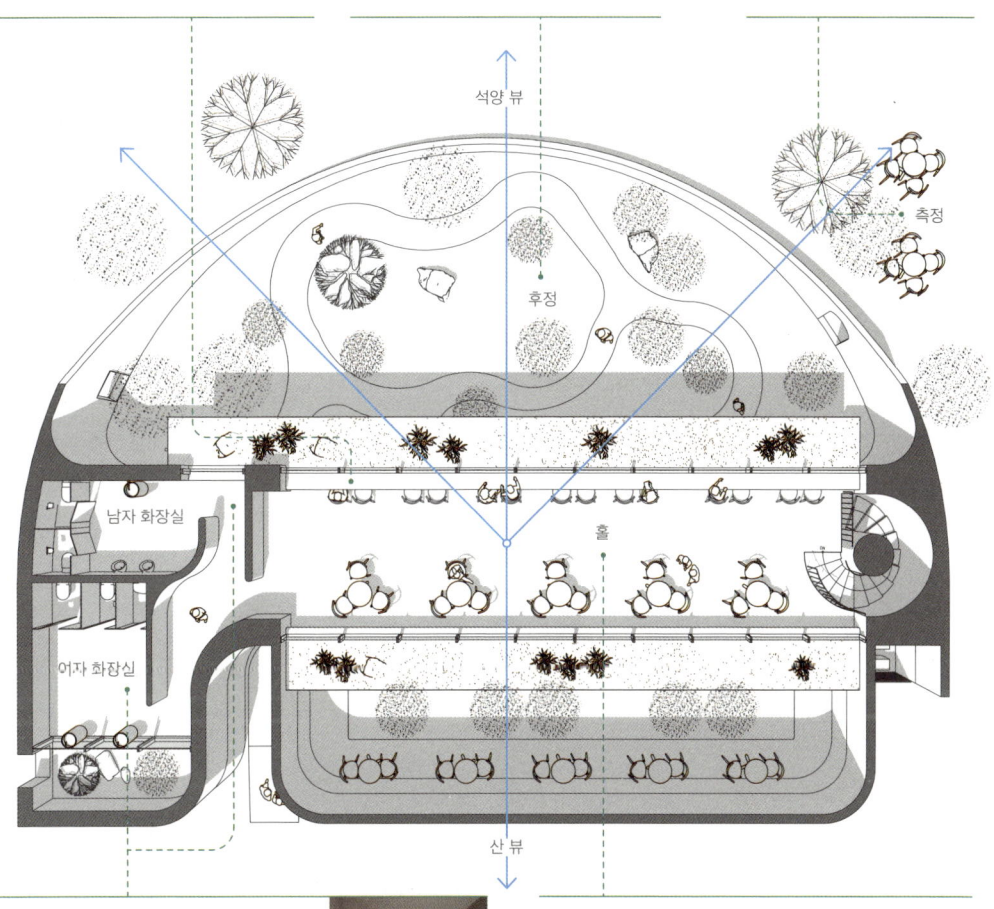

❿ 화장실
출입문을 두지 않고 콘크리트 벽체를 따라 동선이 이어지도록 하였다. 여자 화장실은 정원을, 남자 화장실에는 원경을 볼 수 있는 정방형의 큰 창호가 있어 개방감을 준다.

⓫ 2층 홀
가구를 자유롭게 배치해 필요에 따라 이동 가능하게 했다. 2층에서는 전정을 에워싼 콘크리트 벽체 위로 뒷산의 소나무 군락이 보이고, 앞뒤로 1층 천장과 처마가 연장되어 만들어진 화단이 있다.

1 특징적인 주출입구는 건물의 포인트가 되어준다.
2 벽에 의해 둘러싸인 전정이 편안한 공간을 만든다.
3 시선과 지형 등 주변 맥락을 고려한 외관
4 높은 담 덕분에 주변 소음이 어느 정도 차단된다.

5 전정과 후정 그리고 원경이 한눈에 들어온다.
6 낮아지는 벽체에 의해 답답함을 덜었다.
7 무주 공간인 실내에서는 멋진 원경이 펼쳐진다.
8 후정의 아치 출입구를 지나면 포켓 정원이 자리한다.

(CAFE 02)

쓰임과 효율을 더한 지붕선이 돋보이는 카페

| **위치** : 제주 제주시 한경면 | **지역지구** : 계획관리지역, 자연취락지구 |
| **대지면적** : 445㎡ | **연면적** : 127.25㎡ | **규모** : 지상 1층 |

제주의 서쪽 끝 한경면의 어느 마을 어귀에 자리 잡은 '수리코'는 젊은 부부가 운영하는 브런치 가게이다. 원래 대지 한쪽에 있었던 돌창고를 여러 명을 수용할 수 있는 와인바로 리모델링하고, 나머지 빈 공간에 브런치와 커피를 판매하는 카페를 새로 지었다. 주변 민가와 유사한 방식의 지붕 구성이지만, 마을 어귀에서 돋보일 수 있는 상징적인 형태의 지붕선과 길게 뻗은 캐노피를 디자인해 인지성을 두면서도 넓은 캐노피 공간에서 비를 피해 주변 풍광을 즐길 수 있는 휴식처를 만들었다. 주변의 드넓게 펼쳐진 귤밭을 배경으로 돌담 높이에 얼핏 걸려있는 처마의 수평선은 멀리서 바라보았을 때, 마치 집이 모자를 쓴 것 같은 인상을 준다. 지붕의 안쪽 마감은 따뜻한 느낌의 목재로 처리하고, 지붕의 형상과 동일한 형태의 높은 천장고를 만들어 개방감을 주고자 하였다. 주방과 면해있는 창은 들창으로 계획해 날씨가 좋은 날이면 주방 앞쪽 바와 외부 공간이 한데 엮인다. 이는 마루로 쓰여 사람들이 쉽게 접근하고 앉아 쉴 수 있게 하였다. 내부는 간결하지만, 어느 곳에서는 바깥 풍경으로 시선을 닿게 해 풍부한 공간감을 형성한다. ●

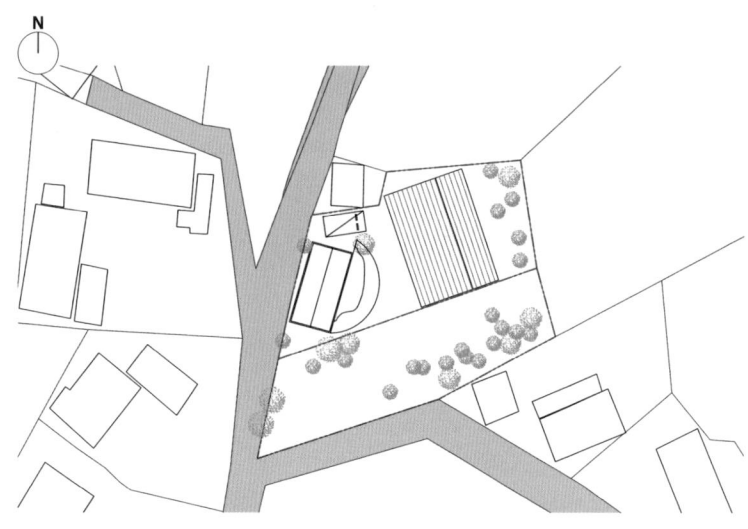

PLAN

주동 82.77m²   부속동(와인바) 47.54m²

❶ 와인바
경사 처리가 된 선큰 출입구를 통해 진입하게 되는 와인바. 기존 돌집을 리모델링한 만큼 지붕의 목구조를 그대로 노출하여 빈티지한 분위기를 살렸다.

❷ 창
길게 가로 방향으로 둘러친 창을 통해 모든 방향으로 시선이 확장된다. 특히 오픈바에 면한 창은 들창을 이용하여 개방감을 최대한 확보하였다.

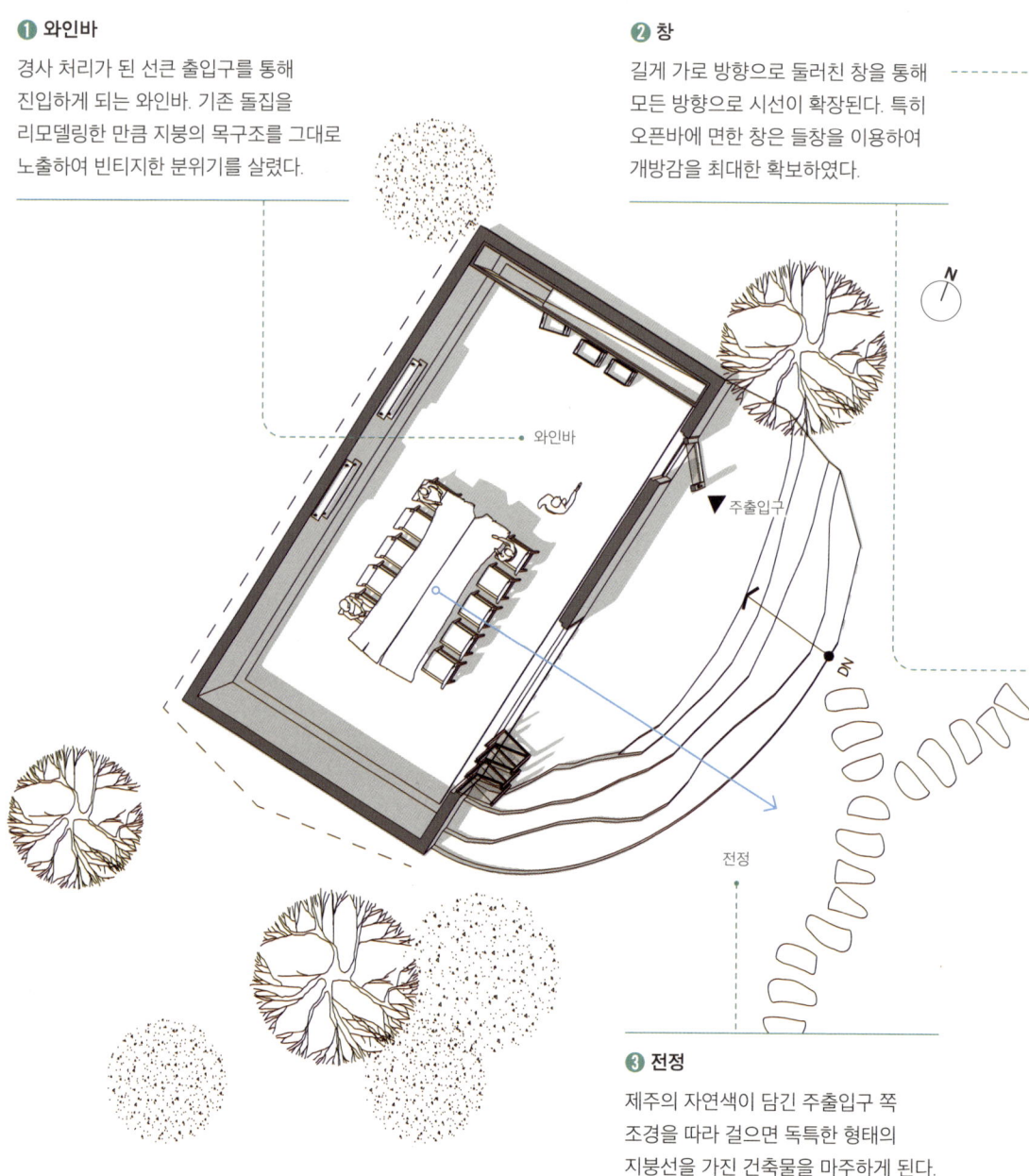

❸ 전정
제주의 자연색이 담긴 주출입구 쪽 조경을 따라 걸으면 독특한 형태의 지붕선을 가진 건축물을 마주하게 된다.

KEY POINT
- 주변 민가와 닮은 지붕선의 카페와 돌창고를 리모델링한 와인바
- 방문객의 인상적인 경험을 위한 외관
- 자연과 어우러진 풍경을 더한 개방적인 구조

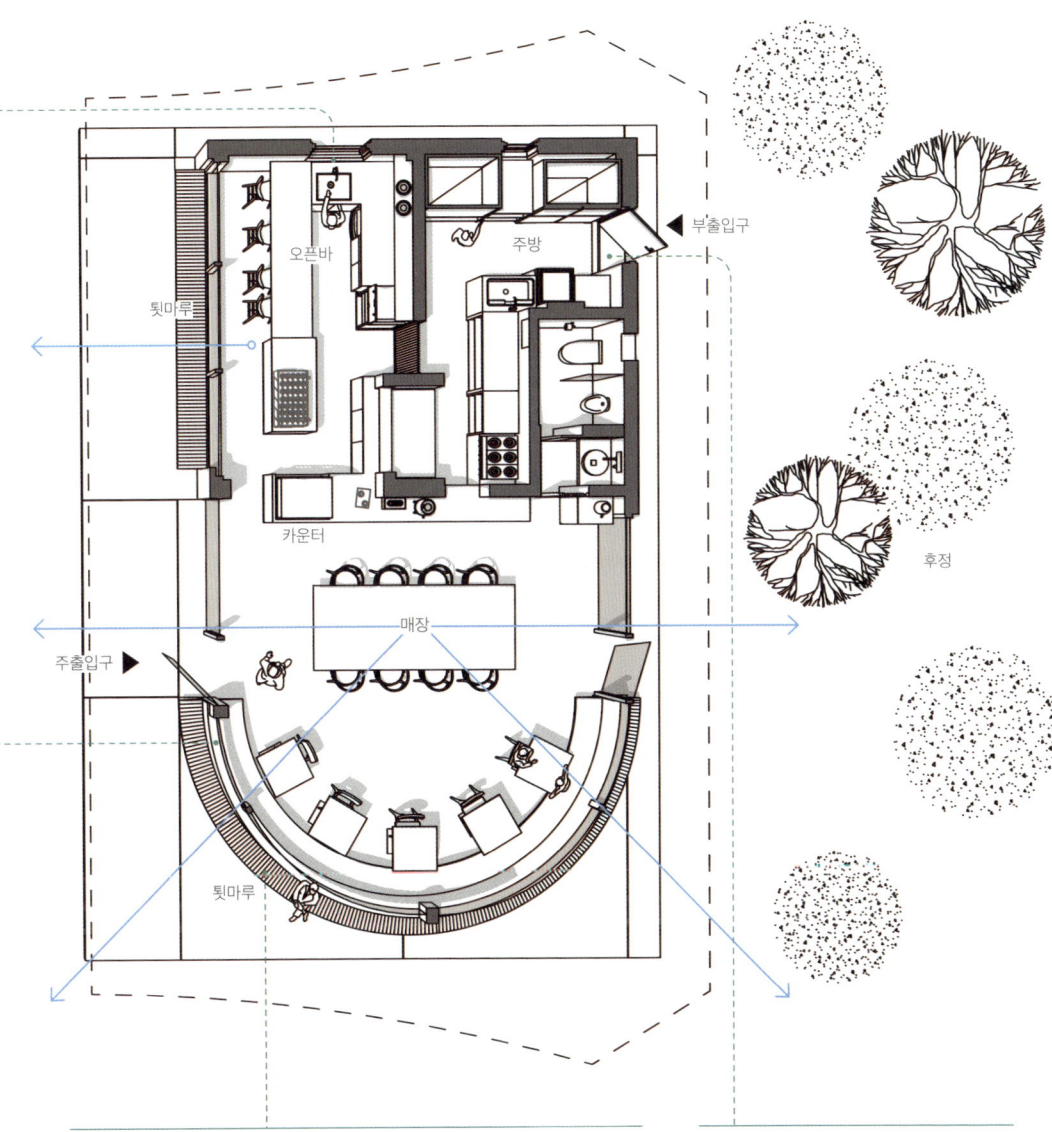

❹ 툇마루
둥근 입면과 면해 설치한 툇마루에서는 길게 드리워진 처마 아래서 조경을 바라보며 옥외 공간을 즐길 수 있다. 별도의 가구를 두지 않고 건축물과 일체화된 벤치를 디자인해 군더더기 없이 깔끔하다.

❺ 부출입구
주출입구 반대편, 주방 옆으로 관리 동선을 위한 출입구를 두어 효율적인 매장 운영이 가능하게 했다.

1 주변 민가의 호젓한 분위기를 통창을 통해 실내 어느 곳에서나 느낄 수 있다.

2 깊은 처마 아래에는 앉아 쉴 수 있는 툇마루를 두었다.

3 바 뒤쪽 들창을 열면 마당과 바로 연결된다.
4 처마선과 통창의 가로선이 정갈한 입면을 구성한다.
5 지붕 형태를 따라 천장을 마감해 공간이 더욱 넓어 보인다.
6 실외까지 연장된 목재 천장이 따뜻한 분위기를 더한다.

(CAFE 03)

투명의 공간으로
스며드는 카페

위치 : 강원 원주시 지정면   **지역지구** : 계획관리지역

대지면적 : 730㎡   **연면적** : 303.78㎡   **규모** : 지하 1층, 지상 2층

건축주와의 첫 만남은 그의 주택을 설계하면서였다. 주변 유동 인구가 많아지면서 주택을 카페로 용도 변경하여 운영하다 주택 앞 너른 대지를 이용해 새로운 개념의 공간을 구상하면서 다시금 우릴 찾은 것이다. 대지는 원주시 간현관광지와 원주기업도시 사이의 호젓한 농촌 어귀에 있다. 이 건축물은 평탄한 주변 지형의 연속성을 그대로 실내에 끌어들여 내외부가 시각적으로 열리게 함으로써 시간의 흐름에 따른 자연의 변화를 그대로 수용하는 공간적 성격을 가진다. 처마는 비를 맞지 않을 정도로 내밀어 처마 아래 툇마루처럼 앉아 휴식을 취할 수 있게 만들었다. 이 공간에서는 자연과의 경계가 더욱 모호해진다. 출입구에 들어서면 라운드 형태로 만곡된 'U'자의 바(bar)를 만난다. 이 바는 콤팩트하게 구성된 로툰다 부분과 중첩되어 평면상에서 가장 핵심적인 공간이 된다. 전체적인 평면은 무척 간단하다. '4면으로 자연풍광을 담는 프레임'이란 개념이었기 때문에 모든 기능적인 공간을 로툰다 중간에 놓고, 수직 동선을 이용해 지하 혹은 2층의 남녀 화장실로 오르내릴 수 있게 하였다. ●

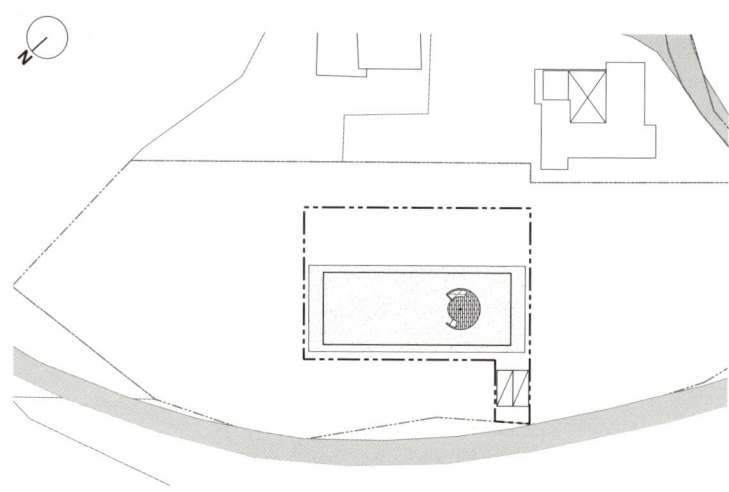

PLAN

B1F 34.56m²   **1F** 253.44m²   **2F** 15.78m²

❶ 창
미국 모더니즘의 대표적인 건축가 필립 존슨의 글라스하우스의 오마주로, 4면이 통유리로 되어 있어 주변의 경관을 어디서든 감상할 수 있다.

❷ 바(bar)
'U'자 형태의 긴 바에 주문, 픽업, 리턴 공간을 적절한 간격으로 두어 효율적인 서빙이 가능하도록 하고, 커피를 내리는 모습을 자연스럽게 노출해 보다 전문적인 바리스타의 행위들을 부각시켰다.

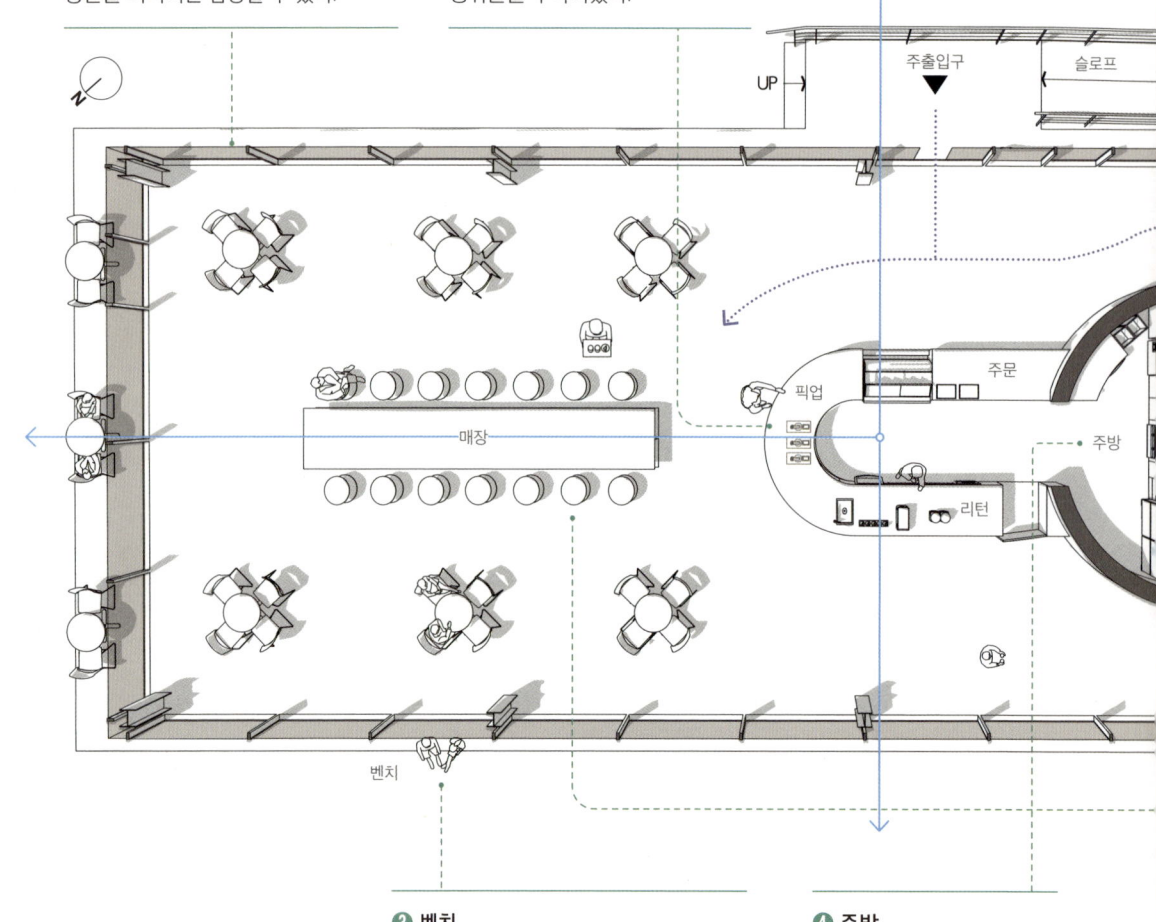

❸ 벤치
1층 매장의 바닥이 같은 높이로 돌출되어 전통건축의 툇마루처럼 외부에서 걸터앉아 옥외 공간을 즐길 수 있다.

❹ 주방
주방에서 일어나는 분주한 모습이 매장 안에서 보이지 않게 공간을 구획하였다.

KEY POINT
- 기업도시 근처 너른 마당을 가지고 있는 대지에 계획한 카페
- 지역적 특성상 가족 단위 손님들을 한번에 수용할 수 있는 내부 구조
- 유리 박스의 형태로 주변 경관을 그대로 실내에 끌어들이는 확장의 공간

❺ 로툰다(rotunda)
주변으로 시선을 최대한 개방할 수 있도록 중앙의 조적벽으로 이루어진 원통형의 공간에 주방, 화장실, 수납공간, 수유실, 계단실 등 모든 기능적인 공간을 밀집시켰다.

❻ 수유실
어린아이를 동반한 손님들을 위해 별도의 수유실을 마련했다.

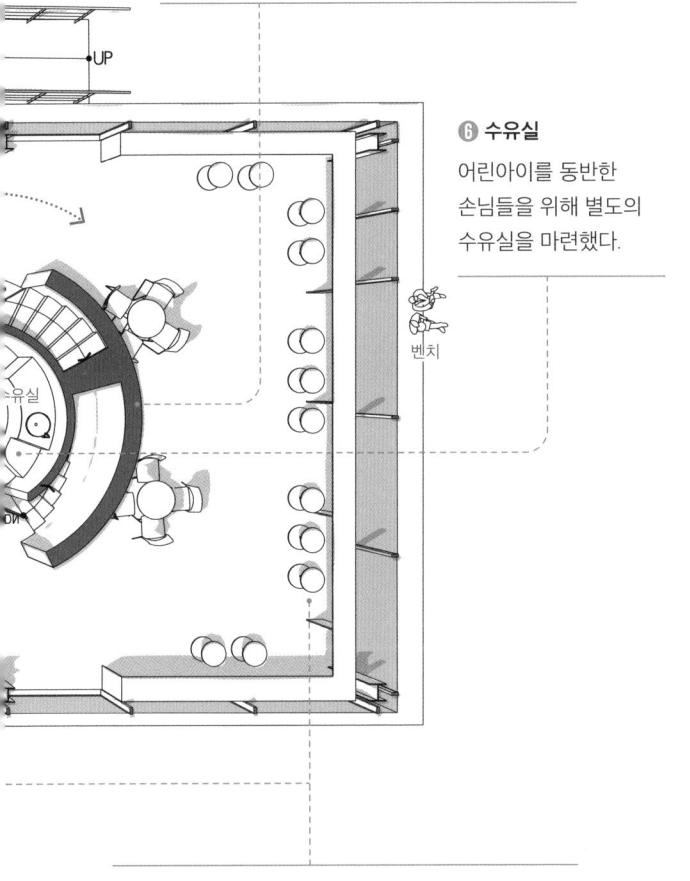

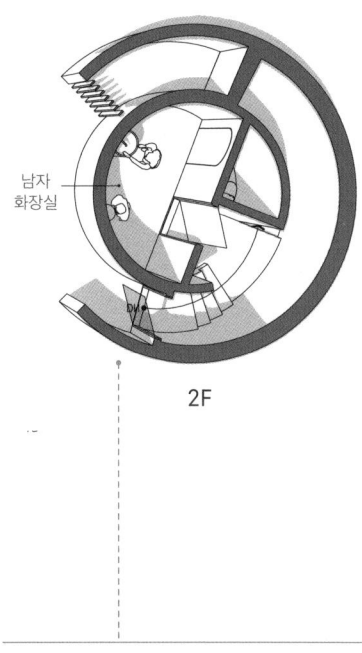

2F

❼ 매장
창 주변에는 커플들을 위한 제작 테이블을 배치하고, 중앙에는 큰 테이블을 디자인해 여러 사람이 방문했을 때 그룹을 지어 앉아 담소를 나눌 수 있도록 하였다.

❽ 2F
나선형 계단을 따라 1.5층으로 오르면 남자 화장실이 위치해있고, 2층에 다다르면 원경을 즐길 수 있는 옥상 데크로 연결된다.

1 나지막한 대지와 수평선을 강조한 입면 디자인
2 중앙 나선형 계단을 통해 화장실과 옥상으로 연결된다.
3 4면의 바닥을 외부로 연장해 벤치로 활용했다.
4 원통형의 공간은 계단과 같은 기능 공간으로 사용한다.

5 로툰다 형상을 이용하여 단체석 가구를 디자인했다.
6 중앙에는 주문 및 반납이 이뤄지는 바를 두었다.
7 지하에는 나선형 계단으로 접근할 수 있는 화장실이 있다.
8 커피를 내리는 행위도 디스플레이 영역에 포함된다.

(CAFE 04)

아치형 곡면이 만든
극적인 개방감이 있는 카페

위치 : 제주 제주시 이호일동	**지역지구** : 자연녹지지역, 자연취락지구
대지면적 : 371㎡	**연면적** : 366.74㎡	**규모** : 지상 3층

제주공항과 무척 가까운 곳에 자리한 이호테우해변은 규모가 크지 않지만, 시내와 가깝고 교통이 편리한 장점이 있어 남녀노소가 즐겨 찾는 제주의 대표 해변 중 하나이다. 특히 저녁 시간에는 제주의 야경을 한눈에 담을 수 있어 이호테우해변이 가진 독특한 분위기와 함께 밤의 정취를 즐기기 위해 많은 사람이 방문한다. 카페 신상은 전층을 카페로 사용하는 곳이다. 주변의 건축물보다 담백한 육면체의 형태이지만, 건축물을 전체적으로 관통하는 연속된 아치 터널(barrel vault)에 의해 그 존재감이 부각된다. 대부분의 제주 해변 건축물은 필연적으로 북향일 수밖에 없는데, 이러한 단점은 앞뒤로 크게 뚫린 아치 형태의 창을 통해 남측의 햇살이 실내로 깊게 드리워질 수 있도록 해 해결했다. 또한, 가로변을 지나는 사람들이 내부 공간의 깊은 영역까지 볼 수 있게 하여 자연스럽게 그들의 유입을 이끈다. 모든 기능적인 공간(계단실, 창고, 화장실, 직원 탈의실 등)은 동측으로 몰아 효율적인 공간이 되게 하였고, 매장은 기둥이 없는 공간으로 계획하여 더욱 넓게 사용할 수 있도록 했다. 특히 2층과 3층에는 천장의 대형 아치 곡면을 볼 수 있어 극적인 공간감을 제공하고, 최상층에는 정면 바다를 응시할 수 있는 계단식 좌석도 뒀다. 건물의 뒤편 야외 후정엔 해안가의 복잡함과는 다른 편안한 분위기의 좌석도 준비되어 있다. ●

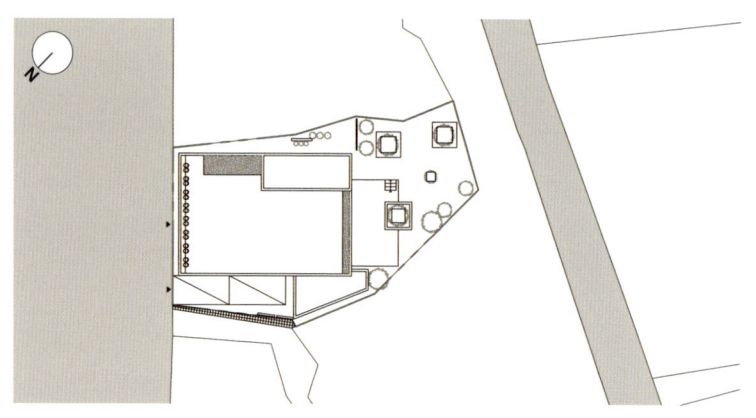

PLAN

1F 161.57m²　　**2F** 126.20m²　　**3F** 78.97m²

❶ 후정 데크
정면의 바다 뷰 공간과 또 다른 아늑하고 포근한 후정 데크는 연동 슬라이딩 창을 크게 열 수 있어 매장과 하나의 공간으로 이어진다.

❷ 커피바
주방과 연결하여 효율성을 갖게 하고, 매장 내에서 주방 안쪽이 잘 보이지 않도록 가림막을 설치하였다. 1층에서 주문하고 음식을 픽업해 각 층으로 가져간다.

❸ 서비스 출입구
주차장과 주방이 바로 이어지는 별도의 서비스 출입구를 마련해 직원 동선과 손님 동선을 분리하였다.

정면에는 건축주가 직접 고른 상징수를 심어 주진입 입면에 특징적인 요소가 되도록 했다.

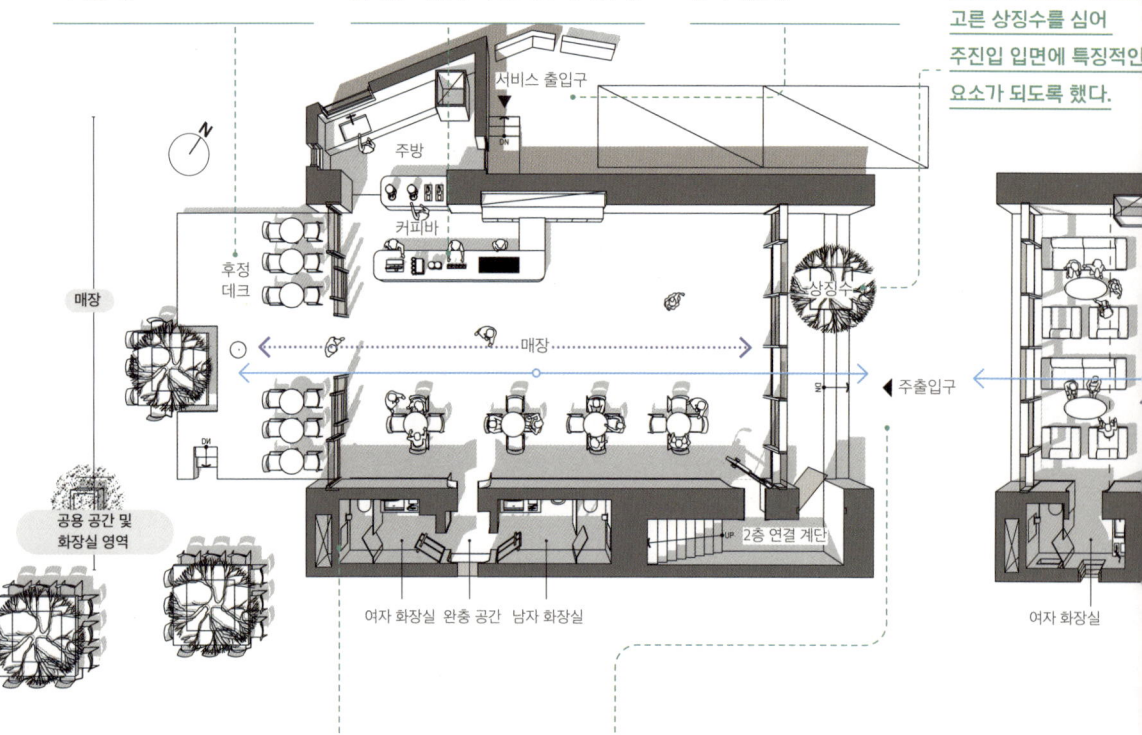

❹ 1층 화장실
2층으로 오르는 계단 하부를 이용하여 남녀 화장실을 배치했다. 화장실에서 발생하는 소음과 프라이버시 확보를 위한 완충 공간을 통해 각 화장실로 접근하게 된다.

❺ 입구
건축물의 출입구는 제주 해안가의 바닷바람의 영향을 최소화해야 하므로, 최대한 바다와 직접 면하는 방향으로 계획하지 않아야 한다.

KEY POINT

- 1층부터 3층까지 전체 층을 카페로 구성
- 북향일 수밖에 없는 단점을 해결한 아치 형태의 창
- 기능적인 영역과 매장 영역을 분리한 효율적인 공간 배치

❼ 브릿지
브릿지 한쪽에는 두 명이 앉을 수 있는 작은 테이블을 통로와 면해 배치하였다.

❽ 3층 매장
3층 슬래브 중앙을 오픈해 2층 바닥까지 빛이 깊게 들어올 수 있게 했다. 또한, 서쪽에는 큰 슬라이딩 창을 설치하여 석양을 볼 수 있는 좌석을 놓았다.

❾ 계단형 벤치
정면의 이호테우해변을 바라볼 수 있는 곳에 계단형 벤치를 두었다. 바다를 배경으로 뒷모습을 사진에 담는 포토스팟이다.

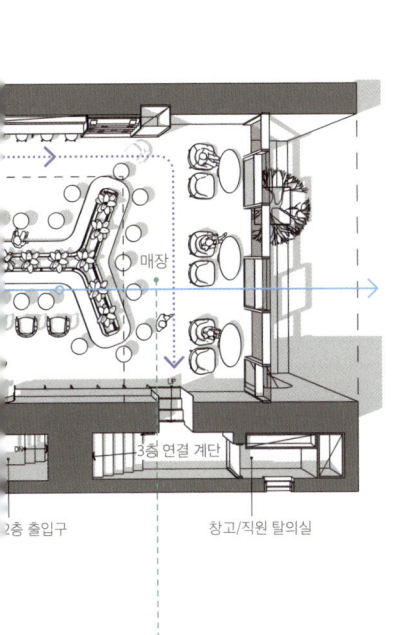

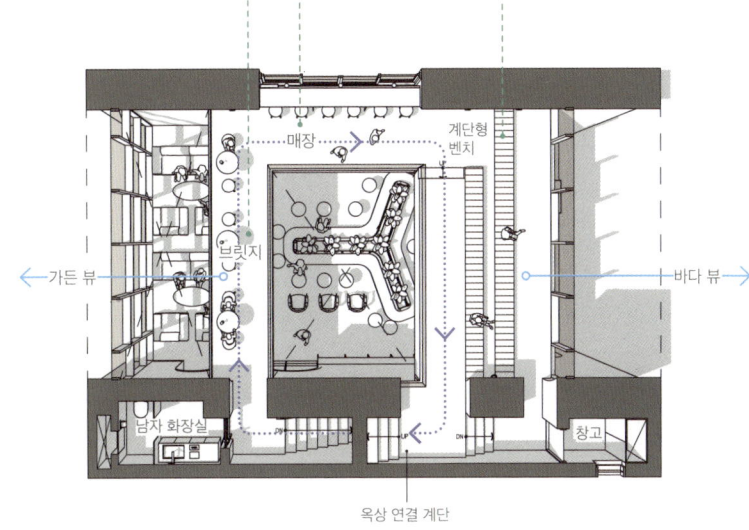

❻ 2층 매장
햇살을 즐길 수 있는 편안한 소파는 남측에, 바다를 볼 수 있는 커플형 테이블과 의자는 북측에 배치하였다. 중앙에는 식물이 심긴 큰 테이블을 두어 자연을 보며 이야기를 나눌 수 있게 배려했다.

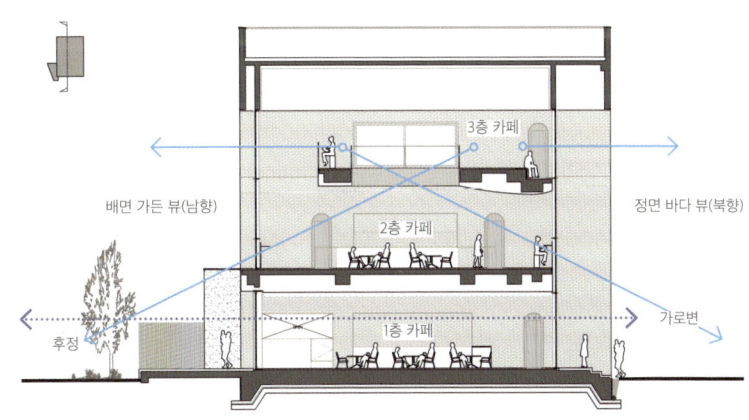

1 주변을 최대한 존중하면서 개성을 살린 입면
2 채광 좋은 1층 전경
3 방문객은 주방과 연계된 바에서 주문하게 된다.
4 계단 등 기능실은 동쪽에 넣어 공간의 효율성을 고려했다.

5 뷰가 가장 좋은 3층은 아치 공간감을 극적으로 느낄 수 있다.   **6** 남측으로 크게 열린 창을 통해 내부 깊숙이 빛이 든다.

(CAFE 05)

마을과 건축의
연속성을 생각한 카페

위치 : 서울 종로구 계동	지역지구 : 역사문화특화경관지구
대지면적 : 92.9㎡	연면적 : 88.68㎡	규모 : 지상 2층

요즘의 계동은 원주민과 그 거리를 아끼는 사람들이 삼삼오오 모여들고, 그로 인해 생긴 독특한 분위기가 정취를 만드는 곳이다. 이곳엔 동네 사람들이 오랜 세월 랜드마크라고 부르는 붉은 벽돌 이층집이 하나 있었다. 1940년 소아과로 첫 영업을 시작해 여러 사람의 임대를 거치는 과정에서 건물은 본래의 색을 조금씩 잃어갔다. 그러다 우연히 새로운 와인바 오픈을 준비하던 건축주가 이 건물이 매물로 나온 것을 알게 됐고 우리를 찾았다. 건물을 둘러보며 원칙을 세웠다. 첫째는 건물을 원형 그대로 보존할 것, 둘째는 건축을 중심으로 사람이 모이는 거리를 만들 것. 그래서 바닥재와 창틀은 병원으로 운영되던 당시의 마감재와 가장 유사한 것으로 사용했다. 부실해진 건물의 골조를 다시 손보고 내진설계를 추가한 것은 물론, 천장의 서까래를 고치고 창도 냈다. 누군가 무너뜨렸던 건물의 벽면은 원래대로 다시 세웠으며, 아주 오래전 계단이 있던 자리에 튼튼한 새 계단을 올렸다. 안과 밖의 경계를 흐리게 하기 위한 디자인도 적용했다. 2층의 창을 넓혀 길을 지나는 사람도 내부에 있는 사람도 계동에 있음을 느낄 수 있도록 한 것. 리모델링에서 가장 중요하게 생각하는 마을과 건축의 연속성이라는 요소를 건물의 모든 디테일에 여실히 드러냈다. ●

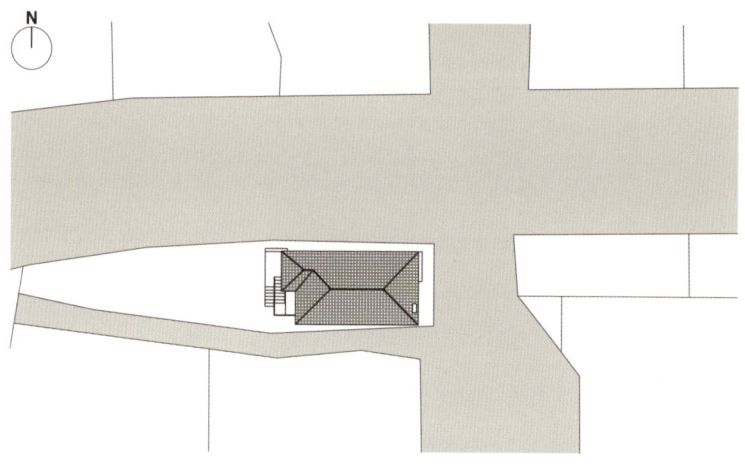

PLAN

1F 44.34m²   **2F** 44.34m²

① 툇마루 벤치

동네 사람들이 지나가며 앉아 쉴 수 있고 언제든 앉아 담소를 나눌 수 있는 벤치를 도로에 면한 모든 면에 설치하였다. 벤치에는 간단하게 커피를 올려놓을 수 있는 선반이 고정되어 있다. 툇마루라는 건축적 요소는 단순 상업 공간이 될 수 있는 이곳을 마을과 소통할 수 있는 곳으로의 가능성을 부여한다.

② 카운터

협소한 공간을 활용하기 위해 계단 하부를 이용하여 카운터를 만들었다.

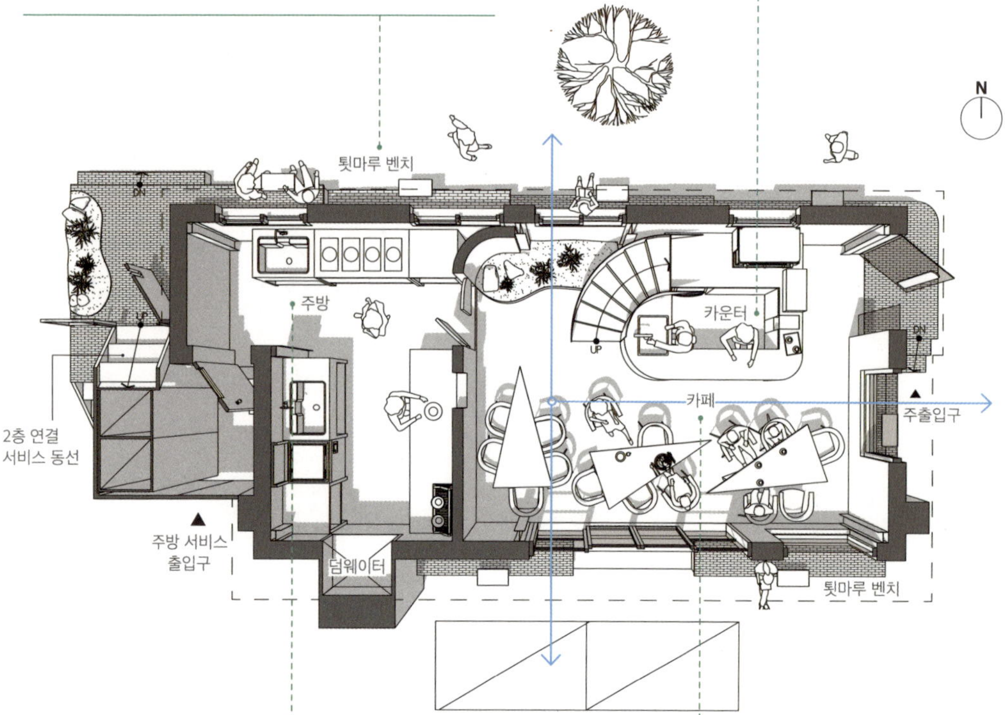

③ 주방

2층의 와인바에서 제공하는 음식을 조리하는 공간으로, 음식 이동은 한쪽에 있는 덤웨이터를 이용한다.

④ 카페

크지 않은 매장 내 공간을 활용할 수 있도록 독특한 형태로 디자인된 가구를 두었다. 날씨가 좋은 날에는 큰 슬라이딩 통창과 들창을 열어 야외 공간 분위기를 낼 수 있다.

KEY POINT
- 오래된 2층 건물을 리모델링해 만든 카페와 와인바
- 원형을 그대로 보존하고 골조를 보강하여 용도에 맞게 구조 변경
- 마을의 풍경을 바라볼 수 있는 건축 요소 적용

❺ 화장실
좁은 공간 안에서 2층으로의 서비스 동선을 확보하기 위해 화장실 측에 잠금이 되는 문을 설치하여 통로를 확보하였다.

❻ 와인바
간단한 스낵과 와인을 즐길 수 있도록 소믈리에가 서브하는 공간을 별도로 두었다.

❼ 계단실
새롭게 위치시킨 계단. 공간 활용을 위해 계단 철제 난간을 연장하여 테이블을 추가해 주었다.

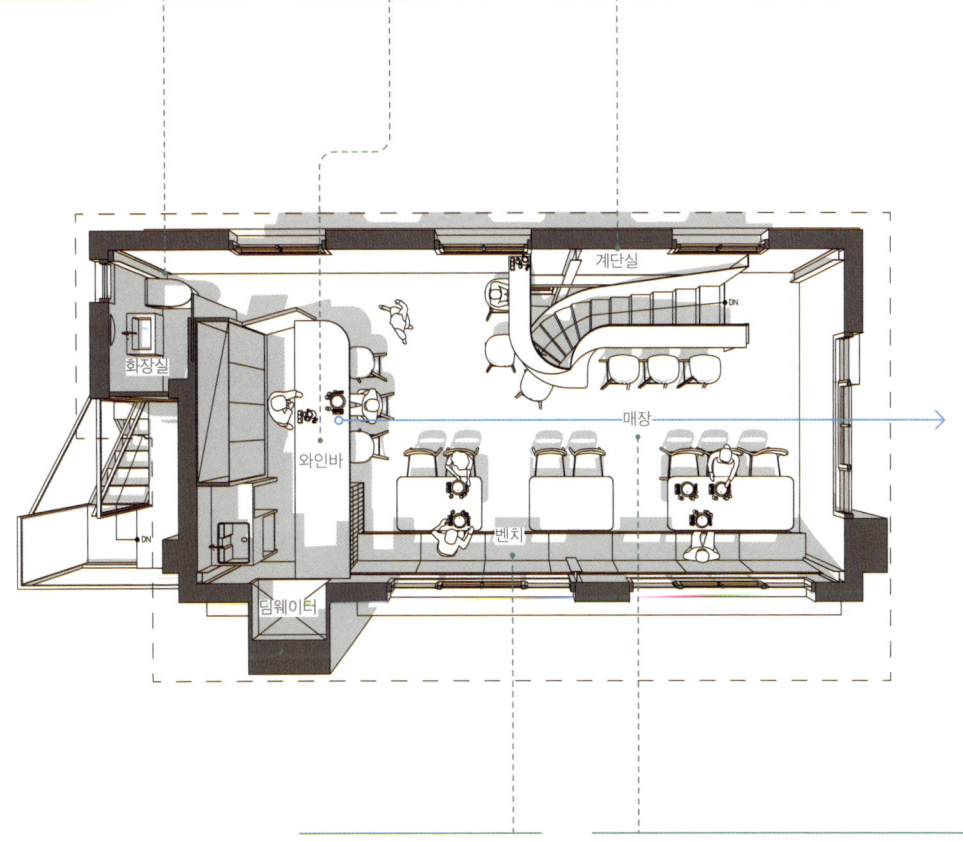

❽ 벤치
목구조의 지붕재와 오래된 조적벽이 어우러질 수 있도록 비취색을 조합한 가구를 창가에 배치하였다.

❾ 매장
오래된 조적 건축물의 안전성을 확보하기 위해 철골(H빔)로 구조 보강을 하고, 주변과 시선이 교차될 수 있도록 개구부를 확장해 목재 프레임을 이용한 창호들을 설치했다.

337

1 건물 주변으로 구성된 툇마루는 생활가로와의 상호작용을 촉진한다.

2 기존 건물의 원형을 유지하며 내부 색감과 가구를 조율했다.

3 계단 하부를 활용하여 카운터를 배치하였다.
4 계단 옆 창을 통해 외부로 시선이 확장된다.
5 벽과 계단 난간을 이용한 제작 가구로, 협소한 공간의 효율을 높였다.

CAFE +HOME 06

수익성과 디자인을
모두 잡은 카페 하우스

위치 : 제주 제주시 영평동 | **지역지구** : 자연녹지지역, 자연취락지구

대지면적 : 496㎡ | **연면적** : 246.63㎡ | **규모** : 지상 2층

제주 바다를 향해 있는 2m 석축으로 돋아 조성된 대지를 후정, 주거, 중정, 근린생활시설(카페) 네 영역으로 구분을 두었다. 공간 사이사이 삽입된 중정으로 인해 모든 공간에 고르게 빛이 들어오게 하고 공기가 잘 드나들 수 있도록 하였다. 1층 높이의 조적담과 구운 대나무담이 외부로부터 프라이버시를 보호하고, 주거 안쪽으로는 너른 중정을 두어 모든 공간이 중정과 면할 수 있게 했다. 주거 영역은 지상 2층과 다락으로 구성되어 있는데, 삼각형의 단면 구조로, 1층 거실의 오픈 부위를 통해 높은 천장고의 공간감을 가진다. 이 공간은 가족 구성원과 내부 공간들이 서로 소통하고 관계할 수 있게 해 친밀도를 높일 수 있었다. 특히 주방, 식당, 거실로 연결되는 공간의 앞뒤로 마주한 후정과 중정에서는 언제든지 정원을 즐기며 직출입이 가능하도록 했다. 근린생활시설은 2개 층으로 오픈된 메자닌(mezzanine)을 두어 원경으로 펼쳐지는 제주 바다를 품도록 하고, 독특한 지붕의 형태가 내부 공간에서도 그대로 느껴지게 하였다. 대지의 경사를 이용한 배치는 도로에 면한 주차장과 중정 그리고 주거 영역의 1층까지 점층적으로 그 높이가 높아지게 하였는데, 이러한 단차를 이용하여 외부에서 내부 중정이 보이지 않게 하면서 공기의 유통이 수월하도록 했다. ●

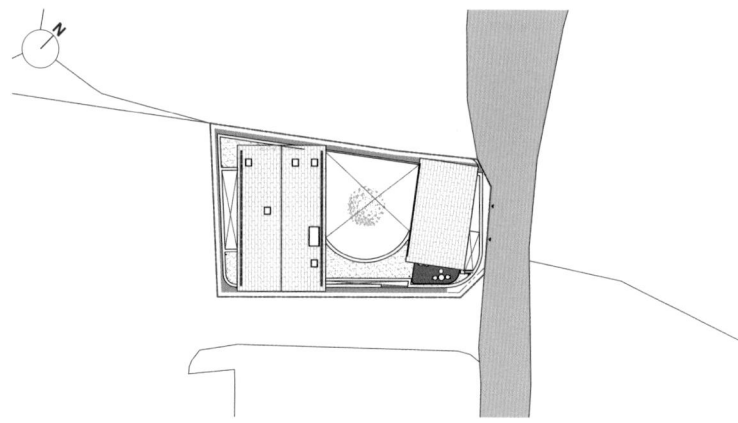

PLAN

1F 65.59m²   **2F** 68.93m²   **CAFE** 65.42m²

❷ **주방**
주방 조리대 정면에 큰 통창이 있어 요리를 준비하며 멋진 경관을 볼 수 있다. 주방 옆 팬트리를 통해 후정으로 직출입할 수 있는 출입구를 두었다.

❸ **거실**
후정과 중정으로 통창을 두어 더욱 개방감이 느껴진다. 선큰으로 거실을 만들면 가구 선택이 자유롭고 공간이 넓어 보이는 효과를 가진다.

❹ **수돗가**
옥외 데크 한쪽에는 제주의 물부엌 역할을 할 수 있는 외부 수도를 설치해 주었다.

❶ **주차장**
2층에 위치한 근린생활시설(카페) 하부는 필로티 주차장을 두어 다용도의 외부 공간으로 사용할 수 있게 했다.

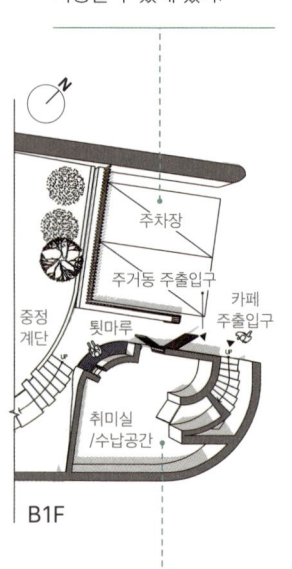

❺ **취미실**
운동을 좋아하는 건축주를 위한 운동실이자 다양한 활동이 가능한 공간이다. 취미실 앞 툇마루에서는 중정을 바라보면서 잠시 휴식을 취할 수 있다.

❻ **방**
게스트룸으로, 후정과 면한 툇마루를 설치했다.

❼ **카페**
카페 전면에는 제주의 먼바다를 감상할 수 있는 통창을 두었다. 일부 창문 쪽에는 하늘로 열린 작은 조경 공간을 만들었다.

1 경사형 중정은 각기 다른 두 시설의 교집합 공간이다.
2 거대한 삼각형이 담 위에 얹힌 입체적인 입면
3 필로티 주차장을 통해 주거와 카페 동선이 분리된다.
4 카페는 복층 형태로, 앞뒤가 열려 있어 환기와 채광이 좋다.

KEY POINT

- 구성원 : 부부, 아들 2
- 주거와 카페가 함께 있는 단독주택
- 중정을 중심에 두고 주거 영역과 근린생활시설로 명확하게 구분
- 주거동과 2층으로 연결되는 근린생활시설 주출입구를 별도로 두어 출입과 관리 고려

❽ 부부 침실
침실 옆으로 욕실을 배치해 동선의 편의를 배려하였다. 두 공간 모두 창을 통해 개방감을 확보했다.

❾ 옥외 데크
2층 카페는 옥외 데크와 연결되도록 배치하였다.

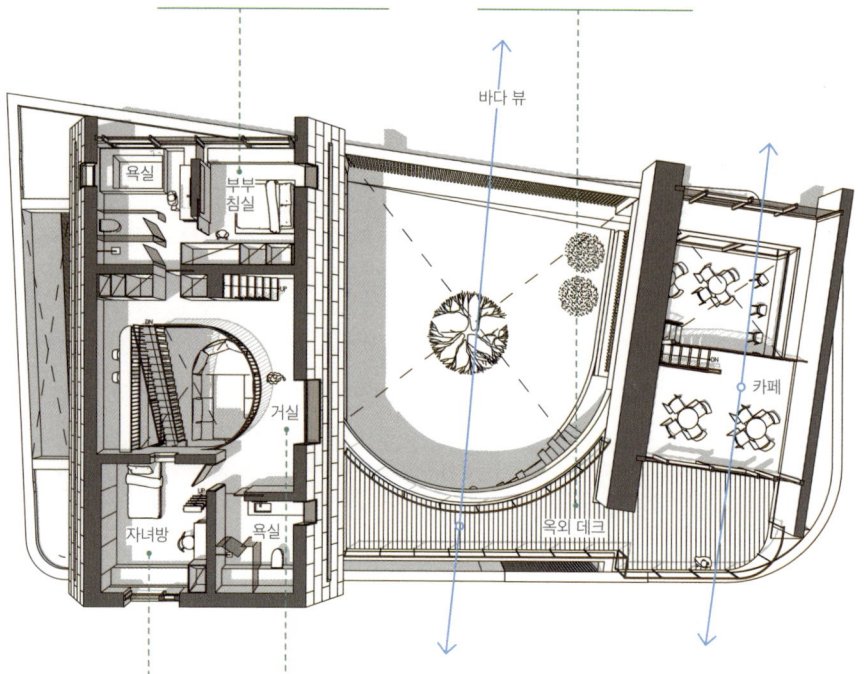

ATTIC (부부 침실 위)

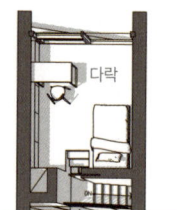

ATTIC (자녀방 위)

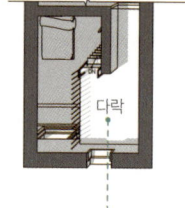

❿ 자녀방
자녀방에서 거실 측으로 작은 창을 설치해 시선을 연장시켰다.

⓫ 거실
1층 거실 상부가 오픈되어 두 층의 시선이 이어진다. 2층으로 구성된 거실은 가족이 서로 소통하는 중심적인 역할을 한다. 남쪽으로 통창이 있어 빛이 실내 깊숙이 유입된다.

⓬ 다락(자녀 방)
다락 정면으로 삼각형 통창을 두었다. 남측으로는 개방이 가능한 천창을 설치해 충분한 일사와 환기가 되도록 하였다. 다락방에서도 거실 측으로 창을 만들어 소통할 수 있다.

5 선큰 거실은 중정과 후정으로 동선이 자유롭다.
6 거실 위를 오픈하여 2층과 시선이 연결된다.
7 2층 통로를 이용해 다락으로 오르는 별도의 계단을 두었다.
8 1층에서 다락까지 연결되는 높은 층고로 개방감을 살렸다.

계획안

CAFE 07

지형의 흐름에 따라 완성한 원형의 카페 공간

위치 : 강원 홍천군 서면   **지역지구** : 계획관리지역, 소하천구역
대지면적 : 1,115㎡   **연면적** : 130.94㎡   **규모** : 지상 1층

스테이 올라운드원과 함께 계획된 카페로, 스테이를 방문하는 사람들이 시설에 대한 설명과 안내를 받을 수 있는 리셉션의 공간이다. 물론, 숙박하지 않는 사람들도 이용할 수 있다. 원이라는 공간 개념 안에서 카페가 구성되어 스테이와 함께 군집을 이룬다. 경사지에 지어진 건축물의 특성상 지형의 흐름을 따라 주출입구로 유도되는 선큰이 방문자를 맞이한다. 원형의 카페엔 무주 공간인 실내를 중심에 두고 앞뒤로 전정과 후정을 배치해 내외부를 편하게 오갈 수 있게 하였다. 특히 원을 그리는 큰 벽체의 물성을 안과 밖 모두 동일한 콘크리트 노출면으로 마감하여 공간이 더욱 확장되어 보인다. 실내 양 끝단에는 기능적인 공간인 주방과 화장실을 두었다. 이 부분은 지하 공간으로 중앙의 원형 공간만 외부에 노출되어 원의 형상을 띠게 된다. 정면의 원형 벽체는 중앙에 다다르며 그 높이를 낮게 하여 원경으로 펼쳐지는 산 뷰를 제한적으로 실내로 끌어들인다. 원이라는 공간의 성격은 주변으로부터 내부화된 공간을 포근하게 감싸 안아 안정적인 분위기와 편안함을 느낄 수 있게 한다. 조용하고 차분한 음악과 함께 향기로운 커피 한잔을 여유롭게 즐길 수 있는 공간이 되기를 바랐다. ●

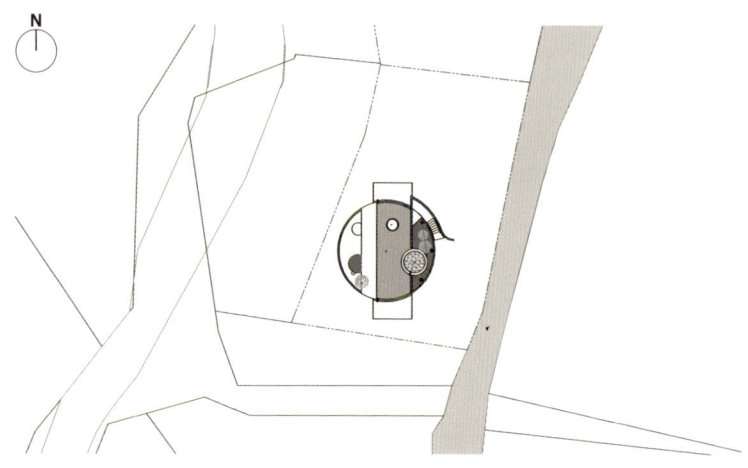

PLAN

1F 130.94m²

① 주출입구
경사지에 위치한 카페는 내려가는 계단을 통해 주출입구로 진입한다.

② 바, 주방
곡면 공간의 외부에 위치시켜 곡면 벽의 완결성을 최대한 유지하였다.

③ 후정
곡면 벽체는 카페 공간의 중앙으로 그 높이가 낮아지며 정면 산으로만 시선이 확장된다.

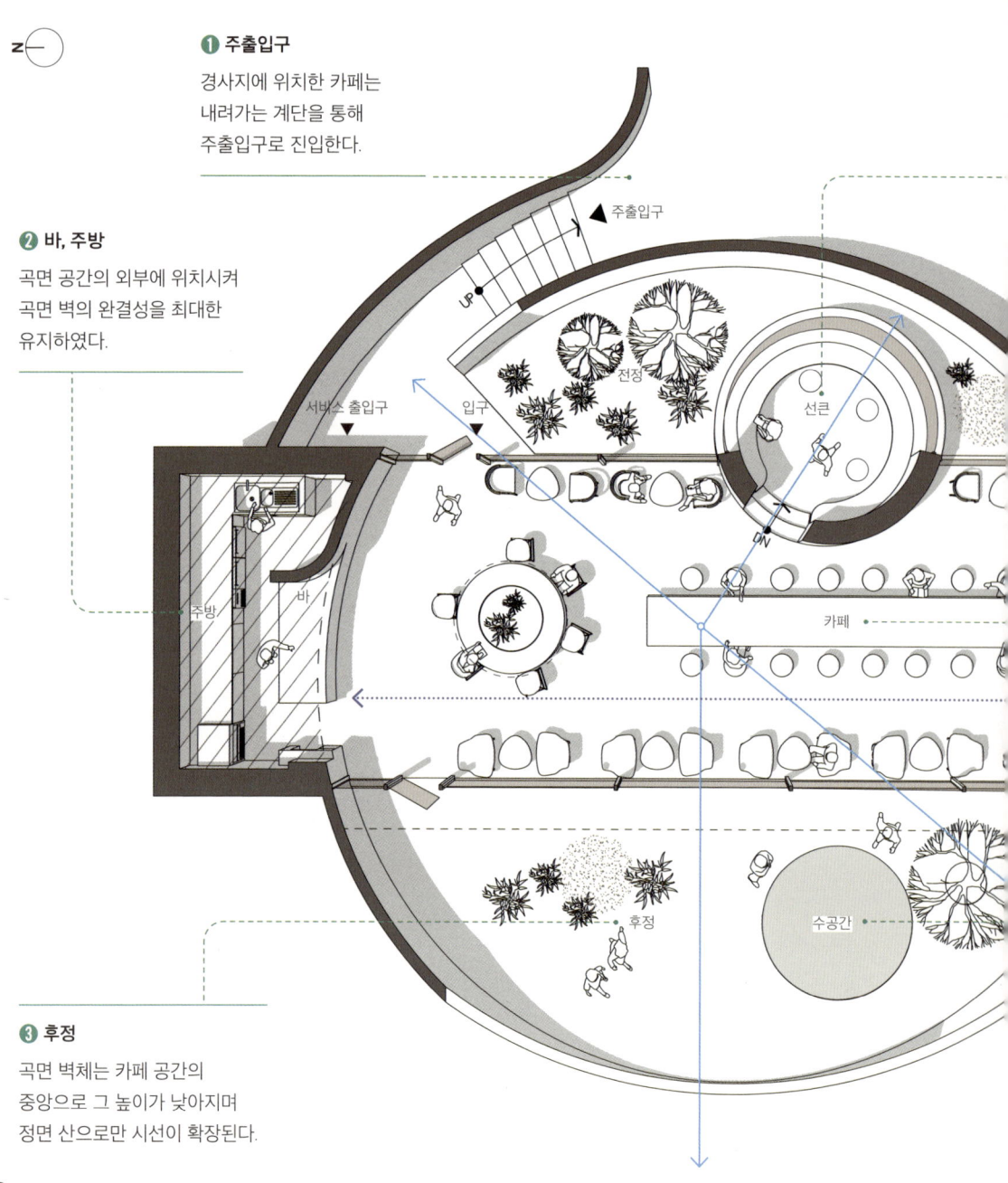

KEY POINT
- 스테이 숙박과 관계없이 이용할 수 있는 카페
- 스테이와 조화를 이룰 수 있도록 설계한 원형의 평면
- 내외부 마감을 통일해 확장된 공간 완성
- ▨ 부분은 지하에 묻히는 영역

❹ 선큰
선큰 공간의 테이블은 외부 조경 바닥 레벨과 맞닿아 더욱 자연과 가깝게 느껴진다.

❺ 화장실
화장실은 카페와 곡면의 벽을 이용한 완충 공간을 통해 진입할 수 있다.

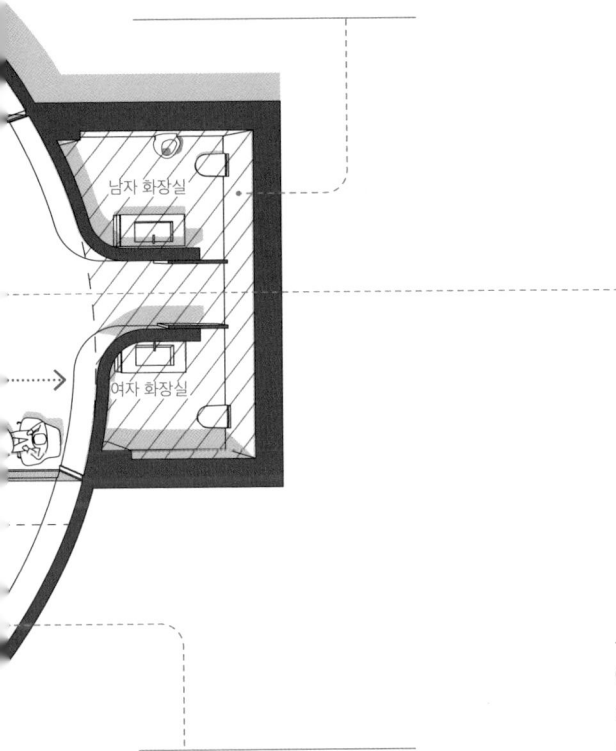

❻ 수공간
20mm의 얕은 수공간은 반사된 하늘을 담는 소반의 개념이다.

❼ 카페
곡면 벽의 안과 밖의 소재를 동일하게 콘크리트 노출면으로 마감해 내외부의 경계를 허물었다. 중앙 테이블은 바닥 콘크리트가 융기되어 만들어진 견고한 모습으로 디자인했고, 기둥을 최소화하기 위해 선큰의 일부 벽체는 카페 내부의 구조적 역할을 하도록 했다.

349

1 만곡되어 흐르는 벽체는 외부로의 시선을 조율한다.   **2** 경사지에 접한 반지하지만, 선큰 정원으로 쾌적함을 더했다.

3 콘크리트 테이블을 중심으로 앞뒤로 개방된 구조를 가진다.
4 안쪽 깊숙이 빛이 들어 늘 환한 카페 내부
5 천창이 있는 테이블은 상품 진열 공간으로 사용된다.
6 낮은 높이의 계단을 지나 주출입구에 다다른다.

계획안 CAFE 08

숲을 거닐 듯, 자연이 주는
온전한 휴식을 누리는 카페

위치 : 제주 제주시 오라이동		**지역지구** : 자연녹지지역	
대지면적 : 3,306㎡	**연면적** : 496.71㎡	**규모** : 지상 1층, 지상 2층	

제주에서 자생하는 식생들과 다양한 제주석을 소유하고 있는 건축주는 본인의 아름다운 자산을 많은 이들과 공유하고 함께 즐길 수 있는 공간을 만들고 싶어 했다. 제주공항으로부터 불과 20분도 걸리지 않는 접근성을 가진 대지는 동쪽엔 방선문계곡과 연결된 올레길을 품은 건천이, 서쪽으로는 팽나무를 비롯한 큰 나무들이 작은 숲을 이루고 있다. 하지만 북측에는 아파트 단지가 들어설 예정이고, 남측에는 비닐하우스 농장들이 근접해 있어 남북 방향으로의 시선을 차단하면서 동서로 연결되는 공간 축을 형성해야 했다. 주방과 주문 바(bar)가 있는 동과 두 개의 매장은 중정을 중심으로 숲과 건천이 연결된다. 중정은 건물로 둘러싸여 아늑한 분위기가 전달되고, 건물을 따라 조성된 제주석 산책로는 대지 전체를 거닐 수 있어 좋다. 중정을 면한 곳에는 통창을 설치해 내외부가 자유롭게 이어지도록 하였다. 건물의 단면은 삼각형으로 디자인하여 중정에는 언제든 빛이 충분히 들어오고 하늘로 열려 넓은 개방감도 느껴진다. 건물의 구조는 콘크리트와 철골 목구조를 조합하여 만든 하이브리드 공법을 적용하였다. 중목구조의 기둥은 숲속 이미지를 차용하여 거대한 삼각형 지붕 구조를 떠받치고 있는 나무를 형상화했다. 내부에는 다양한 디테일을 그대로 노출해 이질 재간의 접합부 등을 통한 구조적 아름다움을 선사한다. ●

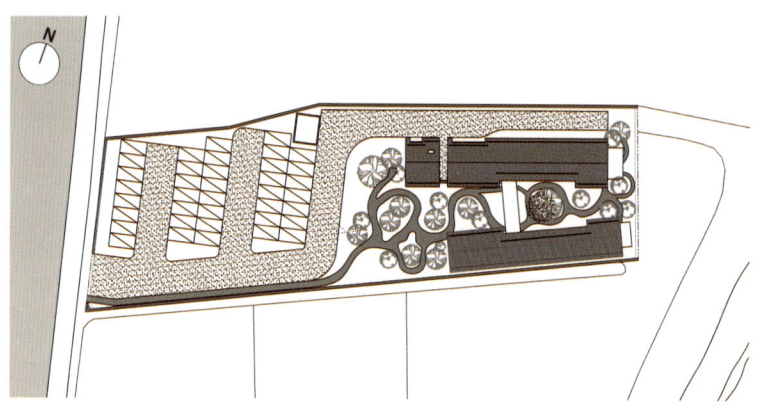

PLAN

A동 1F 430.68m²   2F 32.24m²
B동 1F 33.79m²

❶ 주방
넓은 주방에는 서비스 출입구와 창고를 두어 직원 동선 및 사용이 편리하다.

❷ 바
주문하는 곳과 커피를 마시는 장소를 나누어 동적인 공간과 정적인 공간을 명확히 분리하였다.

❸ 회랑
실내의 연장 공간으로, 날씨에 상관없이 오가며 휴식을 취하기 좋다.

❹ 로스팅실
주출입구 정면에는 유리 칸막이로 구획된 로스팅실을 두어 손님들이 로스팅하는 과정을 볼 수 있게 하였다.

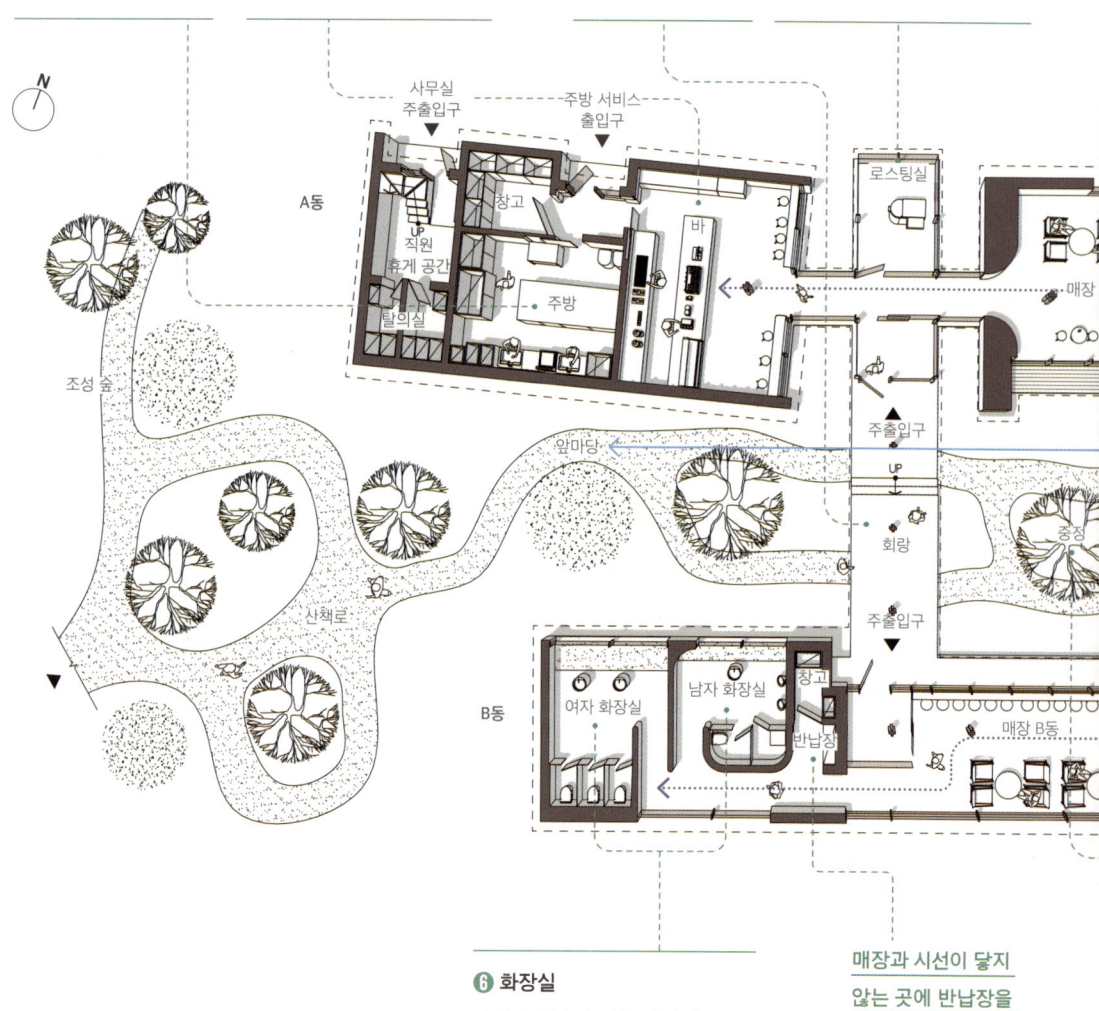

❻ 화장실
따로 구획하지 않은 화장실은 부드럽게 연결된 곡면 콘크리트 벽체를 따라 각 영역을 확보했다.

매장과 시선이 닿지 않는 곳에 반납장을 두어 지저분한 공간이 노출되지 않게 하였다.

KEY POINT

- 주방 및 주문 바(bar)가 있는 동과 매장 두 동으로 이뤄진 카페
- 매장 어디에서든 자연을 느낄 수 있는 배치
- 직원 휴게 공간과 탈의실 등을 따로 구획하여 업무 편의 고려

❺ 매장

낮은 처마 아래 띠창을 통해 건물 주변의 지피식물과 자연석으로 이루어진 조경 공간을 감상할 수 있다.

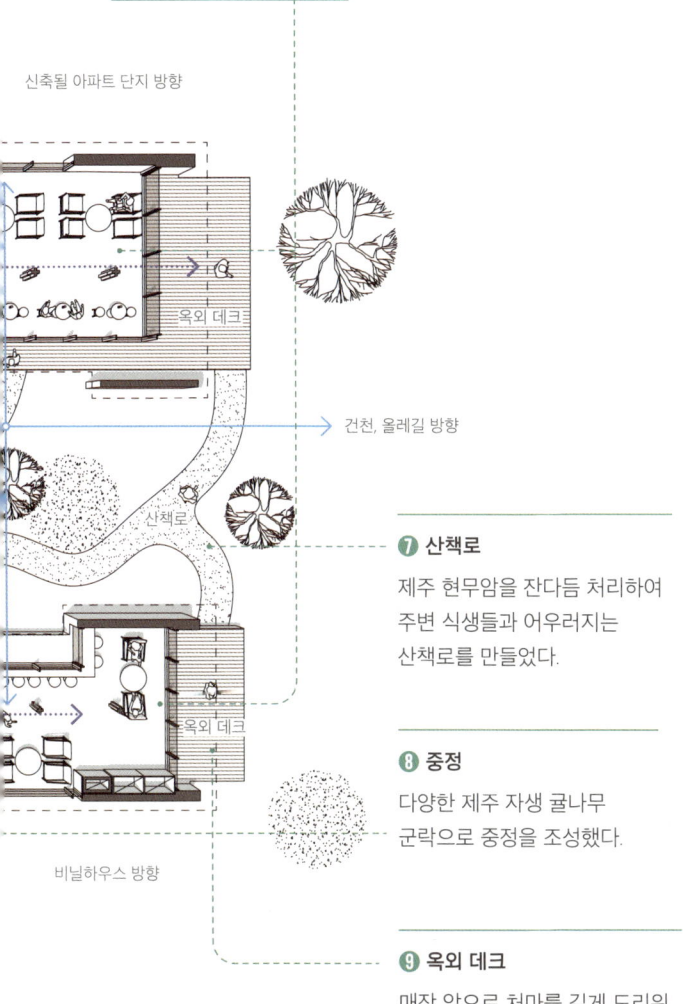

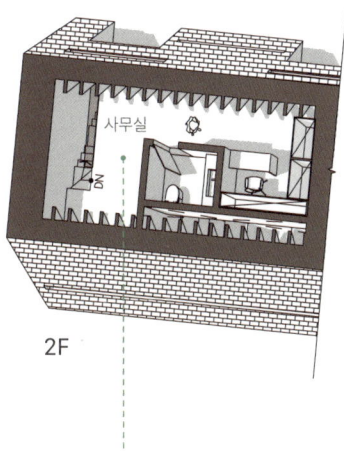

2F

❼ 산책로

제주 현무암을 잔다듬 처리하여 주변 식생들과 어우러지는 산책로를 만들었다.

❿ 사무실

별도의 출입구를 통해 연결된 사무실은 관리를 위한 공간으로 활용된다. 대표실과 별도의 화장실도 마련해 주었다.

❽ 중정

다양한 제주 자생 귤나무 군락으로 중정을 조성했다.

❾ 옥외 데크

매장 앞으로 처마를 길게 드리워 비를 맞지 않고 외부 공간을 자유롭게 즐길 수 있도록 했다.

1 중정을 향해 열린 구조를 가진 공간 배치
2 배면은 주진입과 대조적으로 개방적이다.
3 중정에 면한 통창으로 직출입이 가능하다.
4 주진입에서 바라본 견고한 삼각형 매스
5 건물 사이 회랑을 통해 매장으로 진입하게 된다.

6 기둥의 구조목은 숲속 나무의 형상을 차용하였다.
7 화장실 진입 전이 공간은 측창으로 빛이 든다.

8 바(bar) 공간은 매장과 별도의 영역으로 구분하였다.
9 노출된 구조목 자체로 인테리어 효과를 낼 수 있다.

STAY & CAFE LIST

※ 현재의 상호로 표기함.

트뭄　　　　　　　012p
제주 서귀포시 대정읍
무릉전지로35번길 26-32

www.instagram.com/
stay_trimmen

스테이삼달오름　　018p
제주 서귀포시 성산읍
삼달하동로17번길 15-3

www.instagram.com/
stay_samdal

의귀소담　　　　　024p
제주 서귀포시 남원읍
남조로 296-13

www.instagram.com/
u.g.sodam

서광별서　　　　　030p
제주 서귀포시 안덕면
서광사수동로20번길 19

www.instagram.com/
sgbs_jeju

스테이아이　　　　036p
제주 제주시 애월읍
광상로 411-13

www.stay-i.kr

스테이 흥해랑　　　042p
경북 포항시 북구 흥해읍
한동로327번길 6

www.instagram.com/
stay_hhaerang

까사벽락재　　　　048p
제주 서귀포시 안덕면
서안골로 16

www.instagram.com/
casa_ldk

월정담　　　　　　054p
제주 제주시 구좌읍
월정1길 70-9

https://moon-dam.com

더스테어　　　　　060p
제주 제주시 구좌읍
평대7길 16-1

www.instagram.com/
the_stair

로오우　　　　　　066p
경북 영덕군 병곡면
흰돌로 116

www.instagram.com/
stayroom

올라운드원　　　　072p
강원 홍천군 서면
굴업솔골길 115

www.instagram.com/
allroundone

연북정연가　　　　084p
제주 제주시 조천읍
조천북1길 11-1

www.instagram.com/
jeju_private_pansion

청수곶　　　　　　096p
제주 제주시 한경면
대한로 800-8

www.instagram.com/
stay_csg

헤이미쉬 제주　　　102p
제주 서귀포시 안덕면
신화역사로685번길 14-11

www.instagram.com/
heimish_jeju

북촌리멤버　　　　108p
제주 제주시 조천읍
북촌북길 58-7

www.instagram.com/
jeju_bukchon_remember

하루앤하루　114p
제주 제주시 조천읍
조천7길 12

🌐 www.harunharu.com

하루나의 뜰　120p
제주 제주시 애월읍
고내로7길 45-3

📷 www.instagram.com/
haruna_stay_jeju

스테이달하　126p
제주 제주시 애월읍
신엄안1길 20

📷 www.instagram.com/
staydalha

토리코타지x하시시박　132p
제주 제주시 조천읍
조천북6길 23

🌐 www.toricottagex
hasisipark.com

그슬　144p
제주 제주시 구좌읍
행원동길 23

📷 www.instagram.com/
stay_geuseul

🌐 https://geuseul.imweb.me

카페 연일　310p
경북 포항시 남구 연일읍
연지로 90-4

📷 www.instagram.com/
cafe_yl

수리코　316p
제주 제주시 한경면
조수설목1길 8

📷 www.instagram.com/
surico_ttr

카페 로톤다　322p
강원 원주시 지정면
조엄로 56-5

📷 www.instagram.com/
rotonda_official

카페 신상　328p
제주 제주시 테우해안로 144

📷 www.instagram.com/
cafe.shinsang

뵈르뵈르　334p
서울 종로구 북촌로4길 28

📷 www.instagram.com/
eeeatseoul

트래블러카페와투어　340p
제주 제주시 기와4길 42
2동 2F

📷 www.instagram.com/
traveler_jeju.cafe